U0529476

浙江省哲学社会科学规划
后期资助课题成果文库

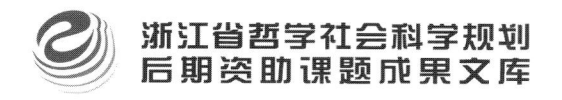

无尽的现象圆融
——法界缘起思想研究

Wujin De Xianxiang Yuanrong
Fajie Yuanqi Sixiang Yanjiu

稂 荻 著

中国社会科学出版社

图书在版编目(CIP)数据

无尽的现象圆融：法界缘起思想研究 / 稂荻著. —北京：中国社会科学出版社，2017.4

（浙江省哲学社会科学规划后期资助课题成果文库）

ISBN 978-7-5203-0415-3

Ⅰ.①无… Ⅱ.①稂… Ⅲ.①华严宗-研究 Ⅳ.①B946.4

中国版本图书馆 CIP 数据核字（2017）第 109871 号

出 版 人	赵剑英
责任编辑	韩国茹
责任校对	张爱华
责任印制	张雪娇

出　　版	中国社会科学出版社
社　　址	北京鼓楼西大街甲 158 号
邮　　编	100720
网　　址	http://www.csspw.cn
发 行 部	010-84083685
门 市 部	010-84029450
经　　销	新华书店及其他书店

印刷装订	北京鑫正大印刷有限公司
版　　次	2017 年 4 月第 1 版
印　　次	2017 年 4 月第 1 次印刷

开　　本	710×1000　1/16
印　　张	14.5
插　　页	2
字　　数	234 千字
定　　价	68.00 元

凡购买中国社会科学出版社图书，如有质量问题请与本社营销中心联系调换
电话：010-84083683
版权所有　侵权必究

研究与弘扬华严思想任重而道远

华严思想的重要性是不言而喻的，一则因为华严思想的母体乃是《华严经》，而《华严经》又被视为佛陀觉悟后最早言说的经典，是佛觉悟境界的呈现，是"不可说"之果分。该经也被华严宗人视为"一乘别圆之教"，是佛法中最为圆满、圆融的经典。二则因为华严宗在中国形成，并对中国传统思想产生了重要影响。在唐代，中国华严宗人对华严思想本土化的诠释和推动，形成了中国独创并传布至日本韩国的宗派，呈现了当时哲学思想发展的最高峰。

从历史上看，一般认为，《华严经》先有单品经，而后集成了大部的《华严经》。根据支娄迦谶所译的单品经《兜沙经》（相当于《华严经》的〈如来名号品〉）的翻译年代（灵帝光和、中平年间（178—189））推测，在二世纪以前就当有《华严经》单品经的出现，也就是说华严类的经典萌芽于大乘佛教经典形成的第一个时期。日本学者高峰了州认为，《华严经》中两个比较重要的部分《入法界品》和《十地品》，大约成立于三世纪中叶以前。全本的《华严经》则成立于四世纪中叶以前，集成地可能是在西域地区。在中土，以《兜沙经》的翻译为开端，先有各种华严类单品经的翻译，随后相继出现了晋译六十卷本（又称"旧译"）、唐译八十卷本（又称"新译"）等《华严经》全本的翻译。

在华严类单品经和六十卷本《华严经》的翻译和流通的背景下，逐渐有了一批信仰、讲习和研究华严的僧人。在这些僧人中，以研究《十地经论》知名的地论师，是华严研究的先驱者，为华严宗的形成提供了理论前提。华严宗自身的成立与发展，与初祖杜顺法师、二祖智俨法师、三祖法藏法师、四祖澄观法师、五祖宗密法师等华严五祖的贡献密不可分。当然除了这些华严宗师外，对华严思想的发展产生重要影响还有不少，比如著名居士长者李通玄等。因这些宗师的传承与创造，华严思想在唐代达到了最高峰。

唐代之后，作为宗派的华严宗风光不再，但其思想影响仍绵延不绝。禅宗等教内各宗，宋明理学等教外思想等等，无不受华严思想的影响。华严研究的著名学者日本的镰田茂雄教授曾专门编辑了《禅典籍内华严资料集成》一书，整理了禅宗典籍中的所涉华严资料，从中可见华严对禅宗影响之深。而华严宗对理事关系论述，启发了理学家们对儒学思想的重构，是儒学思想再创新的重要资源，所以冯友兰先生曾认为华严思想为宋明道学的作了理论准备。这些无疑都是华严思想影响力的具体体现。

由上所述，可知华严思想在中国佛教史，乃至中国哲学史中的重要性。但可惜的是，与汪洋恣肆的华严思想相比，现有的研究成果恰如沧海一粟，二者远不能匹配。与对禅宗、天台宗等其他宗派的研究相比，也薄弱很多。近年来，华严思想逐渐开始引起关注，一些传统的华严宗道场逐渐恢复，并以华严宗作为宗派标示；一批年轻的学者开始关注华严宗的研究，形成了十数篇有关华严研究的博士论文；一系列的以华严为主题的学术研讨会相继召开，这些都为对华严思想与华严宗的深入研究奠定了基础，是个好兆头。但是总体上言，研究与弘扬华严思想依然任重而道远。

粮获的这部著作，是在博士论文的基础上，增补修改后形成的有关华严思想研究的专著。该部著作研究的主题是"法界缘起"思想，我们知道华严思想的基本内核就是"法界缘起"，其以"四法界"、"六相圆融"、"十玄门"所构筑的重重无尽、自在圆融的华严思想体系，都是不同侧面对法界缘起的具体阐释。华严宗师对法界缘起思想都十分重视，比如华严宗二祖智俨明确地把法界缘起作为《华严经》的中心思想加以概括，他说："今且就此《华严》一部宗经，通明法界缘起，不过自体因之与果。"三祖法藏说："夫法界缘起，无碍容持，如帝网该罗，若天珠交涉，圆融自在，无尽难名。"并专设一节来论述法界缘起之义。四祖澄观也说："此经以法界缘起理实因果、不思议为宗也。"等等。就法界缘起的内涵，智俨首先指出了其和一般缘起说的不同。他说："明一乘缘起自体法界义者，不同大乘二乘缘起，但能离执常断诸过等。此宗不尔，一即一切，无过不离，无法不同也。"这就是说法界缘起的核心在于自体的展开，是佛的境界的呈现，这种缘起显然不同于二乘人以破斥断常之见为核心的缘起。具体而言，法界缘起，"不过自体因之与果"。因此法界缘起本质上是自体的流露与显现，是佛果境界的呈现。这种呈现包括了两个层面，即果和因。"所言因者，谓方便缘修，体穷位满，即普贤是也。所言果者，谓自体究竟，寂灭圆果，十佛境界，一即一切，谓十佛世界海及离世间品，明十佛义是也。"法藏也认为法界缘起可分为因果两个方面："夫法界缘起，乃自在无穷，今以要门略摄为二：一者明究竟果证义，即十佛自境界也。二者随缘约因辩教义，即普贤境界也。"无论是从表述和内涵，和智俨的看法基本一致。澄观对法界缘起的认识，则略有区别，他认为，"法界者是总相也，包事包理及无障碍，皆可轨持，具于性分。缘起者称体之大用也。理实者别语理也，因果者别明事也。……语理实则寂寥虚旷，……语缘起则万德纷然。……此二无碍，故事理交彻，互夺双亡。此二相成，则事理照著，以理实而融因果，则涉入重重。会斯二而归法界，则融通隐隐。"从中看出，澄观更加注重用"理"、"事"两种概念来把握法界缘起，所谓理就是佛的果境界，所谓事就是普贤所象征的因境界。一个是寂寥虚远，一个是纷繁复杂，但事理交彻，融通无碍，凸显了华严的圆融精神。

综合华严诸祖的看法，他们大致都肯定法界缘起是华严宗的独特理论，不同于以往的各种缘起说。从内涵看，法界缘起说是以佛果自体或真如本体为中心的因果展开。从果的角度看，是体，是圆满究竟，圆融无碍，不可言说的；从因的角度看，是用，是方便的修行和方法，是可以言说的。从特征看，法界缘起是"性起"，即"称性而起"。

在粮荻博士的这部专著中，针对"法界缘起"的问题，从缘起、建构、诠释、演化、终结、特色、历史定位等方面作了分析，对这一思想的来龙去脉进行梳理，对其核心概念的作了澄清，是研究华严思想的必要工作。虽然此前诸多前辈学者在此研究领域已经有了奠基性的成果，但粮荻博士在吸收前辈研究的基础上，结合自己哲学思辨的特长，对此一专题进行了系统性梳理，有所创见，仍是极有价值和意义的。

希望并祝愿粮荻博士以此为开端，在华严研究领域内再结硕果！
是为序。

邱高兴

2016年6月21日于日月湖畔

目 录

导言 ……………………………………………………………… (1)
    一 何谓"法界缘起" ……………………………………… (1)
    二 研究综述 ………………………………………………… (3)
第一章 缘起思想的系谱学考察 ………………………………… (7)
  第一节 缘起观的发端 ……………………………………… (7)
    一 关注人生的理论旨趣 …………………………………… (8)
    二 十二因缘说的循环因果论 …………………………… (11)
    三 反对实在论的实用性学说 …………………………… (15)
  第二节 华严宗判教理路中的缘起学说 ………………… (18)
    一 小乘佛教之业感缘起 ………………………………… (19)
    二 大乘始教之缘起性空与赖耶缘起 …………………… (23)
    三 大乘终教之如来藏缘起 ……………………………… (34)
第二章 法界缘起的建构 ……………………………………… (39)
  第一节 法界缘起的理论基础 …………………………… (39)
    一 色空不二的真空观 …………………………………… (41)
    二 性相相即的理事无碍观 ……………………………… (42)
    三 事事无碍的周遍圆融观 ……………………………… (43)
  第二节 法界缘起理论的建构 …………………………… (47)
    一 "性起"缘起的提出 ………………………………… (48)
    二 缘起实相的理论架构 ………………………………… (56)
第三章 法界缘起的确立与诠释 ……………………………… (65)
  第一节 "性起"与缘起的融合 ………………………… (65)
    一 染缘起与净缘起的贯通 ……………………………… (65)
    二 佛果位的"性起" …………………………………… (66)

三　一体两面之"性起"与缘起 …………………………………（70）
　第二节　缘起实相的展开 …………………………………………（72）
　　　一　"十玄无碍"的改造 …………………………………………（72）
　　　二　"六相圆融"的应用 …………………………………………（74）
　第三节　"就事空"的缘起因由 ……………………………………（77）
　　　一　因缘十义 ………………………………………………………（77）
　　　二　缘起因门六义 …………………………………………………（79）
　　　三　缘起相由十义 …………………………………………………（82）
　　　四　法性融通义 ……………………………………………………（89）
　第四节　真如"不变随缘"的缘起本质 ……………………………（92）

第四章　法界缘起的演化 …………………………………………（97）
　第一节　法界缘起理论的完善 ……………………………………（97）
　　　一　性不断善恶的"性起" ………………………………………（97）
　　　二　四法界观 ……………………………………………………（102）
　　　三　一心法界说 …………………………………………………（107）
　第二节　法界缘起理论的终结 …………………………………（110）
　　　一　一心之于缘起的选择 ………………………………………（110）
　　　二　"总该万有"的一真法界 …………………………………（116）
　　　三　灵知不昧的一心本体 ………………………………………（120）

第五章　法界缘起之特色分析 …………………………………（124）
　第一节　空、理、心——法界缘起核心概念之转换及演进 ……（124）
　第二节　现象圆融——肯定现实的价值取向 …………………（127）
　第三节　"有教无观"?——教相理论与践行功夫的分隔与融合 ……（130）

第六章　法界缘起之历史定位 …………………………………（133）
　第一节　"理事无碍"观对理学本体论的启发 …………………（133）
　第二节　"事事无碍"观对禅宗话语的滋养 ……………………（140）

第七章　法界缘起与性具思想之交涉 …………………………（150）
　第一节　性具思想 ………………………………………………（150）
　　　一　"一念心"论 ………………………………………………（150）
　　　二　性具善恶 ……………………………………………………（156）
　　　三　澄观以"性起"回应"性具" ……………………………（158）
　　　四　修恶非断恶 …………………………………………………（158）

第二节 "无情有性"说 …………………………………………（161）
一 "无情"是否"有情"？ ……………………………………（161）
二 "无情"能否"成佛"？ ……………………………………（163）
第八章 法界缘起之能入法界 ……………………………………（167）
第一节 《入法界品》之研究史考察 ……………………………（168）
一 《入法界品》的传译和早期注疏 …………………………（169）
二 《入法界品》的语言学研究 ………………………………（171）
三 "六经注我"的诠释原则 …………………………………（173）
四 重实修轻义理的研究态度 …………………………………（181）
第二节 《入法界品》之个体性思维 ……………………………（182）
一 法界缘起之平等义 …………………………………………（182）
二 法界缘起之分齐义 …………………………………………（185）
三 个体性思维的生动展现 ……………………………………（187）
第九章 法界缘起之所入法界 ……………………………………（191）
第一节 "弥勒楼阁" ………………………………………………（191）
第二节 "海印三昧" ………………………………………………（196）
一 以大海譬喻菩萨树立信仰对象 ……………………………（196）
二 以大海譬喻定慧指明修行途径 ……………………………（199）
三 以大海譬喻功德彰显无量果报 ……………………………（203）
四 以大海譬喻性相诠释无尽圆融 ……………………………（204）
结语 …………………………………………………………………（207）
参考文献 ……………………………………………………………（209）
后记 …………………………………………………………………（218）

导　　言

一　何谓"法界缘起"

《华严经》是华严宗所依的宗经，主要讲述了释迦牟尼在菩提树下觉悟成道后，在最初的二七日中，为十方菩萨开显其所觉悟境界的历程。所谓觉悟，即证悟毗卢遮那佛法身境界，于"海印三昧"中普现诸法实相。一旦进入此定，诸法遂呈现出其本然状况，所谓"海印"就是比喻如同大海中能够映现出一切事物一样，即《华严经》所谓："众生形相各不同，行业音声亦无量，如是一切皆能现，海印三昧威神力。"① 佛法身即是法界全体，在佛而言法身，就法而说法界，之所以有法身、法界，都是由如来藏佛性使然。被烦恼覆盖的真如为如来藏，出于烦恼谓之法身，如来藏即众生本具的无量功德，乃众生成佛的可能性。这个如来藏性，如果表现为众生自体内呈现出来的佛性，即称为法身；如果于诸法当体下显现为清净的法性，就是法界。圆满清净的法身、法界所彰显出的诸法实相，即是海印三昧所显现的内容，即圆满无尽、圆融无碍的佛果境界。此佛果境界本来不可言说，只有通过亲体力行的修行才能证得，但是佛陀借由普贤菩萨的阐述，为众生开示出由凡夫之因位趣入佛果的解行法门，指明众生本来具有如来的功德、智慧。此毗卢遮那佛果位所呈现出的法界实相，其实就是众生经由修行而获取的功德，再借此功德所成就的彼岸世界。也就是说，所谓彼岸世界，即众生通过研修因地的苦集灭道等四谛之法，而成功趣入的果地，从中彰显出的佛法身的无尽之法。以因中普贤之大解大行，即能够证得海印三昧，遂一时顿现佛法身之因陀罗网大缘起，故善财遍参五十三善知识，及至弥勒菩萨处，得入"毗卢遮那庄严藏大楼阁"，

---

① 《华严经》卷14，实叉难陀译，《大正藏》第10册，第73页下栏。

于楼中可见"有无量百千诸妙楼阁,广博严丽,皆同虚空,不相妨碍,亦无杂乱。于一处中见一切处,一切诸处悉如是见"①。此即显示凡夫从因地起解行而趣入毗卢遮那佛法身境界的实践教程。因能趣果,解行固然重要,但都不是决定性的,其决定因素即在于诸法自体即本具实德法性,是因果自体。

华严二祖智俨说:"今且就一部经宗,通明法界缘起,不过自体因之与果。"② 他概括《华严经》的主旨为法界缘起,该缘起非同因地之流转与还灭的生灭缘起,而是法界以自体为因为果的炳然顿现,即诸法自性的显现,非待缘而生,以其卷舒自在而彼此无障无碍。既然法界中诸法都是自体即因即果,那么又何谈缘起?这是因为"性海果分"不可言说的缘故,"不与教相应故,则十佛自境界也",所以约因分之缘起义,以缘起之相反映佛法身实德,用法界缘起展示果分境界。由此一来,法界缘起中诸法就是因果一体,本具实德理体,法界缘起即"理实法界,因果缘起",展开来说,就是:"法界事法,有为无为,色心依正,过去未来,总为一团。此一团万法互为能缘起所缘起,以一法成一切法,以一切法起一法。此一法,望他一切法为缘。他一切法,望此一切法亦悉为缘。相资相待,互摄互容,成一大缘起,所谓总收法界为一缘起是也。"③ 也就是说,无论世间、出世间,无论有为法、无为法,无论是客观物质形态、还是主观意识领域,只要是存在着的事物,在过去、现在、未来的一切时空维度内,彼此之间都是互为因果,总摄全包的关系。一一事法都是一个缘起关系网络中的一分子,一法的生成、变化直接影响到其他诸法的生成、变化;事法是法界下的事法,法界全体都是一事法存在的前提和诱因。在此大缘起法门体中,诸法即是全体,包含着法界全体的形态、属性,法界全体即为每一事法所融摄,诸法之间相融无碍,保持着和谐与共荣、相续相生的关系,正所谓一动而动全身,一荣俱荣,一损俱损!就如三祖法藏在《华严金师子章》里所言:"金与师子,同时成立,圆满具足。……师子眼、耳、支节,一一毛处,各有金师子。一一毛处师子,同时顿入一毛中。一一毛中,皆有无边师子,又复一一毛,带此无边师子,还入一毛

---

① 《华严经》卷79,实叉难陀译,《大正藏》第10册,第435页上栏。
② (唐)智俨:《华严一乘十玄门》卷1,《大正藏》第45册,第514页上栏。
③ 黄忏华:《佛教各宗大纲》,天华出版事业股份有限公司1980年版,第34页。

中。如是重重无尽，犹天帝网珠。"① 华严宗就是以法界缘起为立宗的依据，澄观说："言法界，一经之玄宗，总以缘起法界不思议为宗故。"② 此无尽之法界缘起，即华严宗特有的缘起思想。

二 研究综述

现今学界关于华严缘起思想的诸多研究成果，尤其是一些颇具代表性的著作，在很大程度上为本书的写作提供了丰富的理论资源和开阔的致思路向。

一方面，由大陆学者来看，在吕澂先生所著的《中国佛学源流略讲》中，他认为"无尽缘起"（即法界缘起）是华严的中心思想，并将其理论与华严观法联系起来探讨，比较粗略地从法藏、澄观和宗密等华严宗祖的理论线索评述法界缘起的内容，包括"六相十玄"、理事关系和性起思想等。方立天先生的《法藏评传》一书则立足于华严三祖法藏的理论，以宇宙生成论、宇宙圆融论和宇宙本体论的架构，系统地论述了法藏对于法界缘起论的原由、内容和本质的理解。另外，方先生的《华严宗的现象圆融论》一文，从法界缘起理论表达出的圆融性质入手，借事事无碍论深入地分析法界缘起的理论特点，通过诠解事事无碍的内涵和内容，考察此论的哲学底蕴与逻辑性格，并从检视此论的理论基础中探索出其中含容的中国特色的因子。魏道儒先生的《中国华严宗通史》是一本有关华严宗发展史的专著，其中有关华严宗缘起论的阐述是按照历史进程的顺序，从探讨法界缘起说的构成和来源开始，平实地推展出法界缘起思想的发展轨迹和主要内容。

另一方面，从港台和国外的相关研究来说，牟宗三先生著《佛性与般若》，此著第六章《起信论与华严宗》中涉及很多对于法界缘起思想的研究。他以杜顺和法藏的观点为评述范本，认为华严宗法界缘起说是辗转引申的分析式，没有对理论前提提出疑问和批判。方东美先生在《华严宗哲学》中则比较全面地解析了法界缘起思想。其中他就佛教缘起论提出了一系列追问，通过阐发三重法界观和四法界等理论，将缘起论依归于法界缘起。杨政河先生所著《华严哲学研究》，以华严哲学的理论构架、法界缘

---

① （唐）法藏：《华严金师子章》卷1，《大正藏》第45册，第665页上栏。
② （唐）澄观：《华严法界玄镜》卷1，《大正藏》第45册，第672页下栏。

起思想的形成与展开、法界圆融的理论根据等为重心，开展华严哲学的学术研究。陈英善先生著有《华严无尽法界缘起论》一书，系统地梳理出法界缘起理论的建构、对它的诠释和理论的演变，并针对法界缘起理论的思想核心所引发的争议进行了厘清。由张曼涛先生主编的《华严思想论集》和《华严学概论》等系列丛书收录有几篇论述法界缘起思想的论文，对于研究华严宗的缘起思想很有参考价值。日本学者高峰了州先生的《华严思想史》是一部由讲义稿整理所成的著作，其中以介绍人物思想的形式涉及了华严缘起思想的理论内容，展示出法界缘起的演进过程。镰田茂雄先生在《华严哲学的根本立场》中探讨了事事无碍的核心依据，并归结以唯心为根本。同时，三枝充惪先生所著的《缘起与唯心》、高崎直道先生的《华严教学与如来藏思想》以及玉城康四郎先生的《唯心的追究》，这一系列著作中都有关于法界缘起思想的表述。总体而言，日本学者对于华严思想的研究成果丰富且详尽，具有很高的学术参考价值。

除此之外，还有一些有关法界缘起思想的理论成果，鉴于篇幅的限制，此处无法一一列举，仅以上述著作为例证。

本书是以华严法界缘起思想为研究重心，倘若从不同的角度解读法界缘起，则会有几种不同的称谓：依形式有性起缘起，依判教有一乘缘起，依实相有无尽缘起，依代表学说有十玄缘起，等等。其意蕴丰富，体现了佛教缘起观的理论特点，既有生成论义，也是本体论，又可视为实相论。那么，什么是法界缘起的理论实质？法界缘起不同于以往缘起说的特征又是什么？近代学界对此类问题的解读各有不同，可谓众说纷纭。这其中，大体上有四种颇具代表性的观点。

第一，唯心论。多数学者皆以唯心为法界缘起之实质，视法界缘起为解读真心的理论。镰田茂雄先生认为华严是基于"绝对一心"的哲学，所以采取真心观，这是以法藏的实践观法为对象而得出的结论[①]，不仅如此，他在《中国华严思想史研究》和《宗密教学思想史的研究》中也表达了同样的观点，指出澄观和宗密思想也是基于真心论。玉城康四郎先生则以一心为线索，贯穿智俨、法藏至澄观的理论，认为华严的缘起思想都

---

① 参见［日］镰田茂雄《华严哲学的根本立场》，李世杰译，载《华严思想》，法尔出版社1989年版，第453页。

是围绕着一心而展开的。① 杨政河先生同样认为华严宗以圆融无碍的一真法界为宗旨，法界缘起与菩萨圆修的诸种法门，皆为一心的展现，一心是一真法界的总源、实质。②

第二，如来藏缘起论。牟宗三先生主张华严法界缘起的实质为如来藏缘起，他认为，华严宗就是以《华严经》为标的、以《起信论》为义理支持点而开成的。由如来藏缘起悟入佛法身，又就此法身而言法界缘起、一乘无尽缘起，"所谓'大缘起陀罗尼法'者，便是华严宗"。③ 很显然，牟宗三先生理解《华严经》中缘起思想的实质在于如来藏缘起，将如来藏当作缘起的究极之体，如来藏即法身、法界。他以如来藏法身为中介，为法界中诸法呈现相即相入、圆融无碍的一大法相提供了保证。

第三，法性缘起论。方东美先生通过对"法界"一词解析出的四种含义，判断澄观的法界缘起观就是"法性缘起"，进而概括整个华严的缘起思想皆是如此。他说："它（法性缘起）并不是凭借一个有限的概念、有限的范畴来说明整个的世界，而是把哲学上面最初的起点，容纳到'无穷'思想体系里面，看出无穷性的美满，然后从那个地方找出一个可以解释世界，解释人生的起点——那就是佛性，法性的起点。"④

第四，事事无碍论。李世杰先生认为，华严教理的中心思想，就是由海印三昧中显示出的法界无尽缘起论。而此法界缘起的究竟，乃是"事事无碍论"，事事无碍论也是一种"现象绝对论"。它并不是唯物论，也不是一般的唯心论，同时也不是一元论，不是二元论，不是多元论。而是一种"无心之心"的"一真法界论"。也就是于佛果位而言的一心妙有论，此为现象绝对论的根本立场。⑤

我们认为，之所以会有如此多的不同论点，乃在于两方面的原因，首先，就《华严经》而言，经文本身就含有很多三乘思想，按照印顺法师

---

① 参见［日］玉城康四郎《唯心的追究—思想与体验之交涉》，李世杰译，载《华严思想》，法尔出版社1989年版，第366—373页。
② 参见杨政河《华严法界缘起观简释》，载张曼涛编《华严思想论集》，大乘文化出版社1981年版，第167—188页。
③ 参见牟宗三《佛性与般若》上册，学生出版社1982年版，第483页。
④ 参见方东美《华严宗哲学》上册，黎明文化事业公司1981年版，第409页。
⑤ 参见李世杰《华严宗纲要》，载张曼涛编《华严学概论》，大乘文化出版社1981年版，第219页。

的说法，《华严经》中包含了般若思想和含蓄的如来藏说，若依《华严经》来解法界缘起，必然会产生诸如法界缘起是如来藏缘起或性空缘起的观点。再有，法界缘起是华严宗标榜别教一乘之圆教的教义依据，它试图融合般若系、如来藏系和唯识系的观点，内在地含摄了这三方面的理论意蕴。因此，若单就三者的某方面来理解法界缘起，也会相应地产生不同的论点。

基于以上的不同观点，本书试图通过对华严宗缘起思想的理论梳理，探究法界缘起观的体系脉络。借由缘起形式、缘起实相和缘起因由展开论述，提出法界缘起的理论特征在于就事法而论诸法的现象圆融，其理论实质则是籍如来藏缘起而论法界缘起。而法界缘起的核心概念逐渐由空义转变为真心，其内在动力则在于关注主体的存在价值以及众生的实践前提。

在研究方法方面，本书以历史性和思想性并重为原则，结合文献研究和理论评述，通过对原著的客观分析，顺次承接地阐释华严诸祖的法界缘起思想，从纵线上勾勒出法界缘起思想的发展轨迹及其历史定位。在此基础上，分析法界缘起思想的理论内涵和特征，以横向上的比较研究探讨该理论的逻辑线索，以概念间的内在逻辑为依托，深挖其理论发展的动力源泉。

第一章

缘起思想的系谱学考察

缘起思想是整个佛教思想体系的核心，说它是理论基石一点都不为过。缘起观在佛教的理论体系中具有本体论意义，可以用来解释宇宙的生成、万物的本质、事物之间的关系以及佛教实践论的基理。它构建了佛教理论的骨架，每一种佛教观点都围绕着缘起思想而展开，离开缘起论，整个佛教的理论体系就会坍塌，因此，对缘起思想的理解是把握佛教思想的重中之重。《中论》有云：

若见因缘法，则为能见佛，见苦集灭道。[1]

龙树把缘起论等同于佛陀本身，连贯于佛教的四谛之说，足见其在佛教中的重要地位。

至原始佛教以降，佛教内部产生了很多种缘起说，基于华严宗三祖法藏的判教理论，若就小始终顿圆五教的划分，除去顿教以外，则每一教都有一种缘起说与之对应，我们按照华严宗特有的判教学说，从考察原始佛教的十二支因缘说开始，遴选了几种有代表性且符合华严判教体系的缘起观，展开对缘起思想的系谱学考察，为探讨华严宗自身的法界缘起思想提供理论支持。

第一节 缘起观的发端

万法的生起都需要条件，缘起观本身也不例外，释迦牟尼在创建佛教伊始，感慨于现世中的众生陷于种种苦难，因而苦思冥想，试图找出苦难

---

[1] 龙树：《中论》卷4，鸠摩罗什译，《大正藏》第30册，第34下栏。

的原因，他观察到有情在无限生死延续中的必然过程，知道一切有情莫不如此，于是就在不离这一切现象之中，得到了必然的理则，这即是缘起法。

一 关注人生的理论旨趣

缘起观的经典表述是：

> 云何缘起法法说？谓此有故彼有，此起故彼起，谓缘无明行，乃至纯大苦聚集，是名缘起法法说。①

"缘"是生成事物的条件或要素，具体地说，对事物的生成起着主要作用的条件为因，辅助条件为缘，一般情况下二者可以通用，因缘之和合是事物生成的前提。"起"谓生起，是万有从无到有的产生过程。从佛教的观点看，诸法不是独立自存，毫无关联的，相反，而是依据"此有故彼有、此起故彼起"的缘起法则而互为因果的。彼此之间或为因，或为果，或互为因果。"故"意味着前因后果的关系，宇宙间存在着的诸法都处于这种关联之中，大千世界的万千变化，都不出缘起法则的制约。缘起说本质上就是事物之间的因果关系，它既说明诸法的性质，即诸法都是缘起法；又指代事物运动变化的规律，即缘起法则。缘起法与缘起法则是对同一事物的不同表述，法侧重于现实的存在状态，有因有缘才有果；法则是对生起过程的限定，此起才能彼有，万法处于一种因果的必然联系中。

佛教认为，缘起说并非释迦牟尼创造出来的规律或法则，而是他通过对现实人生的观察发现的，《杂阿含经》说："佛告比丘：'缘起法者，非我所作，亦非余人作。然彼如来出世及未出世，法界常住，彼如来自觉此法，成等正觉，为诸众生分别演说，开发显示。'"② 缘起观的存在是客观的，它不随如来的意志为转移而常住于世间、出世间，具有普遍性。佛陀与众生的区别就在于，他发现了缘起法则，并认识到一切存在都遵循着缘起之规律，进而因慈悲之心用一种创造性的语言将这个隐藏的法则表述了出来，为众生演说。也就是说，觉悟与否，不取决于其他原因，根源在于

---

① 《杂阿含经》卷12，《大正藏》第2册，第85页上栏。
② 同上书，第85页中栏。

是否了解缘起观。对于缘起观的无知，就是"无明"。无明导致了众生不能觉悟，导致了众生与佛陀的差别，导致了众生无法摆脱轮回的苦难而不断地在现实人生受苦，对于"苦"的诠释和解决正是佛教人生观的核心和特点。

佛教中为何对现实人生有"苦"的前提设定？究其原因，这与净饭王太子的开悟过程相符。《长阿含经》中有这样的记载：太子本来养尊处优，不知人间疾苦，当时只为一时兴起而出游，出四门却分遇老、病、死、沙门，年轻的太子因直面生、老、病、死等自然现象而受到极大的触动，视觉冲击带来的情感体验已远远超出了其原本的经验认知范围。生活的反差激起了他的怀疑和反思，他开始认为人生是"有生、有老、有病、有死，众苦所集，死此生彼，从彼生此，缘此苦阴，流转无穷"①。人生就是一个经历痛苦的过程，而思考人生之苦的原因并找寻相应的解决之道正是他进行修行实践的出发点和目的，"我当何时晓了苦阴，灭生、老、死？"历经千回百转，终在菩提树下觉悟到四圣谛之理。所谓四圣谛，就是佛陀在总结世间众生的现状之后而做出的判断以及应对的方法。

> 何等为四？谓苦圣谛、苦集圣谛、苦灭圣谛、苦灭道迹圣谛。若比丘于苦圣谛已知、已解，于苦集圣谛已知、已断，于苦灭圣谛已知、已证，于苦灭道迹圣谛已知、已修。如是比丘则断爱欲，转去诸结，于慢、无明等究竟苦边。②

他用苦、集二谛诠释众生皆苦的经验结论及其原因，说明要知道苦谛、集谛，断除各种集苦；以灭、道二谛阐发摆脱困苦人生的途径和方向，引导众生要修习道谛、证悟灭谛。由此，全部理论都围绕着"苦"这一主题展开，就如同他所说：

> 若能谛知苦，知苦所起因，亦能知彼苦，所可灭尽处，又能善分别，灭苦集圣道，则得心解脱，慧解脱亦然。③

---

① 《长阿含经》卷1，《大正藏》第1册，第7页上栏。
② 《杂阿含经》卷15，《大正藏》第2册，第104页中栏。
③ 《长阿含经》卷19，《大正藏》第1册，第129页上栏。

也就是说，只有对人生境遇做出正确的评价，并明确产生困顿境遇的根源，才能有的放矢地采取有效的措施，消灭生苦之因，获得解脱。四谛理论构成了原始佛教的人生观和价值观，并在经验层面上为众生描绘出一幅生活世界图景：人生之旅程就是不断经历着生、老、病、死、爱别离、怨憎会、求不得等各种自然和社会的现实烦恼。究其根本，则是由于人们受欲望的驱使而妄执于无自性的人身，从而导致的五取蕴[①]之苦所决定的。痛苦的感受囊括了生命的一切行为，只有意识到这一点，才有可能激发离苦得乐的冲动，转向解脱。否定现实人生的价值为释迦牟尼解释痛苦的原因提供了逻辑前提，不过他的解释原则是在经验认知层面上，即从观照人的生命过程和切己体会中提炼出无明、行等十二个具有决定性作用的因素作为人生痛苦的来源，并指出这个由无明发端的痛苦过程是一个无尽的循环。

但是，提出众生皆苦的理论并不为让人们陷入绝望，而是为了引导人们摆脱和消灭烦恼，以积极的姿态跳出痛苦之轮回，将趣入涅槃寂静的境界作为修行鹄的。涅槃从解脱的程度上又区分为有余涅槃和无余涅槃，前者因断灭痛苦之根源的不彻底性即前世业报还存在，使得修行主体虽然断绝烦恼，灭除贪欲，来世不再轮回，但今世肉身依然存在，还有思虑活动；后者则经由梵行转化有漏为无漏，灭尽烦恼并停止意识的造作，摆脱生死之轮回，故不再有报身的存在。众生进入涅槃境界的途径就在于道谛之八正道，即正见、正志、正语、正业、正命、正方便、正念、正定。只有做到这八件佛教所谓的正确的事情，才能从根本上消灭痛苦、挣脱轮回的束缚。

四谛观是佛陀体悟到的四个真理，它们并不是截然分割、毫无联系的四个单独部分，而是有一条内在的法则贯穿其中，也就是缘起法则。依据"此有故彼有，此起故彼起"的原则，有苦的事态存在，就一定有苦的原因；而了解到苦的根源后，按照"此无故彼无，此灭故彼灭"的反向推理，才能提出有效的解决方案，根除产生苦的原因，进入与苦相对的解脱境地。

所谓此有故彼有，此起故彼起，谓缘无明行，乃至纯大苦聚集，

[①] 五取蕴，即色、受、想、行、识五蕴。

无明灭故行灭，乃至纯大苦聚灭。①

缘起法的正反两方面运用，就是释迦牟尼探究人生痛苦的原因并试图消除它的总体思路。

二 十二因缘说的循环因果论

从原始佛教对因缘法的定义中可以明确缘起观与因缘说在理论上的一致性：

> 云何为因缘法？谓此有故彼有，谓缘无明行，缘行识，乃至如是如是纯大苦聚集。②

"此有故彼有"的缘起观特征被同样应用于因缘法上，二者的同质性不言而喻，因缘法就是缘起法，因此在后世的佛教理论中，二者通常被互换使用。稍有不同之处在于，《阿含经》中的因缘并非泛指所有存在，其应用范围仅指向十二个特定因素，即十二因缘。十二因缘的内容是：

> 所谓无明缘行，行缘识，识缘名色，名色缘六入，六入缘更乐，更乐缘痛，痛缘爱，爱缘受，受缘有，有缘生，生缘死，死缘忧、悲、苦、恼、不可称计。如是成此五阴之身。③

这是佛陀从人人都要经历的死亡开始，依照"此有故彼有"的缘起法则，逆推死生的原因，最终推至无明为有情众生之所以在世间受苦的总根源。这是以观察有情众生的人生必然经历而得出的结论，概括了有情生死流转的全部原因和过程。再由无明开始，顺推出引发有情生死流转的一系列因果链条，构成了决定人生流转的十二个条件，即众生受苦的主要原因。若要摆脱苦恼，跳出痛苦之轮回，就是要断破这一因果链条。

---

① 《杂阿含经》卷12，《大正藏》第2册，第85页中栏。
② 同上书，第84页中栏。
③ 《增一阿含经》卷46，《大正藏》第2册，第797页中栏。

还灭的前提是要了解灭除的对象，那么何为无明？

> 所谓不知苦，不知习，不知尽，不知道，此名为无明。①

"不知"即无知，对人生的痛苦、痛苦的根源、解脱的境界和途径的无知，也就是无明，总的说来，就是不懂得苦、集、灭、道的四谛之说。

"无明缘行"，此"行"就是造作，它有三个层面：身行、口行、意行。无明诱发身体、语言、思想产生潜意识的冲动，或者行为的意念。

"行缘识"，即六识身是也。

> 云何为六？所谓眼、耳、鼻、舌、身、意识，是谓为识。②

六识是六种精神活动，是有情先天的认识能力。

"识缘名色"，识与相续的因缘——名色——构成了互相依持的"三支"关系：名色的存在无法脱离识，同时，识也不能离开名色而单独存在，它们是彼此交感的。

> 云何名为名？所谓名者，痛、想、念、更乐、思惟，是为名。彼云何为色？所谓四大身及四大身所造色，是谓名为色。色异、名异、故曰名色。③

名色指精神与肉体，即有情个体的构成要素。

"名色缘六入"，即有情的眼耳鼻舌身意六种认识器官，亦称内六入。

"六入缘更乐"，六入与六境（色声香味触法）、六识的交互作用，缘起六更乐，更乐是触的意思，也就是十八界需要通过眼耳鼻舌身意六种接触才能被激活。

"更乐缘痛"，经由六触的连接，十八界的交感对有情产生或多或少、或内或外的刺激，痛就是对刺激的形象指称。

---

① 《增一阿含经》卷46，《大正藏》第2册，第797页中栏。
② 同上。
③ 同上。

"痛缘爱",原始佛教认为,对这些刺激的反应大致可区分为三类感受:乐、苦、不苦不乐,因此,痛与感受是相通的。这是依据对接触对象的初始印象进行的基本情绪划分,同时也是一种涉及人生观的价值判断。从有情避苦趋乐的原始冲动出发,受无明迷惑的凡夫还没有明了四谛之理,便会由切己的感受生发出贪欲,对乐的贪求,这就是爱。对应于三种感受,原始佛教对爱有三种规定:与世俗之乐结合的欲爱、避免因欲望没有得到满足而痛苦的有爱、趋于不苦不乐的无有爱。

"爱缘受",欲望所展现出的情绪上的倾向性,必然引起对感知对象的执取,"受"就是执取、执着。依照对象的不同产生四种执取行为:所谓欲、见、戒、我,是谓四取。欲取是对满足感官刺激的欲望的执取;见取是执着于错误的理论,主要针对身见和边见之说;戒取则是奉行外道邪说的践行标准,同时也包括释迦牟尼在世时印度社会流行的苦行;四取之中的我取指将五蕴和合之有情自体执取为实有,也就是把自身当作真实的存在,从而执着于自我之身、自我之感受、自我之得失等等,它是众生之所以痛苦的根源之一,《大乘起信论》说"一切邪执,皆依我见。若离于我,则无邪执"[①],破除我执也成为原始佛教理论的主要任务。

"受缘有",为满足欲望而生起的造作,会产生相应的业力,业必定感召体,这个体就是"有",根据业力的善恶性质而决定有情的境遇,即"三有":欲有、色有或无色有。"有"之存在的可能性就为有情从诞生的潜在转向现实提供了充分条件,一旦众缘具备,"有缘生"就势在必成。

"有缘生","彼云何为生?所谓生者,等具出家,受诸有,得五阴,受诸入,是谓为生"[②]。

业力必然招致果报,此果报就是继续流转于六道轮回之中的新的生命体。业的"有"通过召感五蕴组成具有生命力的有情,有情又寄由六根等认识器官与六境等认识对象的交感形成认识活动,从而展开新一轮的生命历程。

"生缘死",由生至死是人生的必然阶段,它是不需要通过理论论证的直观性的经验结论。原始佛教用"老"来接续生死过程,从有情诞生

---

① 马鸣:《大乘起信论》卷1,真谛译,《大正藏》第32册,第579页下栏。
② 《增一阿含经》卷46,《大正藏》第2册,第797页下栏。

开始,就经历着一系列老化的变化过程,具体表现为"齿落发白,气力劣竭,诸根纯熟,寿命日衰,无复本识"①,在此期间,不断经历愁、忧、苦、恼等情感体验,烦恼之多不可称计!直至"展转受形,身体无煴,无常变易,五亲分张,舍五阴身,命根断坏"②,整个因缘链条看似终结。

令人绝望的是,这并不意味着众生轮回的结束,由于无明在这一过程中自始至终保持着影响,有情的老死就是另一轮因缘循环的开始,因此它并不是一种线段性的过程,而是一种环状的循环,无始无终。

按照佛教的观点,世尊正是发现了这样一个轮回的现实,确定生命现象之发端在于无明,进而指出"无明灭故行灭,乃至纯大苦聚灭"的解脱路线,按照"此无故彼无,此灭故彼灭"的缘起法则,一一断灭生死流转的十二支因缘,有为法方能由于缘起条件的丧失进而转化为寂灭的无为法。需要说明的是,在整个还灭的过程中,灭除无明与贪爱是关键的步骤,因为:

> 彼愚痴无闻凡夫,无明所覆,爱缘所系,得此识身,彼无明不断,爱缘不尽,身坏命终,还复受身;还受身故,不得解脱生、老、病、死、忧、悲、恼、苦。③

无明与贪爱的危害性体现在它们会使有情不断地承接受身,这就意味着生死流转的不断发生。不过二者并不是引发轮回的直接原因,直接原因在于业力的存在。很显然,如果有情还处于生死流转之中,轮回中的业力就一定是不好的;相反,如果众生踏上寂静还灭的旅程,就会是遵照世尊之教导而修正业。业力所具有的或善或恶的道德属性决定着众生或流转或还灭的未来走向,因此原始佛教的缘起说也作业感缘起说。而对世俗社会生活的排斥,也预示着解脱的彼岸——涅槃寂静的实质乃是否定基础上的肯定,这种否定性的思维亦延续到以实用性为目的,反对实在论的理论旨趣上。

---

① 《增一阿含经》卷46,《大正藏》第2册,第797页下栏。
② 同上。
③ 《杂阿含经》卷12,《大正藏》第2册,第84页上栏。

三 反对实在论的实用性学说

从泰勒斯开始，西方哲学的发端始于对自然的思考，此自然并非现实的自然界，而是亚里士多德所界定的运动和变化的本原，由早期自然哲学对宇宙本原的探索发展开来，本原的概念遂成为形而上学的最高原则。缘起法则也是对万物运动和变化规律的一种诠释，但不同于西方哲学产生于有闲阶级对于自然本体的探寻，世尊提出缘起观，并非要探究宇宙的起源奥秘或追求形上学的思维乐趣，而是为了切实地解决人生面临的现实困境，通过对四谛的解释为众生展现人生最高价值观的内涵。他始终立足于现世人生解脱的理论旨趣，排斥形而上学，这种思维特点突出地表现为他反对当时印度社会一些派别的"我"的理论，尤其针对婆罗门教的"梵我"说，而提出"无我"说。

婆罗门教认为宇宙世界和人类是由一位至高无上的、无所不能的、永恒的神所创造的，它称这位神格化的实在为"大梵"，这就是婆罗门教的"大梵创世论"。相对于这种主宰性的"大我"，个体的自我与宇宙的一切现象一起，都是"梵"的显现，因此个人的自我与"梵"在本质上就是同一的，借助于这样的理解，"我"就是真实的。它是生命的根源、个人内在的统御者，是永恒不灭的，类似一种灵魂的存在，这就是"我"的另一种含义即灵魂观的含义。

"我"的核心含义是主宰性的实体。外在的有意识的大我生成万有，决定着众生的命运，是事物生成变化的总根源；小我是万物内在的自性，它决定着事物的本质。二者皆具有不变的恒常性。正是在这种"梵我"观的理论背景下，原始佛教提出了"无我"的观念给以反驳，将"我"视为着力破斥的对象。"我"的主宰性意义规定了它是独立存在的自因，可以不依赖于任何其他东西而自行起作用，即自己规定自己。释迦牟尼以缘起观为武器来反对这种"我"的自性。依据缘起法则，万物是有待的，即事物必须依赖于其他因缘才能生成，要有"缘"才行。《中阿含经》有云"若见缘起便见法；若见法便见缘起"[1]，法是缘生的，其生成必定是缘起法则作用的结果，因此法与缘就是一物两名的关系。换句话说，法既是由他缘和合而成的法，同时也是结合他缘和合成

---

[1] 《中阿含经》卷7，《大正藏》第1册，第467页上栏。

其他法的缘，诸缘便是法。如果说原始佛教的缘起观就是特指因缘说，那么在这里，法就不是通指一切存在，而是特指因缘说中的十二有支。我们看到，十二因缘中的各支都是前后相续的关系，它们既不是自生的，也不是不变的；在诸法的流转与还灭之间，也没有一个恒常的实在作为一切变化的究极根据。以十二因缘说为代表的缘起观逻辑地批判了实在性的"我"的存在，无论是能生性的"我"抑或有自性的"我"，在缘起观的理论中毫无立足之地。

不过，在现实生活中，有情众生受无明所惑，并不清楚缘起法则，相反却对"我"产生种种妄执，即持"我见"、行"我执"，因此也可以这样理解，无明就是对"无我"观念的无知。那么，为什么会有"我"的观念和执取？在十二因缘说中，"我"缘起于贪爱。从切己的感受出发，人们的行为表现出避苦趋乐的倾向，而贪爱的特征是附着，要附着一个对象，快乐才有可能实现，于是，这个对象就表现为原始佛教对于贪爱的三种规定。然而，按照释迦牟尼的观点，万物都是迁流不息、变化无常的，即使快乐也是如此，快乐的载体也必然是短命的，相反，痛苦却是永恒的，人生之八苦无不验证着这一观点。对此，古希腊时期的伊壁鸠鲁也曾经说过："你在需要快乐的时候，正是你因缺乏快乐而痛苦的时候。"[①] 但是有情众生对快乐的追求和满足却是贪得无厌的，如此情形便与快乐是短暂的事实发生了冲突，于是乎，寻求一个具有稳定性的对象，感受踏实和恒久的快乐，便表现为众生情感的需要，毫无疑问，"我"的实在性与恒常性正好满足了这一要求。换个角度来说，个体所展现出的鲜活的生命力也是有情存在的基础和前提，对自身生命的珍视而衍生出希求生命恒常性的心理也就不足为奇了。"我"的存在对于有情来说是情感的和现实的必需，但在无常的世界中贪著不变的实在，失落必然在所难免，对于"我"的妄执也就被认为是众生痛苦的根源。因此，要解脱就必须破除我执。

除了十二因缘说中排斥有自性的"人我"之外，佛陀还将人身的构成解释为五蕴和合的产物，五蕴成为缘起人身的五种物质和精神要素，不仅五蕴的离散意味着人身的消亡，而且五种蕴集内部也都没有"我"的存在，决定性的自因被他缘所取代，"人我"当然就不是实体了。所以佛

[①] 转引自苗力田《古希腊哲学》，中国人民大学出版社1989年版，第648页。

陀说：

> 多闻圣弟子于此五受阴观察非我、非我所。如是观察已，于世间都无所取；无所取者，则无所著；无所著者，自觉涅槃："我生已尽，梵行已立，所作已作，自知不受后有。"①

佛陀"无我"说的理论重心不是为了批判"大自在天"等外在的人格神，而是驳斥众生妄执的有自性的"人我"，并从经验中推导出这种执着的根源，以缘起说为理论武器来反驳这种观念。他从实用的角度出发，致力于解释经验世界的人生现象，为众生所面临的烦恼与痛苦提供具体的解决办法，即八正道的修行法门。也就是说，佛陀要破"我执"，是出于实用性目的，而不是为了思辨的玄思，他的弟子鬘童子曾经向他请教十四个哲学性的问题②，比如世间有常无常？如来有终无终？佛陀以"箭喻"批评他说：如果有人身中毒箭，受伤极重，你非但不赶紧拔出毒箭，去找医生，却在那里思考伤者的身份、毒箭的构造、造箭师是个什么样的人。这种玄思"非义相应，非法相应，非梵行本，不趣智、不趣觉、不趣涅槃，是故我不一向说此也"③。佛陀说法的意义在于引导众生修行，以实用性的解脱为目的，并不在探讨世间的本原。同样道理，在原始佛教的教义中，诸法之实相被解释为"诸行无常""诸法无我"，这并非要引起哲学的思辨，而是要揭示出一个令人无法满意的世间，这里充满了各种苦，佛陀寄思于对苦难之因的探寻和消灭，为众生指引出一条出世间的道路，趣入一个不同于现世的另外一个世界，即"涅槃寂静"。基于此，我们可以说世尊以经验的方式归纳伦理内容，并拒斥抽象的学理思辨，奠定了佛教实践论的解脱体系的一贯立场。

---

① 《杂阿含经》卷3，《大正藏》第2册，第19页下栏。
② 即"十四无记"，也称外道十四难。"一、世界及我为常耶？二、世界及我为无常耶？三、世界及我为亦有常亦无常耶？四、世界及我为非有常非无常耶？五、世界及我为有边耶？六、世界及我为无边耶？七、世界及我为亦有边亦无边耶？八、世界及我为非有边非无边耶？九、死后有神去耶？十、死后无神去耶？十一、死后亦有神去亦无神去耶？十二、死后亦非有神去亦非无神去耶？十三、后世是身是神耶？十四、身异神异耶？"可见于世亲著，（唐）玄奘译《阿毗达磨俱舍论》第19卷。
③ 《中阿含经》卷60，《大正藏》第1册，第805页中栏。

不过正如吕澂先生所言，佛学和任何学说一样，一旦深入下去，就难免不接触到哲学问题。这也很容易理解，因为无论哲学还是宗教，都深蕴着人类对于自身的终极关切，都要回答人何以如此、何以自处等此类问题。不同之处在于，哲学借由人类的理性，走向了不断追问、反思的路径；而佛学虽不能完全等同于佛教，亦在试图通过"说理"的方式诠释佛教义理，但其"出身"决定了它的致思路径难免沾染"说教"的成分。在何种程度上摆脱情感认同的辅助，借助语言的可理解性，穷尽言说的极限，当是进行佛学或者说佛教哲学的研究态度。

因此，释迦牟尼创立的理论体系自身存在的一些矛盾和没有解释清楚的地方，为我们所熟知的就是前文所提到的"十四无记"的诘难，当在传播中阻碍到了佛教"说教"的效力时，就为后人提出了无法避免的理论课题，当然，也为解读留下了广阔的发挥空间。其中，轮回主体就是最关键的问题之一。我们知道，缘起说虽然反对有自性的"我"的存在，却又肯定业力的作用，而业力如果没有承受者，那么轮回将是毫无意义的！因此，为了维护佛教理论的权威性与合理性，后世僧学特别是小乘佛教时期的各个派别，从各自的理论特点出发，对这一问题展开了不同的解答，其中有代表性的观点主要有犊子部的"有我"说和说一切有部的"法有我无"说。也正是从这个时候开始，佛教理论展开了对于缘起本源的追溯，陷入诸法之实有与空无的争论当中。

第二节　华严宗判教理路中的缘起学说

释迦牟尼创立缘起学说，并不是要建构一种形而上学的理论体系，可是当缘起法则的应用范围不再局限于人生现象，而扩展至宇宙一切现象的时候，缘起法中的因缘就不能仅仅是十二支因缘，而是泛化为一切存在了。也就是说，它脱离了具体的内容，抽象为可以指称一切事态的普遍形式。这样一来，缘起说也就随之具有本体论的意义了，包含本质和生成两种属性。随着佛教思想的发展，很多宗派都曾借助于缘起说来解释世间的生成根源和诸法实相，理论态势呈现出不断地向上追问缘起本源的局面。法藏以五教十宗判释历代佛教，此五教是：

就法分教……圣教万差要唯有五：一小乘教、二大乘始教、三终教、四顿教、五圆教。①

这是依据教法的深浅优劣之差别而确立的判教体系。五教之中，唯独顿教以离言无相为教理旨趣，不涉及教相的问题，其余四教，按照教相区别都有各自的缘起说与之一一对应。同时，在华严判教体系上，大乘始教又有空始教和相始教的分别，所以，当我们参照华严宗判教理路中的缘起学说来探寻缘起说的发展轨迹时，是遵循着小乘佛教之业感缘起、大乘空始教之缘起性空、大乘相始教之赖耶缘起和大乘终教之如来藏缘起的教相顺序展开讨论的，以此作为研究华严宗法界缘起思想的理论背景。

一　小乘佛教之业感缘起

小乘佛教继承了原始佛教的业感缘起理论，并将解释范围扩大至整个宇宙的万事万物，并不再局限于人生观的理解。其标志就是众生的造作不仅决定着自身的状况，还会影响到所居处的外界环境，即有依报和正报②之分。不过无论是何种情形，其最重要的判定指标依然在于众生自己的所作所为，即所造的业。按照因果法则，种下什么因就要接受相应的果报，概括地说，就是惑业苦三支之间的流转。烦恼为惑，因烦恼起各种造作，即为业。业又感召果报，业之善恶直接决定了果报的好坏。众生之所以流转于世间，都是因为所造的业是恶业，所以才有生死的果报，有生死即为苦。众生因惑业苦三者的辗转不息，而于六道中生死流转。佛陀为了他的解脱论否定了"我"的存在，但是如果承认业报的真实性必须有主体承担的逻辑前提的话，那么，小乘佛教的业感缘起理论就要面临着同样的难题：承受果报的有情与种下业因的有情是同一个有情吗？因与果之间的相续性又是怎样连接到一起的？简言之，就是轮回主体的问题。从这个问题推展出去，就会有诸法是否实有，诸法从何而来的追问。对这些问题的解答，形成了佛教众多缘起观的重要理论

---

① （唐）法藏：《华严一乘教义分齐章》（下文简称《五教章》）卷1，《大正藏》第45册，第481页中栏。

② 依报，又名依果，即世界，国土，房舍，器具等。众生因先业而招感，其身体依住的生活环境，故名依报。正报，又名正果，即五蕴之身体。众生各因先业招感得此身体，是正彼之果报，故名正报。

旨趣。

很显然，倘若作业因与受果报不是同一个主体的话，业报轮回将毫无意义可言，也即是说，一旦失去了因果之间的必然关联、丧失了业报轮回的权威性，行为主体的道德实践将不再被约束，佛教的伦理体系也就失去它的存在价值，因此，二者必然也必须是一致的。同时，提及轮回主体问题就一定要牵连出时间性问题，即行为主体必须具备持续性，不能是一种刹那后就立即消亡的存在，不能仅仅是简单地存在过，而必须是一直存在着，如此就可以避免轮回主体因为理论体系在逻辑上的漏洞，逃避其本应承担的责任。而主体的连续性地存在就意味它将是永恒的，尽管其存在的形态或内容在不同的时期会有所不同，但其实体性的本质是不应该变化的，就是说，它应该是有自性的。顺着这样的逻辑线索发展，小乘佛教时期的各个部派，从其自身理论路径出发，对于解决"我"与轮回主体之间的矛盾，给出了各自不同的解答。据《异部宗轮论》所载，此时的佛教共分成18部，但针对自性这一问题，按照印顺的说法，不外两种具代表性的态度：

> 说一切有部主张无有少法能从前世转至后世，但有世俗补特伽罗，有移转；犊子部的本宗同义谓实有补特伽罗，命根灭时，五蕴诸法亦灭，然补特伽罗不灭，转至后世，取诸趣生；经量部则别立胜义补特伽罗。此中，说一切有部所说，系以补特伽罗只是假立；犊子部、正量部及经量部则认为系实有。尤其犊子部将补特伽罗摄于五法藏中之不可说法藏，而称之为非即非离蕴我。[①]

概而言之，就是犊子部、经量部所持之实有补特伽罗和说一切有部所持之世俗补特伽罗。补特伽罗（pudgala）的意译为数取趣、人、众生等，皆指轮回转生的主体而言，特别是数取趣，其含义特指数次往返于五趣的轮回者，即"我"的异名。《异部宗轮论》中关于犊子部的观点记载为：

> 有犊子部本宗同义，谓补特伽罗非即蕴离蕴，依蕴处界假施设

[①] 印顺：《如来藏之研究》，正闻出版社1981年版，第48—49页。

名。诸行有暂住，亦有刹那灭。诸法若离补特伽罗，无从前世转至后世，依补特伽罗可说有移转。①

补特伽罗与五蕴的关系是非一非异的，五蕴依附于其上才会有生命现象的发生；同时，各种现象经历着生、住、异、灭的变化，补特伽罗却可以依然存在着并流转于后世，因此犊子部的主张就是："我"是实有的，是业报轮回的承载者。这种主张虽然可以解决轮回主体的问题，但它的理论基点却是非佛教的，因为这在原始佛教的理论体系中是被极力排斥的，它直接违背佛教三法印之"诸法无我"的原则，即使在当时的其他部派看来，也大多认为它是一种"大逆不道"的理论。

以世亲为代表的说一切有部用承认"法"的实有的立场，来反对"我"的实在性，提出"法有我无"的观点。"说一切有"主要指两个方面：一者为一切现象都有自性，是实有的；二者为一切法三世恒有，在过去、现在、未来都是实体性的存在。《异部宗轮论》在介绍说一切有部时说：

> 说一切有部本宗同义者，谓一切有部诸是有者，皆二所摄，一名二色，过去未来体亦实有。②

有部承认一切法的实有，是以维护原始佛教的"人无我"的学说为出发点的，在否认人的实在性的同时，肯定了五蕴的存在，作为五种集合体，它们三世俱有，因此也可以说，说一切有部的"法有我无"观点继承佛陀的观点，肯定世间现象的存在，并且天然地反对犊子部的实体性的"我"。在此基础之上，世亲在《俱舍论》中的否定则显得更彻底，他不但认为"我"是假有的、"我"是一些有自性的要素的构成，又进而取消了五蕴的实有性：

> 诸有为法和合聚义是蕴义……非一实物有聚义故。③

---

① 世友《异部宗轮论》卷1，（唐）玄奘译，《大正藏》第49册，第16页下栏。
② 同上书，第16页上栏。
③ 世亲《阿毗达磨俱舍论》卷1，（唐）玄奘译，《大正藏》第29册，第4页下栏。

将集合体似的蕴当作是实在,在世亲看来是不应该的。他认为的"一切有"、有自性的存在就是五位七十五类法,"为有诸法决定俱生,有定俱生,谓一切法略有五品"①。色法、心法、心所法、心不相应行法、无为法等五大类,细化为七十五种法②,诸法之间的和合缘起,构成了世间、出世间存在的一切事态,囊括了所有精神和物质形式,这里的法是"因有自性故为法",说明其自身是有自性的存在,法性是实有的。这样一来,世亲就以"法"的实存否定了"我"的实有,消解了自性"我"的生存空间,表达出"法有我无"的观点。这个时候,诸法实相也不再是原始佛教时佛陀力劝众生摆脱的直观的经验世界,而成为隐藏在现象之后的诸多元素:七十二种有为法构成了现象世界的观念的集合,展现为三界生生灭灭的表相;三种无为法同样组成了世间之外的出世间,是远离束缚、证得解脱的无漏法。无为法虽是实有,但却不能脱离有为法而独立存在,众生不能绕过有为而直接出世间,必须在有为法的基础上通过修行才能实现。换句话说,流转与还灭之间虽然不是无路可通,但二者之间却横亘着一道无明之墙。

世亲在破除"人我"的同时,针对轮回主体问题,又特立"假名我"——世俗补特伽罗——来弥补破"我"后主体的缺失。他区别了法之体(法性)与用(作用),认为"法性恒住,作用随缘"。世俗之"我"就是诸法随缘显用的假名施设:"所计补特伽罗应同乳等唯假施设";同时,果报的存在反证了业因的三世实有,它作为缘起世俗补特伽罗的牵引力或主因,可以保证业报的施设者是同一个主体。就这样,世俗补特伽罗以"傀儡"的形式行使着轮回主体的职能,徒有其表却实无自性。

佛陀虽然以五蕴破除对于"我"的实有,通过分解"我"对应于受、想、行、识,说明"我"的无自性,但此观点的中心不在于分析"我"

---

① 世亲《阿毗达磨俱舍论》卷4,(唐)玄奘译,《大正藏》第29册,第18页中栏。
② 色法:眼、耳、鼻、舌、身、色、声、香、味、触、无表色;心法:心王,心所法:大地法(受、想、思、触、欲、慧、念、作意、胜解、三摩地),大善地法(信、不放逸、轻安、舍、不害、勤、惭、愧、无贪、无嗔),大烦恼地法(痴、逸、怠、不信、惛、掉),大不善地法(无惭、无愧),小烦恼地法(忿、覆、悭、嫉、恼、害、恨、谄、诳、憍),不定心所法(寻、伺、睡眠、恶作、贪、嗔、慢、疑);心不相应行法:得、非得、同分、无想定、无想果、灭尽定、命根、生、住、异、灭、名身、句身、文身;无为法:虚空无为、择灭无为、非择灭无为。

的实有还是空无,而是为了说明"破执"才是众生的解脱之道。只有熄灭烦恼之火,停止种种恶业的造作,才能免受生死流转的苦果,进而成就解脱。原始佛教不问世间的有无,也不回答诸法从何而来,它只关注解脱。但众生的轮回主体的缺失却把这些问题都牵引了出来。说一切有部承认了世间的实有,进而从生成论的角度,用法体的实有和作用的随缘解释了众生和世间一切现象的由来。不过,因循着"法有我无"的思路继续推演,高山大川等器世间也必然被取消实存的合法性。就是说,有情以外的其他一切事物也和众生一样,是各种因缘的集合体,皆无独立自性,世间并没有能够自我决定的永恒事物,由此"法无我"的观点便应运而生。随着有部理论的进一步发展,逐渐打破了色心二元之间的平衡,而趋向于重视诸法的形式,尤其是抽离了具体内容的纯粹概念,走向了仅承认概念之实有的极端。比如,大乘瑜伽行派提出了"唯识无境"的命题,彻底否定了诸法的实在性。这里的法无我,不单指向现象界,更瓦解了诸如七十五法等元素的实存空间。①

也正是在此意义上,法藏批评小乘教只明人空,不明法空,虽广谈业感缘起,却未达大乘教理的广大境界,故贬之为"愚法二乘",二乘就是声闻和缘觉。他们"但有六识,义分心意识",说明小乘只依六识、七十五法、三毒等解说世间本源,虽知阿赖耶识之名,却未知阿赖耶识生起万法的作用比六识更加重要。后来大乘空、有二宗对于法体实有性问题的诠释也开启了佛教在形上学层面上对于缘起之本原的探寻之路。

二 大乘始教之缘起性空与赖耶缘起

佛教由小乘衍生出大乘之后,小乘诸部的实在论观点渐次招来了更多的批判浪潮,大乘空宗的理论宗旨就是在反对实在论的前提下成立的,以取消诸法当体的自性从而走向了另一个极端,"一切法皆空宗,谓大乘始

---

① 关于这一点,我们其实也可以从色法在大小乘所总结的诸法中的不同排列位置上看出一些端倪来,在《俱舍论》之五位七十五法中,色法作为开端,是强调心法必须依托外界色境才能产生,有色法才能有心法,色法是独立存在的,所以色法在前、心法在后,有情的活动并不能影响外物的实存。而在大乘瑜伽行派的《百法明门论》之五位百法中,心法在先、色法于后,究其原因,在于瑜伽行派认为宇宙万法都是由心识变现出来的,色法并非独立的自体,不能离开心识,只是假相。

教，说一切诸法皆悉真空，然出情外无分别故，如般若等。"① 法藏也称之为"真空无相宗"。与此相对，大乘有宗则进一步深化了"识"的实有性，从认识论领域出发，将世间万物的存在都归属于内识之中的观念，借由"唯识无境""唯识变现"等命题同样表达了世间现象是虚幻不实的看法。法藏称之为"唯识法相宗"。

法藏在教判理论中将这两种学说体系都划归为大乘始教（前者为空始教，后者为相始教），就是依据它们对现象界之体性的相同理解。因二者不同的立足点也直接催生出两个学派各自的缘起学说：缘起性空论和阿赖耶识缘起。

（一）缘起性空论

缘起性空说的理论基点就是缘起说，重点在于强调诸法的无自性。《中论》说"因缘所生法，即是寂灭性"，寂灭性即空性，空性即无自性，因缘起而性空即为中观派的根本论点。那么，何谓自性？这是一个我们经常提及的概念，却往往不加分析就盲目使用，因此在这里有必要厘清一下。自性（sabhāva）是专门术语，如《壹输卢迦论》说：

> 凡诸法体、性、法、物、事、有，名异义同。是故或言体，或言性，或言法，或言有，或言物，莫不皆是有之差别。正音云私婆婆，或译为自体（的）体，或译为无法（的）有法，或译为无自性（的）性。②

自性可以表达为多种名相，但其本义却是同样的，所谓体、性、法、物、事、有，都有实在性的"有"的含义，梵语"婆婆"（bhāva）即为"有"，加前缀 sva，即私婆婆，即自性，包含自己有、自己成的意义，自己生成自己，自己规定自己。从生成论的角度分析，"有"的生成只能有两种途径，要么是自己生成自己，要么是无中生有。众生（特指人的话）在世俗生活中根据自身的直觉，总会无意识地追求现象背后的真实感、实在感，这也便成为众生普遍存在的根深蒂固的对于实在的妄执，体现在解释宇宙的生成层面，婆罗门教之"大梵创世论"是为典型。从生成论的

---

① （唐）法藏：《华严五教章》卷2，《大正藏》第45册，第482页上栏。
② 龙树：《壹输卢迦论》卷1，瞿昙般若留支译，《大正藏》第30册，第253页下栏。

角度来看，人们总会不断地追问世界从哪里来？我们从哪里来？诸如此类问题关涉到人们如何看待世界、如何看待自身的问题。换句话说，对这些问题的解释，区分了人与动物之不同。而人通过不断的观察，借助理性的能力，不断探究着答案，并形成了不同于宗教神话的理解，这也正是人之灵魂的闪光之处。由此说来，佛教在产生伊始便已然内摄了哲学的因子。只不过，对于宇宙生成的观照并非释迦牟尼的重点，抑或说已经超出了他的考察范围，故而面对诸如十四无记的诘难，采取了回避的态度，强调将重心关注于现世的解脱。这种关注现世的态度与中国的孔子及希腊的苏格拉底两人真是不谋而合！当子路请教有关鬼神、死亡之类的问题时，孔子并未正面回答，而是点拨了致思的重心：未知生，焉知死？① 苏格拉底则是第一个将哲学从天上拉回人间的希腊人，他引用德尔菲神庙的铭句"认识你自己"，要求哲学应首要研究人自身，通过审视人的心灵来研究自然，单纯地猜测天上的事物却不关心人事问题是不务正业的表现。

佛陀揭示缘起说的初衷即在于破执，破除众生对于世间的妄执、还原现象界无常无我的本质、演说法性空寂的实相，故《法华经》称他为"破有法王"：

　　破有法王，出现世间，随众生欲，种种说法。②

又以"诸法无我、诸行无常、涅槃寂静"为三法印，安放佛教于出世的立场。相较之，一切外道皆可视之为有宗，而佛教为空宗；一切外道持有论，佛教持空论，坚持无我论的观点必然指向诸法空寂的结论。因此，除犊子部等小乘学者主张"非即非离五蕴之我，谓众生有实我"的观点外，大体上，大小乘都要谈无我、谈空，只不过在具体论述中，对于空的态度表现为温和或极端的不同程度而已。法藏依前人观点判出小乘六宗：

　　二小乘，小乘中犊子部等，彼立三聚法：一有为聚法，二无为聚

---

① 《论语·先进第十一》：季路问事鬼神，子曰："未能事人，焉能事鬼？"敢问死，曰："未知生，焉知死？"
② 《妙法莲花经·药草喻品》卷3，《大正藏》第9册，第19页下栏。

法，三非二聚法。初二是法，后一是我。又立五法藏：一过去、二未来、三现在、四无为、五不可说，此即是我，不可说是有为无为故。二法有我无宗，谓萨婆多等。彼说诸法二种所摄：一名、二色；或四所摄，谓三世及无为；或五，谓一心、二心所、三色、四不相应、五无为。故一切法皆悉实有也。三法无去来宗，谓大众部等。说有现在及无为法，以过未体用无故。四现通假实宗，谓法假部等。彼说无去来，现在世中诸法，在蕴可实，在界处假，随应诸法假实不定。成实论等经部别师亦即此类。五俗妄真实宗，谓说出世部等。世俗皆假，以虚妄故，出世法皆实，非虚妄故。六诸法但名宗，谓说一部等。一切我法唯有假名，都无体故。此通初教之始准知。①

从我法俱有宗（犊子部）到诸法但名宗，空义逐渐增强，渐与大乘空宗接近。以大乘的视角看小乘，小乘偏有，未达空性；以小乘的视角看外道，外道是有，妄执实有。随着视角的转换，不同阶段的空有程度不同，空义的浅深递进也就构成了如此的次第性。然则不论程度如何，佛教总体上还是遵循着佛陀破有的思路：

> 欲断如是等诸邪见②令知佛法故，先于声闻法中说十二因缘。又为已习行有大心堪受深法者，以大乘法说因缘相，所谓一切法不生不灭、不一不异等，毕竟空无所有。如《般若波罗蜜》中说："佛告须菩提：菩萨坐道场时，观十二因缘，如虚空不可尽。"③

佛灭度后，随着佛教内部诸僧不断追问缘起法的合理性依据，产生了以上种种有空之见。青目将此情景总结为两种流弊：一为："深著诸法，求十二因缘、五阴、十二入、十八界等决定相。"一为："不知佛意但著文字，闻大乘法中说毕竟空，不知何因缘故空，即生疑见：若都毕竟空，云何分别有罪福报应等？如是则无世谛、第一义谛。取是空相而起贪着，

---

① （唐）法藏：《华严一乘教义分齐章》卷1，《大正藏》第45册，第481页下栏。
② 邪见，为有人言万物从大自在天生，有言从韦纽天生，有言从和合生，有言从时生，有言从世性生，有言从变生，有言从自然生，有言从微尘生。
③ 龙树：《中论》卷1，鸠摩罗什译，《大正藏》第30册，第1页中栏。

于毕竟空中生种种过。"①

为了对治此种局面，龙树提出中道缘起说以驳斥有部的实在论和方广部的"恶取空"两种极端论点，其理论的精髓就体现在《中论》之"三是偈"中：

> 众因缘生法，我说即是空。亦为是假名，亦是中道义。未曾有一法，不从因缘生，是故一切法，无不是空者。②

凡是从因缘所生之法，都是无自性而空的；但如果只说空就会陷入否定一切、甚至否定佛陀所说法的危险之中，因此还要用假名来引导众生；综合起来看缘起之法，就是既要看到缘起性空的一边，也要看到缘起假有的一边，不着空、不着有，这才是符合事物自身性质的合理认识。究其根本，中道思想也是从缘起说的基本内涵，即诸法是因缘和合、由缘起而有待的立场出发的，从存在自身的"当体空"来明确诸法的自性无，正如《中论·观有无品》说：

> 如金杂铜则非真金，如是若有性则不须众缘，若从众缘出当知无真性。③

诸法如果有自性的话，就应该能够自我规定，能够自生自成；可事实却是诸法之森罗万象说明了其本身是新出之法，即是"作法"：

> 众缘中有性，是事则不然，性从众缘出，即名为作法。性若是作者，云何有此义？性名为无作，不待异法成。④

"作法"必待众因而生，不能从自体生。

---

① 龙树：《中论》卷1，鸠摩罗什译，《大正藏》第30册，第1页下栏。
② 龙树：《中论》卷4，鸠摩罗什译，《大正藏》第30册，第33页中栏。
③ 龙树：《中论》卷3，鸠摩罗什译，《大正藏》第30册，第19页下栏。
④ 同上。

诸法不自生，亦不从他生，不共不无因，是故知无生。①

青目解释说，若假设诸法从自体生，则法便析分为能生、所生两体，若不假借其他事物从自身生出，则无因无缘，与缘起说不相符；生者又有生者，生生无穷，但究其源头本是空无的自性，故他者亦应是无，因为存在者皆无自性，他者也是存在者。那么是不是自体与他者共同生出万有呢？即共生是否可能？答案是否定的，原因在于无因便无果。首先，自他皆无性，前文已述，无性的自他不能从自身内部生出万物，此乃从逻辑上的推演；其二，若偏执无因就可以生出果，便会破坏业报轮回说，从而推出修持布施、持戒等行为会堕入地狱，而造作十恶、五逆的行为却可以生天的道德虚无主义，于佛法而言破坏性更大，这是从现实影响角度考虑。综上，诸法不自生，必以缘起而成。反过来说，缘生之法就一定不具有自性。当然，如果仔细考察，就会发现其中存在着循环论证的逻辑问题，以缘起证明诸法无自性，又从诸法无自性反证诸法不能自生，如此一来，便无法真正跳脱出理论上的困境。因此，必须返归到龙树的理论旨趣，即对治执有与执空的立场来探讨中道缘起说，如此才能真正明确缘起性空的合理性。

有部以观慧析色的方法，将事物析至极微，再分析到"无方分"相，即没有影像、不碍方分的状态，所以极微亦名"邻虚"，邻似虚空之意，即便如此，"邻虚"也是色法的根本，依然占有一定的空间。时间上，则分析到刹那，即最短的一念，没有前后相，已然显示不出时间特征了，形象点解释，一弹指之间就已包含六十个刹那。如此析色之法被称为"析法空"，析法至邻虚，过即为空。但有部并不承认一切法皆空，反认为自性有的存在，即极微，通过分析将某些假有析解为元素、元素再析解为极微；心法也因循着此法析解为刹那念。如此一来，虽然否定了直观现象的实有，但却为自性的实有埋下了根据，纵然邻虚近空，依然是有非空，依然因循着生成论的理路。这种分破法空的方法本源自《阿含经》的"散空"说，为佛陀的方便说法，虽不彻底但能为根器尚浅者理解。如果把"法有我无"思想所采取的"析法空"看作以比较委婉、间接的方式来说明"人我"的无自性，缘起性空说所主张的"当体空"则是用更直接的

---

① 龙树：《中论》卷1，鸠摩罗什译，《大正藏》第30册，第2页中栏。

方式彻底地否定了包括"人我"在内的一切法的自性,根本不留有丝毫的余地。诸法的"当体空"所展现出的实相,就是空相,即"未曾有一法,不从因缘生,是故一切法,无不是空者"①。但是,龙树所要论证的重心并非诸法空相的客观性,而是修行主体的观行法门。这就是为什么在论证法不自生的时候,《中论》会出现循环论证的情况,缘起与性空在龙树或青目看来就是不证自明的,互为逻辑前提,好比 A = A 的同一律原则。因此造论的目的不是为了证明缘起性空的相互关系,而是由缘起性空作为理论起点,阐发众生为何要中观、如何中观的观点,也就是中道的意义,故而准确地说,《中论》应称为《中观论》。

  缘起思想的本质就是缘生法之间的因果关系,龙树将诸法的种种法相归纳为八个方面,这八个方面同时也是体现因与果之间的关联形式的四对范畴。为了具体说明诸法自性空的道理,他着力从这八个方面破斥众生对于自性的执着,即"八不缘起"说的成立。所谓"八不",即"不生亦不灭,不常亦不断,不一亦不异,不来亦不去"②,概括来讲,就是诸法"毕竟空无所有"。"毕竟"即指诸法的本性就是空,无所依、无所靠,事物的生灭不是自生自灭或他生他灭般的有自性的产物,而是缘聚则生、缘散则灭的无自性的和合。为了论证这一观点,龙树以承认诸法之间普遍的相对性来取消其法体的绝对性,"性若决定,不应待他出,非如长短,彼此无定性,故待他而有"③。缘生法由于因与果的转换,故是不常、不一、不来;又因为缘生法之因与果的相续,故又是不断、不异、不去。从诸法实然状态下的绝对的变化性来肯定相对的稳定性,又以其相对的稳定性来否定其绝对的稳定性,这种充满相对性的思维看似会将结论引向虚无主义,但他所要阐释的观点却是清晰明确的,即因缘所生之法都是不稳定的,其自性只能是空性、没有规定性的。接着,在否定了诸法的自性后,龙树进而连缘起法则也一并否定掉了,将它也划归入权宜之法则的行列,他说:

    果从众缘生,是缘无自性,若无自性则无法,无法何能生,是故

---

① 龙树:《中论》卷4,鸠摩罗什译,《大正藏》第30册,第33页中栏。
② 龙树:《中论》卷1,鸠摩罗什译,《大正藏》第30册,第1页中栏。
③ 龙树:《中论》卷3,鸠摩罗什译,《大正藏》第30册,第19页下栏。

果不从缘生。①

在这里，龙树显然犯了"四名词"的逻辑错误：无自性的法与缘生之果虽然都是缘起的结果，可前者侧重于诸法的实相，后者偏向于现实的状态，在论证的过程中二者并不是同一个内涵。概念的混淆使用当然不能令这个推论成立，但从他否定一切存在的自性的理路也必然会得出这一结论，这再一次证明龙树的理论出发点并不是要揭示本然世界应该是怎样的，而是要破除众生对于人、法的实体性的执着，其重心在于"破"，而非"立"，就如同他说的：

诸法从本以来毕竟空性，如是空性法中无人无法，不应生邪见正见。②

当然，为了避免陷入"恶取空"，进而破坏佛所说法，他又强调不坏假有，"若一切法空，无生无灭者，何断何所灭，而称为涅槃？"以反问句说明若偏执一切皆空无所有，则灭道二谛甚至涅槃之说亦将被取消积极意义，以涅槃非虚空才能指明众生断诸多烦恼、破执五蕴的合法性，"但为引导众生故，以假名说"。因此真正的现实性在于不执有、不偏空的中道观，安立假名，从世俗谛的意义为佛教安立生存空间，即在实践领域为其寻找存在价值。康德在形而上学领域否定了上帝的存在，又在实践领域恢复了上帝的权威性；龙树的缘起性空说具有同样的效果，毫无疑问，他的否定更彻底些。诸法的空无自性决定了其本质是任何概念都无法界定的，这就取消了概念的实有性，想通过解读概念的方式来认识诸法实相注定是无法实现的，解除了思维在解脱过程中的辅助作用，龙树主张以"现观"即一种神秘的直观形式体会诸法实相。而其以缘起性空观来诠释中道观的致思路径，完成了对佛陀初转法轮时理论意图的回归。

（二）赖耶缘起

与之相对应，大乘有宗则从另一条路径出发，肯定和深化了概念（内化为观念）的实有性。有宗从小乘多个派系发展而来，从诸法都是由

---

① 龙树：《中论》卷1，鸠摩罗什译，《大正藏》第30册，第3页中栏。
② 龙树：《中论》卷4，鸠摩罗什译，《大正藏》第30册，第39页中栏。

"识"变现的角度,同样否定了外境的实存,主张现象都是由阿赖耶识缘起而成的。那么,何谓阿赖耶识?阿赖耶识亦称第八识、藏识。前者是按照心识内八种识的排序:眼耳鼻舌身意、末那识、阿赖耶识。后者是指此识具有能藏、所藏、执藏义。能藏谓能执持诸法种子令其不失的功能,它就如同一个仓库一样保管着所有的缘起种子,并"与杂染互为缘",总的说来,是一个由种子聚合的有染非纯净的集合体。所藏即藏识中的种子,阿赖耶识能够缘起诸法的原因就在于种子是生起诸法的亲因。

  何法名为种子?谓本识中亲生自果功能差别。此与本识及所生果不一不异,体用因果理应尔故,虽非一异而是实有。①

  能够生成自果才是种子,仅仅有可能性是不够的,只有将可能性转化为现实性,种子之说才可成立,故种子与所生果是不一不异的。由此种子就具有六个特征,其体是"刹那灭、待众缘"的,说明它不似真如的恒常不变,而是有生有灭的有为法,并非胜义谛的实在,故"依世俗说为实有";又其用是能够"性决定、引自果",使得同类种子之间可以依据自身的性质引生同类的果,因与果的性质相同,保证业报轮回的效力能够发生作用;同时,种子之间的"果俱有、恒随转",保障同类种子与果相续不断,生生不息。执藏指阿赖耶识被有情执为"自内我",此即众生"我执"观念的根源。种子恒时相续使人产生自相不变的感觉,但藏识之体的相续变化,表明"人我"之不变的自体根本不存在,明白了这一道理,"我执"之念也就不攻自破了,而取"人我"而代之为轮回主体的就是阿赖耶识,实际发生作用缘起世间的就是种子。种子分为本有和始有两种来源:本有种子即阿赖耶识无始以来、本然具有的能生功能,这种先天的能力又要仰仗于种子的变现能力,但种子只有依托阿赖耶识才能发生作用,因此可以说,种子本有的变现世界的能力与阿赖耶识本具的能藏性质其实是一语两表的关系,即阿赖耶识与种子不一不异。始有种子是阿赖耶识变现万有的真正起源,它不是与生俱来的,而是缘生于种子与有情后天的经验认识之间的互动,故又名新熏种子。熏谓熏习,这种称谓形象地描绘出这样一个过程:前七识经过世代的认识活动,将所形成的相应的经验认识

---

① 护法等:《成唯识论》卷2,(唐)玄奘译,《大正藏》第31册,第8页上栏。

反过来影响着第八识，产生新的种子藏于其中。举例来说，始有种子并不是无内容的存在，众生往生所造的业力以种子的形式保存于藏识中，当条件不具备时就处于潜在状态，一旦后天的实践活动与之发生关联，此先天内容就会被诱发出来，形成果报，有情承接果报又会造业，然后熏习种子……如此循环往复，这个过程就是熏习，其所形成的新熏种子亦称习气。《成唯识论》中规定有三种习气："名言习气"即新熏的名相概念，它既能够表诠义理，又可以了别外境，是现象界产生的直接根由；"我执习气"就是"我执"观念的新熏种子，它是形成彼与此分别的原因；"有支习气"即由有情造作的善、恶诸业形成的新熏种子，它是感召生死果报的依据。可以说，"我执"习气与"有支"习气的思想调和了"无我"与轮回主体之间的矛盾，种子的刹那生灭与同类相续使两种观念得以共存。

　　如此看来，赖耶缘起的实质就是种子缘起，种子生成万物的方式就是种子变现，这个过程须借助于八识的帮忙才能完成。大乘有宗认为，心识中的每一识都有两种作用：见分和相分。能简取外境为认识对象，并对之产生相应观念的能力为见分；反过来，心识转变为所取之境相，成为认识对象则为相分。前六识有分别、了解的能力，众生一旦焕发检别的意识，就会在意识中产生概念作为界定对象的标准，同时意识又为概念寻求外在的承载目的，使得概念意向性为外在境相，成为认识对象，如果认识对象与前六识一一对应，就会发生认识活动。这个过程就是种子变现的过程，即"种子生现行"，现行作为心识外化的影像又反过来刺激心识，前七识作为能熏影响着所熏的第八识，形成了新的种子，即"现行生种子"。由"种子生现行"到"现行生种子"，种子——现行——新熏种子三者彼此往复，互为因果而无始无终，因八识中能生的种子统摄于第八识阿赖耶识中，故称为赖耶缘起。如此一来，作为现行缘起的本源，阿赖耶识缘起万法就不是生成论意义上的生出，而是一种认识论意义上的显现，世间万法都只是阿赖耶识中种子的外现。既然现行即外在现象是由心识变现出来的影像，它就不是实有的，而是无自性的存在，相比较而言，作为观念的概念更具实在性。但概念对于心识而言也是其分别、简择后的产物，是意识的分别作用于主体产生能现和所现的区别，所以概念的实有性也仅限于它相对于外境来说的，此与小乘说一切有部的元素实在论大相径庭。大乘有宗凭借心识变现外境的理论否定了外在事物的客观实在性，提出"唯识无境"的观点，究其根本，在整个阿赖耶识缘起的过程中，真正实有的，仅是心识本身先天的认识功能，世间一切具体的存在都是无自性的，不过与空宗不同，它从识有境无的角度，可以说是从"有"而论"空"。

以阿赖耶识为中心的心识变现出的众缘生法，诸法具有三种性质，即三性说：

> 由彼彼遍计，遍计种种物，此遍计所执，自性无所有。①

众生不了解万法是心识所变现，以妄情周遍计度一切法，执取诸法为有自性差别的实有。遍计所执性是诸法的妄相，实则无体性。

> 依他起自性，分别缘所生，圆成实于彼，常远离前性，故此与依他，非异非不异，如无常等性，非不见此彼。②

诸法实际上是种子变现而成，须依托于因缘，本无自性可言。依他起性是三性中的中心环节，沟通真实与虚妄，一切法皆由此性而生。待众生觉悟到现象并非实有，而是依他起时，依他起中不变的圆成实性即诸法自性。圆成实性就是真实性，"二空所显，圆满成就，诸法实性"，是诸法的本性。它与依他起是非异非不异的关系，在依他起性中，否定掉遍计所执的妄执，余下的就是对一切诸法最圆满的认识，即万法的圆成实性。圆成实性亦即真如、法性、真理、涅槃，它以心为体、以虚空为假名施设，展现出众生无颠倒的诸法实相。是故《成唯识论》总结道：

> 如幻事等非有似有诳惑愚夫，一切皆名依他起性；愚夫于此横执我法有无一异俱不俱等，如空花等性相都无，一切皆名遍计所执；依他起上彼所妄执我法俱空，此空所显识等真性名圆成实。③

此三性皆不离心，以三性认识现象，掌握诸法空相，才是真正的中道观。

---

① 护法等：《成唯识论》卷8，（唐）玄奘译，《大正藏》第31册，第45页下栏。
② 同上。
③ 同上书，第46页下栏。

阿赖耶识缘起解释了现象界的生成原因，可以说，第八识种子在缘起中确实起到了源头的作用。但阿赖耶识本身并不是终极，它也属于现象界中的一员，只不过瑜伽行派所理解的终极即真如是凝然不动的，需要依心识中的赖耶种子才能变现诸法，是故，本原与现象之间是割裂开来的。如此一来，即便有依他起性作为万法缘起的根据，但不动的圆成实性如何能够蕴含于诸法之中？又如何才能弥合性相之间的这种鸿沟呢？正如法藏所说：

> 若依始教，于阿赖耶识，但得一分生灭之义，以于真理未能融通，但说凝然不作诸法。故就缘起生灭事中建立赖耶，从业等种辨体而生，异熟报识为诸法依，方便渐渐引向真理，故说熏等悉皆即空。①

赖耶缘起作为一种方便的法门，对于解释本体问题是不够的，因此若继续追问万物缘起的究极本原，则形成了以如来藏为缘起始基的如来藏缘起。

三　大乘终教之如来藏缘起

如来藏缘起，也称真如缘起，是《大乘起信论》中提出的缘起观。《起信论》的总纲为一心开二门，此一心即众生心，是心则摄一切世间法出世间法，心是世间和出世间万法的本原，依此心就能彰显出大乘佛法的一切含义。一心具体展开为三个方面：其"体大"，指真如之体包含一切法，并且于一切法是平等无差别、不增不减的；其"相大"指真如体性中所包含的如来藏，具有无量足的功德；其"用大"，谓世间、出世间的一切善法皆源自于此。二门就是此心开出"心真如门"和"心生灭门"，通过二者解释诸法的本原与现象。

心真如即是真如，乃诸法平等之体性，诸法的本原义。真为真实，如为如常，诸法的体性真实不虚妄、常住不变，是为真如。它是"一法界大总相法门体"，"唯是一心，故名真如"，说明真如就是真心、如来藏自性清净心。真如在原始佛教中本没有万物本原的含义，它作"如如"用，是对四圣谛所代表的诸法实相的描述：

---

① （唐）法藏：《华严一乘教义分齐章》卷2，《大正藏》第45册，第484页下栏。

汝真实持我所说四圣谛,如如、不离如、不异如,真、实、审谛、不颠倒,是名比丘真实持我四圣谛。①

缘起法与真如的一体化表现在真如或如如作为副词时,对于法的如其所示的理解,故说:"法不离如,法不异如。"随着佛教各学派逐渐把空性定位为万法皆有的普遍共性,万法缘起无自性、须待他缘而生的理路也为追问缘起的本原提供了形上本体的存在空间。当真如的内涵被实体化为本原意义时,存在者复归于其本然状态下所展现出来的本真面目,就是真如。先于《起信论》的一些大乘经典早已蕴含了这种不变的实有思想:《般若经》中说"法性本净";《涅槃经》中出现了"佛性如来藏"思想;《胜鬘经》又以"如来藏法身"为根本……都是从超越现象的层面对本原世界的一种表述。同样的,《大乘起信论》中对于真如的本体性质,亦有明确的界定。从根本上来说,真如的性质是既可依言说,又不可依言说的。真如的实相是无有相:

无有相谓言说之极,因言遣言,此真如体无有可遣,以一切法悉皆真故;亦无可立,以一切法皆同如故,当知一切法不可说不可念故,名为真如。②

作为终极存在,真如的体性是不可以再继续消解下去的,超出了语言概念能够界定的范围,故是"不可说不可念"的。离言说相,从否定任何言语的规定性的层面肯定了真如的绝对性,但为了随顺众生的理解,又必须依言说相,如此一来,真如便具有两种性质:"如实空"和"如实不空"。"如实空"是"以究竟能显实故",真如的本体远离虚妄的染法,空掉种种分别后显示出自体的实在性;"如实不空,以有自体具足无漏性功德故",自体即真如本体,虽是空无染污的,但自体不空,充满了清净的无漏法,此乃众生成就解脱的先验基础。无论是离言或是依言,真如自体都是无相可取的,它超越了经验认知的范围,"唯证相应",只有不可言说的体悟才能把握。是故真如清净无染且具足功德,于体性而言真心,于

---

① 《杂阿含经》卷16,《大正藏》第2册,第110页下栏。
② 马鸣:《大乘起信论》卷1,真谛译,《大正藏》第32册,第576页上栏。

果位而言法身，于众生而言佛性、如来藏，于万法而言法性，于法相而言法界，于真实而言真理、实相、圆成实性，这些称谓都是真如的同体异名。

> 心生灭者，依如来藏故有生灭心。所谓不生不灭与生灭和合，非一非异，名为阿梨耶识。①

如来藏亦即佛性，是众生本具的自性清净心，因含藏着成佛的无量足功德而得名。《大般涅槃经》以如来藏说明佛性，藏取胎藏之义，比喻佛性本来就在胎藏中孕育起来，只待条件具足便可以功德圆满，成就如来正果。《胜鬘经》谈及心识与如来藏的关系时，则从如来藏本性清净，为烦恼所覆的角度，说"自性清净心而有染污"，即视如来藏为如来藏自性清净心。印顺认为，自性清净，在如来藏是众生位，离垢清净则是佛位，"其实，佛也还是自性清净，因为心从来不与烦恼相应。离烦恼，得解脱，也只是本来清净。所以自性清净心，在众生位没有减少，成佛也没有增多"②。所谓"自性清净"，正是从"离烦恼"而论，若说离烦恼，就是第一义空，以虚空为方便说教。然不说虚空，而说如来藏、自性清净心之心体实际不空，则为大乘佛法之鹄的——解脱成佛留有空间，即如来藏有无量足的功德，此乃众生离苦得乐、转凡成圣的根本动力。由此安立空如来藏和不空如来藏，说"自性清净心而有染污"，如来藏隐覆于烦恼下。世亲在《佛性论·如来藏品》中，对如来藏做出三种解释，可视为对如来藏的总结性概括：一者所摄义，真如于众生位有和合与不和合二门，和合则有一切染法，不和合则有一切净法，一切染净之法，皆摄于如来性，即如来藏，是故如来藏一切法。二者隐覆义，真如在烦恼中，为烦恼隐覆，佛性不显，故名如来藏，出烦恼而显佛性，则为法身。三者能摄义，意谓如来藏能够含摄成就佛果位的一切功德。正是依于如来藏的种种内涵，《大乘起信论》围绕着如来藏与世间万法的关系，建立起如来藏缘起理论体系。

依止于如来藏自性清净心则有生灭的妄心，不生不灭的如来藏心与有

---

① 马鸣：《大乘起信论》，真谛译，《大正藏》第32册，第576页中栏。
② 印顺：《如来藏之研究》，正闻出版社1981年版，第118页。

生灭的妄心和合在一起，二者非一非异即阿梨耶识。非一在于功用不同，非异在于心体不二，阿梨耶识就是阿赖耶识。至此，《起信论》交代了阿赖耶识的出处，它是如来藏心与无明的和合，"依阿梨耶识说有无明"，所以其性质必随顺真如与无明而兼有净染二义，在《起信论》中被表述为"觉"与"不觉"。也就是延续着心真如与心生灭二门的作用，能摄取一切法，缘起一切法。如果如来藏能远离妄念，取消一切虚幻的差别相，心体等同虚空，则为"觉"义，体现为真如之体无所不遍地充塞于世间、出世间；但众生的现实情况却是自性清净心受无明所染而表现出"不觉"的一面，即阿赖耶识变现出千差万别的世间诸相。无明妄念的相续不断，致使众生于生死流转而循环无间；若意识到众生本具的如来藏心，则由"不觉"转向"始觉"。"觉"与"不觉"，其体性一如，众生处于何种状态中完全取决于如来藏心与无明的斗争结果，只不过裁判就是众生自己。若无明处于支配地位，它诱发阿赖耶识生起造作，进而缘起世间为三细六粗①的分别相，凭借着这些分别境相，阿赖耶识为众生布置出一副虚幻的生活世界，其如海市蜃楼般令众生浑然不觉而自陷其中。要想透过迷雾，参悟诸法实相，就必须消解生灭之相，其实质在于熄灭无明，途径就是以真如熏习无明，即以"本觉熏不觉"。

> 是故三界虚伪，唯心所作，离心则无六尘境界，此义云何？以一切法皆从心起妄念而生，一切分别即分别自心，心不见心无相可得。当知世间一切境界，皆依众生无明妄心而得住持，是故一切法，如镜中像无体可得，唯心虚妄，以心生则种种法生，心灭则种种法灭故。②

这段话概括了如来藏缘起的核心思想，真心以自我为参照对象所引起的分别是世间缘起的根本原因，就本原世界而言，如来藏心体平等如一，现象世界森罗万象，无明之妄念使真心生分别，通过阿赖耶识的分别、拣择成就一切法，故诸法之体实为镜中之像，虚幻不实，真正实际存在的唯有如来藏心体。

---

① 三细，无明业相、能见相、境界相；六粗，智相、相续相、执取相、计名字相、起业相、业系苦相。
② 马鸣：《大乘起信论》卷1，真谛译，《大正藏》第32册，第577页中栏。

如来藏缘起说对整个佛教思想的影响蔚为深远，在本土创立的各大中国宗派的典籍论著中都可以找到如来藏缘起的思想痕迹，比较有代表性的当数华严宗的法界缘起说，它是以如来藏缘起说为理论基础而建构成的缘起思想，并作为本宗理论的立宗之本而被历代传承。如来藏缘起说对法界缘起说的重要意义在于，它为后者提供了本体论前提，依于一心开二门的逻辑结构，法界缘起从体用合一的立场，将本体界与现象界融为一体，取消了横亘于二者之间的阻隔，使之实现了本原与现象、甚至现象与现象之间的圆融无碍。

第二章

法界缘起的建构

如来藏缘起说由"一心开二门"的理路调和了本原和现象的截然对立,它将如来藏自性清净心理解为诸法共同的本体,从同一心体在世间和出世间两层面的不同呈现来弥合世间法和出世间法的层次差异,于本原上取缔诸法之间先天的不平等。如来藏心含藏一切法、并为一切法所本具,它是缘起一切有漏之世间法和无漏之出世间法的终极本原。有为法与无为法之间的转换,就是众生破除无明的迷惑,开始由染污之妄心转向清净之真心的修为过程。华严宗接受如来藏自性清净心为一切法之本原的观点,转而从果位,即以佛法身境界为本位解释诸法实相。不同于阿赖耶识缘起的有分别的世间相,法界缘起展现了如来藏自性清净心缘起下诸法平等无差别的出世间相。可以说,华严宗的法界缘起是对之前种种缘起观的一种总结和拓展,并且融合了佛教的缘起论和实相论,表达出法界缘起即是诸法实相的观点。法界缘起中的诸法,因在佛法身境界中而具足如来藏的清净法体,可以随佛法身的示现而"称性而起",无有缺失,故法界缘起亦称"性起"缘起。在华严宗诸祖的法界缘起思想中,主要以性起的缘起形式理解法界缘起乃三祖法藏,这种理解既非凭空而来,亦非一成不变,从华严宗诸祖对于缘起思想的继承和发展中可以探寻出法界缘起思想的变迁轨迹,如果要透彻地解读法界缘起的理论旨趣,自然不能脱离华严五祖对于该思想的不同表述和阐释,这是分析和理顺华严宗缘起思想的最根本和最直接的途径。因此,我们从杜顺对法界观的理解开始,顺次承接地展开对法界缘起思想的研究。

第一节 法界缘起的理论基础

宗密尊杜顺为"华严新旧二疏初之祖师",后者被奉为华严初祖之始。宗密之所以下如此判断，当是依据传为杜顺所著《华严法界观门》及《华严五教止观》的缘故。《华严五教止观》明确署名为杜顺，不过其全文大部分可在法藏《华严游心法界记》中见到，而且其中有玄奘译经时所使用的词语，所以也有学者认为该书不是杜顺所作。与之相比，《华严法界观门》则未有单行本流传下来，其内容为后人所知，皆因澄观作《华严法界玄境》，继之宗密作《注华严法界观门》，这两部著作都是二人对《华严法界观门》所作的注疏。澄观于疏的卷首标示："修大方广佛华严法界观门，略有三重，终南山释法顺俗姓杜氏"①，将《法界观门》归属于杜顺。裴休在《注华严法界观门·序》中介绍该疏时说：

> 有杜顺和尚，叹曰："大哉法界之经也，自非登地，何能披其文，见其法哉？吾设其门以示之。"于是著《法界观》。②

宗密认为《法界观门》乃是杜顺集取华严义理，束为三重，以方便后人参悟缘起法界的无量境界。我们认为，以杜顺的两部著作对华严宗义学建构的影响以及他与智俨或深或浅的师生关系，推他为华严初祖，也当在情理之中。近代虽有学者质疑杜顺华严初祖的地位，但更多的学者还是倾向于传统观点③，本书的内容重在考察华严宗的缘起思想，对华严宗的传承问题不作过多辨析，仍尊重传统的华严五祖的宗承，推杜顺为初祖，视《五教止观》和《法界观门》的内容为杜顺的代表思想。

杜顺在《五教止观》中将华严义理判为一乘圆教，认为"华严三昧门"的境界是以诸法的本性空为基础而展现空、有之间的相摄无碍，进而推及事与事之间的圆融无碍，如帝网天珠，重重无尽。不过，要通达此甚深难阶的缘起义理，先要"濯垢心"，否则，无法"登其正觉"，就如《大智度论》所作的比喻：如果人的鼻内有粪臭，闻到沉麝的香味也会是臭的。除却垢心就是要破斥本身的无明妄执，即"打计执"，从而了解缘起无自性的道理，然后方可"入圆明"。为此，杜顺于《法界观门》中从

---

① （唐）澄观：《华严法界玄镜》卷1，《大正藏》第45册，第672页上栏。
② （唐）宗密：《华严法界观门》卷1，《大正藏》第45册，第683页中栏。
③ 对杜顺初祖地位的争辩参见吕澂《中国佛学源流略讲》，中华书局1979年版，第354—355页。

三个层面顺次铺排、演绎诸法之实相,以彰显法界缘起的奥义。这三个层面分别是真空观、理事无碍观、周遍含容观,此三观可说是由理及事的铺陈,循序渐进地表明诸法的本性与实相。我们以《法界玄镜》为分析文本[①],探讨杜顺的三重观门。

一 色空不二的真空观

依澄观的注疏,此真空观是表明"理法界"的内容。杜顺接受中观学派缘起性空义,将空性作为诸法的本性;色代表诸法,与空义相对相即。空有真空、断空之分,色有实色、色相之别。此观针对有情的妄执而开设四句十门,讲明色空关系,彰显缘起无自性的真空之理。其论述过程列表如下:

表2-1

观法名称	内容	理由
会色归空观	色不即空,以即空故	色的当体不是断空,而是真空
	色不即空,以即空故	色相不是真空
	色不即空,以即空故	色的当体是真空
	总明:色即是空	色之当体无自性而真空
明空即色观	空不即色,以空即色	断空不是实色
	空不即色,以空即色	真空不是色相
	空不即色,以空即色	真空就是色的当体
	总明:空即是色	色的当体无自性,是真空
色空无碍观	色举体不异空,空举体不异色	空色、色空举体为一味法,空即是色、色即是空,二者平等无差别
泯绝无寄观	谓此所观真空,不可言即色、不即色,亦不可言即空、不即空,一切法皆不可,不可亦不可。此语亦不受,迥绝无寄,非言所及,非解所到	真空观不可言说、不可思议,只有身体力行地参悟方可得其真谛,"是谓行境"。倘若发动心念,就会寄色而失真,违背"真空"的义理,有失"正念"

在此四句十门中,前二句八门是"拣情显解",即显示"色即是空""空即是色"的道理;第三句一门表示"解终趣行",即明确空色是平等无差别的,了解到真空之理以后,才能趣于修行;第四句一门为"正成行

---

① 参见澄观《华严法界玄镜》,《大正藏》第45册。

体",说明在具体的修行中,不能寄于言表,而要"非言非议"的参悟,方可达于正觉。同时,解与行两方面皆不可偏废:

> 若不洞明前解,无以蹑成此行;若不解此行,法绝于前解,无以成其正解。若守解不舍,无以入兹正行。①

这说明,只有正确的理解方能成就正确的修行;只有真正的修行,才能明确验证何为正确的理解。只理解不修行无法得到正确的理解;反之,若无正确的理解指导修行,也是不可能成就正觉的。故"行由解成,行起解绝",修行借由理解而成立,理解因修行而终结,也只有正确地了解真空观的含义,才能在具体的实践修行中有效地泯除情执,完成趣入法界的第一步。

二 性相相即的理事无碍观

澄观释之为"理事无碍法界",即以真空观为本体论基础,分析"理"与"事"之间的关系。所谓理,即前文所述之缘起无自性的真空之理,其性质是"无分限"、不可分割的;事谓缘起的事法,有质碍、大小的区别,外显为可以区分开的具体事物,具有"分位差别"的特性。从前一门比较抽象的色空关系转变为较为具体的理事关系,也体现出杜顺受中道缘起思想的影响,不偏空、不偏色而持诸法性空假有(幻有)的主张:

> 缘起之法即空无性,由无性故幻有方成,然此法者即全以无性性为其法也,是故此法即无性,而不碍相存也。②

此观同样开显十门,揭示理事彼此之"镕融、存亡、逆顺"的关系,兹列表如下:

---

① (唐)澄观:《华严法界玄镜》,《大正藏》第45册,第675页下栏。
② (唐)杜顺:《华严五教止观》,《大正藏》第45册,第513页上栏。

表 2-2

观法名称	理由	理事关系
一、理遍于事门	事法皆摄理法，理又不可分，故任一事法皆摄无边真理	相遍
二、事遍于理门	事法无实体，举体皆是理，故能不坏自身而遍于一切之理	
三、依理成事门	事法缘起无自性，故无实体可依，依于真空而成立	相成
四、事能显理门	真空无自相，须借由事法而显现自性空义	
五、以理夺事门	穷尽缘起之事法的表相，则显现真理的平等无差别	相坏
六、事能隐理门	真理随缘而成就事法，事相显现则真理不现	
七、真理即事门	事法皆缘起而无自性，故真空之理不在事外而遍于事法，举理皆为事	相即
八、事法即理门	缘起事法必无自性，故事法举体皆是真空，皆是理	
九、真理非事门	真理是真实的，毕竟不同于虚妄的事法	相非
十、事法非理门	事法是显现于外的事相，各自不同，不同于平等一味的真空之理	

需要说明的是，杜顺虽然以十门开显理事关系，但他认为在同一缘起过程中，此十门是同时顿现、没有前后之分的，只是观察的角度不同而已：于理望事则有成、坏、即、离；于事望理则有显、隐、一、异。从根本上讲，事与理就是同一的、性相相即的，这就是他在理事关系中所要实现的理论目的。因为诸法皆由缘起而生，故事物是空无自性的，这就取消了事物存在的实在性；但万物的相状却不能视而不见，故在理事关系中强调事法的空无自体，以空为性体。如此一来，就以空性的本质泯除了诸事法的自性，将事融合于理中，实现性与相的相即相非，在这层意义上，理事关系可以逆顺自在、无障无碍，即理事圆融无碍。由此疏通了理事之间的隔阂，就为进一步阐明事法与事法之间的圆融无碍提供了可能性前提。

三 事事无碍的周遍圆融观

澄观释之为"事事无碍法界"。借真空观所表明的诸法的真实空性和理事无碍观所阐发的真理与事法的相容无碍，杜顺向更深层次推进，及至事法与事法之间的融通无碍，这也是他所欲通达之华严的最高境界。"周遍"意指理法类于虚空，普遍一切色、非色；含容意指没有一法在理法之外，理法含摄一切事法。以理融事，事则无碍，同样地，事法本具理法而融通，从而成就事法同理法一样能够周遍含容一切处、一切法。

此观同样开显十门，依次说明事法与真理非一非异、一与一切相摄相入、事法与事法相互之间"遍摄无碍，交参自在"。兹列表如下：

表2-3

观法名称	理由
一、理如事门	真理全为事法，故理随事法一时显现，无分毫差别
二、事如理门	事法与真理非异，故事法能随之而普遍广大、彻于三世、常住本然
三、事含理事无碍门	事法与真理非一，故一事法能含无边法界；又所含之理彼此不异，故事法能随真理周遍于一切事法中
四、通局无碍门	事法与真理非异，真理遍在一切处，却全摄于一事法中，故一事法住于一方而周遍于十方法界
五、广陕无碍门	事法与真理非异非一，真理广大无边，却全摄于一事法中，故一事法不坏自相而广容十方法界
六、遍容无碍门	事法如理法般镕融无碍，故以一望一切，一事法可以广容外在的一切事法，亦可以融入内在的一切事法中，既能容也能入，同时无碍
七、摄入无碍门	事法如理法般镕融无碍，故以一切望一，一切事法可以含容一事法，亦可以融入一事法中，既能摄也能入，同时无碍
八、交涉无碍门	一与一切摄入无碍，故一望一切，通有四种关系：一摄一切、一入一切、一切摄一、一切入一、一摄一法、一入一法、一切摄一切、一切入一切，皆是摄入无碍，同时交参
九、相在无碍门	一与一切摄入无碍，故一切望一，亦有四种关系：一切摄一、入一、一切摄一切、入一、一切摄一、入一切、一切摄一切、入一切，皆是摄入无碍，同时交参。"相在"表示一与一切不是单一的能入、能摄或所入、所摄，而是能所合一的有机整体
十、普融无碍门	一与一切交涉、相在无碍，故一与一切彼此相望，皆具有前两重四种关系，皆是摄入无碍。同时，第十门又总融此前九门，相互无碍，故总称为普融无碍

我们看到，十门之间彰显出了前后相续、辗转相生的联系：以前三门承上启下，用理与事的非一非异来强调理事无碍观和周遍含容观的内在关联；中间四门通明理与事、事与事之间的周遍、含容、摄入等无碍关系；八、九两门则更全面、深入地揭示出，一与一切即使在交涉、相在的情况下也能实现摄入无碍、同时交参；最后第十门总揽前九门，点明整个缘起法界呈现出一与一切交互相望、又普融无碍的境界。由此十门显示出周遍含容观是一个非常完整且周密的体系，它是华严宗最重要、最独特的理论创造之一，以至于澄观将它比附华严宗的"十玄无碍"思想，认为此观即为"十玄门"的出处。如果从理论内涵来看，将智俨所创之十玄门看

第二章 法界缘起的建构

作是周遍含容观的拓展和应用，丝毫不为过。因此也不得不说，周遍含容观之十门思想所展现出的缜密的逻辑思维能力和丰富的理论创造能力，令人无法不为之赞叹！

于周遍含容观的最后，杜顺总结道：

> 令圆明显现，称行境界，无障无碍。深思之，令现在前也。①

若能了悟真理，则可显现圆明，在修行上臻于没有障碍的称行境界。当然，要达到这样的境界不能单单依靠周遍圆融观一门，而是法界三观一齐致用的结果，缺一不可。综合而论，杜顺之法界缘起思想阐述的主要内容就是一与一切的相摄、相入的关系，而一与一切的关系就是更加抽象化了的事与事的关系。法界三观中的前两门思想更多的是依照缘起性空的逻辑线索展开的，逐次分析、诠释色与空、理与事之间的关系，从真空观出发，以普遍的空性取代事法的自性，进而为消除诸法之间的差别性铺平了道路。在三重法界观的体系中，法界缘起之所以能够实现的关键就在于缘起性空义。

> 是故见眼耳等事，即入法界缘起中也。何者？皆是无实体性也，即由无体幻相方成；以从缘生非自性有故，即由无性得成幻有。是故性相浑融，全收一际，所以见法即入大缘起法界中也。②

也就是说，真空观是建构杜顺之法界缘起的理论基础，只有在诸法性空的前提下，事与事之间虽各有差别相，却都无自性，如此才能确保理与事，甚至是事与事之间的圆融无碍。事法是真空假有、体无自性的，因而能同理法一样周遍含容一切法，事如理融是真空平等无差别的显现。小乘佛教以来，佛教内部一直存在着空有关系的争论，三重法界观看似消解了这种矛盾，其实不然。它是以真空泯除了事法的自性，将事法全然归属于真空之下，这种解决问题的思路同中观派是一致的。所以说，空有矛盾并没有被真正的消解，而是融摄于空如理的绝对霸权之下，以理事的形式继

---

① （唐）澄观：《华严法界玄镜》卷2，《大正藏》第45册，第683页上栏。
② （唐）杜顺：《华严五教止观》卷2，《大正藏》第45册，第512页中栏。

续存在着。但不管怎样，三重法界观还是为我们展现出了法界缘起的境界中本原与现象、现象与现象之间的圆融无碍的关系。杜顺对于法界中诸法实相的彰显奠定了之后华严宗人对于法界缘起的思想基础，无论后人从何种角度开展学理探讨、诠释教义，都不出现象之间圆融无尽的解读范式。只不过，三重法界观的本体基础并不是对华严宗影响甚深的如来藏自性清净心，却是缘起性空的空义。

在诸法之间的关系网络中，理作为诸法的共同本性成为本体，杜顺认为，理就是诸法性空义，换言之，杜顺理论中的本体就是空义。他总结说：

> 即此缘起之法即空无性，由无性故幻有方成。然此法者即全以无性性为其法也，是故此法即无性而不碍相存也，若不无性，缘起不成。以自性不生皆从缘故，既全收性尽，性即无为不可分别，随其大小性无不圆，一切亦即全性为身。是故全彼为此，即性不碍幻相；所以一具众多，既彼此全体相收，不碍彼此差别也。是故彼中有此，此中有彼。故经云：法同法性，入诸法故。解云：法者即举缘起幻有法也。同性者，缘起即空而不碍此相故，全收彼为此。以彼即空而不碍彼相故，既此彼全收，相皆不坏。是故此中有彼，彼中有此。非但彼此相收，一切亦复如是。①

此本体没有生成义，只有本质义，生成的作用归于缘起。不过杜顺也有如来藏缘起思想的痕迹：

> 事无别体，要因真理而得成立。以诸缘起皆无自性故，由无性理事方成故。如波揽水以成动，水望于波能成立故。依如来藏得有诸法。②

空性无体，生灭之法的缘起依如来藏为法体，当然这不是杜顺所要阐释的重点，他并没有朝着这个方向继续深入下去。很显然，杜顺受中观派

---

① （唐）杜顺：《华严五教止观》卷1，《大正藏》第45册，第513页上栏。
② （唐）澄观：《华严法界玄镜》，《大正藏》第45册，第678页中栏。

的影响更大，而不是像之后的华严宗人钟情于如来藏系思想。相比较而言，智俨比较推崇《起信论》，他主要继承了杜顺的一多关系理论，观点则更偏向如来藏缘起。这种观点上的不同，或许与杜顺没有直接教导过智俨有关吧。

第二节 法界缘起理论的建构

如果说杜顺还是以一个华严先驱的姿态表达自己的理论观点，那么智俨无疑是为华严宗的理论体系搭建起了框架。在华严宗的创宗过程中，智俨可称得上是一位承前启后的人物，他上承前辈华严僧人的理论研究，并在此基础上巩固和拓展了华严学说，明确以法界缘起作为华严宗的教义宗趣，使其成为华严宗区别于其他宗派的主要理论特征；下启法藏、义湘等华严宗实际创始人的思想建构，初步奠定了华严宗的判教学说，提出性起、六相、十玄门等法界缘起的重要范畴，为确立华严宗在佛教学术界中的独特地位打下了理论基础。

智俨"名贯至相"，自从被杜顺带到寺内后，曾先后师从于达法师、常法师、琳法师、智正法师等多位大德，不过，智俨还是受慧光著作的影响最大：

> 传光统律师文疏，稍开殊轸，谓别教一乘，无尽缘起，欣然赏会，粗知毛目。[1]

"无尽缘起"即法界缘起的别称。智俨在《华严一乘十玄门》中说：

> 今且就此华严一部经宗，通明法界缘起，不过自体因之与果。所言因者，谓方便缘修，体穷位满，即普贤是也；所言果者，谓自体究竟，寂灭圆果。[2]

他将《华严经》的核心观点精练为法界缘起思想，当与慧光的思想

---

[1] （唐）法藏：《华严经传记》卷3，《大正藏》第51册，第163页下栏。
[2] （唐）智俨：《华严一乘十玄门》卷1，《大正藏》第45册，第514页上栏。

有关。所谓"光统律师文疏",现今仅存的慧光关于华严学的著作就是《华严经义记》残卷,要想全面地了解慧光的华严思想已非易事,但我们也可以从法藏对慧光思想的评价中窥探一二。法藏曾说:

> 光统师以因果理实为宗,即因果是所成行德,理实是所依法界。①

按照法藏的说明,智俨对《华严经》宗趣的解读与慧光倒是无有二致。而且智俨将法界缘起的中心内容诠释为"自体因之与果",也与慧光"理实是所依法界"的看法一致。由此可见,慧光思想当真为智俨建构法界缘起理论提供了致思方向。既然《华严经》的宗趣是法界缘起,依《华严经》而立宗的华严宗,其宗趣自然不出法界缘起思想,承接于后的华严宗人无不以此为主要研究对象,不同之处仅在于对法界缘起的阐释不尽相同。

法界缘起一词最先见于慧远所著的《大乘义章》,他初次界定四圣谛皆为法界缘起的集用,不染而染,起苦集用;不净而净,起灭道用;染缘起与净缘起,根源即是法界缘起。但慧远所理解的法界缘起是"语其行德,皆是真性缘起所成",真性缘起即是如来藏缘起的别称,是故,对于法界缘起的初期理解即是如来藏缘起,而不似后期华严宗人所侧重强调的佛法身境界的诸法实相,由此也可看出如来藏缘起之于法界缘起的理论影响意义。智俨正是依据如来藏缘起而建构起他的法界缘起思想,主要体现在创造性地提出性起说,用十玄门和六相说等理论建构诸法实相之现象圆融的体系。

一 "性起"缘起的提出

在本体论的问题上,智俨沟通了空与有,将杜顺所主张的空义本体,逐渐转向了如来藏本体。如来藏心体没有生灭,是唯一不变的真理和本体,清净无染,于中无有邪魔得入其中。如来藏是凡圣一切存在的所依之体,诸佛、菩萨、声闻、缘觉乃至六道众生,都以如来藏自性清净心为体。水可以分为池水、河水或海水,表相虽然各有不同,但水体无异,一切凡圣虽有差别,但本体无异,皆是同一如来藏心体,没有别的本体。若

---

① (唐)法藏:《华严经探玄记》卷1,《大正藏》第35册,第120页上栏。

第二章 法界缘起的建构

就本体而言，只有如来藏，没有其他相，没有其他名，众生一味平等。同时，众生所具之如来藏，悉有圣性，是根本的佛法，指的就是如来藏本性具足无量功德。故《大方等如来藏经》有言：

> 我以佛眼观一切众生，诸烦恼中有如来智、如来眼、如来身，结跏趺坐，俨然不动，一举彼天眼观未敷华内，有如来身结跏趺坐。①

智俨引此经文来表达一切众生的本体皆是如来藏的观点。至此以后，华严宗人在谈及本体问题时，其最终指向的都是如来藏自性清净心，这一点不再是需要论证的问题，而是无须证明的逻辑前提。

依止于如来藏本体，智俨以《起信论》的如来藏缘起为架构，结合《华严经》中包含的各种缘起思想，厘清了染缘起与净缘起的关系，并且在如来藏缘起说的基础上，从性起缘起的角度阐发净缘起，阐发了他的法界缘起说。

（一）染缘起与净缘起的厘清

出于判教的考虑，智俨将《华严经》中内含的许多三乘缘起思想总分为染缘起和净缘起两种路向：

> 依大经本，法界缘起乃有众多，今以要门略摄为二：一约凡夫染法以辨缘起；二约菩提净分以明缘起。②

依于心识的不觉与觉，缘起有凡圣、染净的不同。此真妄、染净的结构相似于《起信论》通过阿赖耶识建立一心二门的思路，可见智俨秉承了《起信论》的思维进路。同时，他详细分辨了三乘的各种心识观，以《起信论》中如来藏的体用关系为线索，连接如来藏与阿赖耶识，为修行实践提供了更确定的本体依据。针对这一问题，高峰了州说：

> 智俨大师的缘起说组织，其中心思想，乃置于"心识论"，即分

---

① （唐）智俨：《华严五十要问答》卷2，《大正藏》第45册，第534页上栏。
② （唐）智俨：《大方广佛华严经搜玄分齐通智方轨》（下文简称《华严经搜玄记》）卷2下，《大正藏》第35册，第62页下栏。

为：一心、三法、八识、九识、十心、十一识、四识、无量而展开。其中的一心、十心、无量，乃依《地论》；九识、十一识、四识是《摄论》；三法、八识乃《成唯识论》，但以《地论》的一心——第一义清净心而统摄，故其究竟性，乃依如来藏的心体为所依。①

下面我们来详细阐述智俨的法界缘起说。首先依妄心而有染缘起，这里面涉及二义："缘起一心门"和"依持一心门"。其中，"缘起一心门"又复开三门：

真妄缘集门，"言缘集者，总相论十二因缘，一本识作，无真妄别"②。

智俨综合了《起信论》之一心开二门与《华严经》之唯心回转思想，认为真妄和合之阿赖耶识才是缘起世间诸法的根源，以十二因缘为代表的分别染法，没有真妄的区别；同时也只有真心与妄心和合方能成就世间诸法，"唯真不生，单妄不成"。就世间法而言，虽然是染缘起而生，然其缘起之本体也同样具备了真如清净的性质，故必须真妄和合、共同起作用，单有妄心是不能生成世间法的。

摄本从末门，"唯妄心作故，论云名种子识及果报识。对治道时本识都尽，法身流转五道名为众生，随其流处成其别味，法种众苦如此非一，故知摄本从其末也"③。

真心为本、妄心为末，世间染法皆为妄心所作。所谓"摄本"即染法之体亦是清净的，如来藏本性使然；"从末"即如来藏随缘起用，"法身流转于五道而成众生，随其流处成其别味"，从而产生有分别的虚妄染法。

摄末从本门，"十二因缘唯真心作，如波水作，亦如梦事唯报心作，以真性故"④。

世间诸法虽是虚妄之染法，但从其本原来说，即为真心所造，如变动不息的水波，本质上还是水一样。由本识缘起之诸法，依止如来藏心而由

---

① ［日］高峰了州：《华严思想史》，慧岳译，弥勒出版社1983年版，第128页。
② （唐）智俨：《华严经搜玄记》卷3，《大正藏》第35册，第63页中栏。
③ 同上。
④ 同上。

本识所生，故《华严经·十地品》说"无阴、十二因缘、无明等法悉是佛性，"这是从缘起染法的体性上说；又此经云"三界虚妄，但是心作"，这从缘起本原的角度说全体染法皆由心生，按照智俨的理解，此心当为妄心。之所以在染门中说净法，一则是为了对治染法，以显其虚妄，二是为了显示净缘起中的真性，即诸法本具的自性清净如来藏。

在论述过"缘起一心门"后，智俨又从依持的角度展开探讨，阐发"依持一心门"的观点。

> 依持一心门者，六七等识依梨耶成。故论云十二缘生依梨耶识，以梨耶识为通因故。①

由前六心识分别意向出的外境与第七心识执取的"人我"，归根结底都是第八识阿赖耶识所造。这里所谓的心识，即指阿赖耶识，智俨在此处强调世间法以阿赖耶识为"通因"，即为本源的观点，是为了区分依持门中的能所关系，也就是说，虽然诸法同样都是以真心为本体，体无分别，但在染缘起门中，有分别的诸法一一各别，于缘起层面必须有能、所之区分，即所缘的诸法依止于能缘的阿赖耶识而缘起。相对于《起信论》来说，智俨更重视染缘起在缘起论中的作用，这样做的目的，可以凸显主体在转依成智过程中的能动性。从"三界虚妄，唯心所作"的背景出发（摄本从末），以阿赖耶识为此"心"，肯定妄心必须归于真心，这样才能"摄末从本"。当然，在他看来，染法的本体依然属于净法的如来藏，如来藏是阿赖耶识所依之体，如来藏不染而染，随诸法缘起，万法遂得以成立。反之，如来藏也可被熏习，只不过，述说如来藏被熏习是为了强调转依。也就是说，智俨论述染缘起，不是要揭示世间法是染法的现实，而是要对治无明，断除流转，归于还灭。因此在还灭的一边，如来藏不但是净法缘起的本原，也是众生转依所要依止的本体。

论罢妄缘起，智俨再来阐述依于真心而发起的净缘起，这里面分为四门：本有、本有修生、修生、修生本有。

本有门，"言本有者，缘起本实，体离谓情；法界显然，三世不动

---

① （唐）智俨：《华严经搜玄记》卷3，《大正藏》第35册，第63页下栏。

故。"① 缘起的本体自是清净无染的，凡夫因情执而不见；缘起法界一直如其本性地显现着，于过去、现在、未来三世时间内不发生变动。为了说明这一观点，智俨引《华严经》经文证明净缘起就是众生所本具的：

> 《性起》云："众生心中有微尘经卷，有菩提大树，众圣共证，人证前后不同，其树不分别异。"故知本有。②

他又进一步吸取《十地经论》的说法，说明属于染法的十二支因缘的缘起本原也在于如来藏，其体性亦是自然清净的。

本有修生门，"言本有修生者，然诸净品本无异性，今约诸缘发生新善，据彼诸缘乃是妄法，所发真智乃合普贤，性体本无分别，修智亦无分别，故智顺理，不顺诸缘，故知修生即从本有同性而发"③。

智俨在此处说明后天修智的行为应该要顺乎本有的清净体性，而非虚妄的缘生的分别染法。本有的心体没有差别，以体为本而随缘生出的新生事物，表相虽有不同，然本性不变，所以并非变异的新得之物。是故他又举《华严经·性起品》云"名菩提心为性起故"，性起即是菩提心为本的"真智"照见，故说净缘起的诸法是自性清净，凡夫依普贤因分才能了悟到这一点。就净缘起而言，无论是缘起之因或果，都是平等无差别、同于一性的，就好比新生的稻谷依然是稻谷一样，只在其新旧的不同，本质一如。

修生门，"信等善根先未现前，今对净教，赖缘始发，故说新生。故论云彼无无分别智故"④。

智俨认为，当正信等善根没有显露之前，清净之法须借由净缘起而始发，也就是缘生未显现之智，这才是真正的新生之智。所谓无"无分别智"，是说在这个时候还不是谈及无分别智的阶段，以此来说明此时的"修生"虽已不同于缘生的世俗谛，但尚处于了悟真理的最初阶段。

修生本有门，"修生本有者，其如来藏性隐在诸缠，凡夫即迷处而不

---

① （唐）智俨：《华严经搜玄记》卷3，《大正藏》第35册，第62页下栏—63页上栏。
② 同上书，第63页上栏。
③ 同上。
④ 同上。

觉，若对迷时不名为有"①。

如来藏清净的体性本是众生所本然具有的，但凡夫因无明而不觉，故而面对无知的众生时不说为有。智俨分别援引《无相论》和《摄论》云："若有应见……有得不得，见不见。"众生因无明而"不见"如来藏性，"同彼无法"，就像没有这回事一样。若得无分别智，才能显现清净法身，所以于迷惑的有情而言，不可说本有，"说为修净"，鼓励众生自己探究真谛。是故智俨强调，从妄心出发故不说本有，真性是从修而"显"，"与彼新生是亲，先有义疏"。

智俨之受《起信论》的影响不仅表现在缘起论中染缘起与净缘起的二分化，在对待如来藏或佛性问题的时候亦有"本觉""始觉"之分，即上面提到的"本有门"和"本有修生门"属于本觉，也就是觉悟不靠后天的修行，依止于自身本具的佛性即可顿时觉悟；而"修生门"和"修生本有门"则体现出当面对不觉的众生时，必须借由修行才能显现出佛性，也就是始觉的观点。智俨将先天与后天对佛性的认知、理解糅合到一起，放到净缘起的层面，无疑是肯定了佛性的本有；而作为净法的依止之体，如来藏也必须是实然存在的。不但如此，如来藏还是众生转依的所依之体，"谓常身由自性身，如来藏先为生死依，后转为法身，为究竟依"②。不管是生死之常身还是不变之法身，都是自性身，以如来藏为所依，痴迷不觉则为生死所依，遍受生死轮回之苦，转迷成悟则为究竟所依，解脱烦恼趣入涅槃。

"如来藏不染而染，据此即是生死体；染而不染，据此生死即是涅槃。"③ 六识及末那识都有生灭，不能作为究竟之所依，唯有如来藏不生不灭，可为究竟之所依。

> 当知，阿赖耶识欲成就者，会须通如来藏，始可得成坚实依止。若但取生灭相识，则同七法不住，非究竟依也。④

---

① （唐）智俨：《华严经搜玄记》卷3，《大正藏》第35册，第63页上栏。

② （唐）智俨：《华严经内章门等杂孔目章》（下文简称《孔目章》）卷3，《大正藏》第45册，第562页上栏。

③ （唐）智俨：《孔目章》卷1，《大正藏》第45册，第543页中栏。

④ 同上书，第547页上栏。

因果的道理，都在如来藏中，离藏则无有别体。所以智俨认为《华严经·十地品》是"对染"的"不如实知诸谛第一义"，故依此品修行要从后天、即修生的角度达到觉悟佛性；而《普贤菩萨行品》和《宝王如来性起品》则是显理，故从先天、即本有的角度了悟佛性。因此就净缘起而言，智俨以性起缘起的思想更清晰地阐释了法界缘起在染、净两个方面的渐次展开过程，并嵌入了"起信"的可能性与必要性，融解行要素于其中。

（二）"性起"缘起

可以说，相较于法藏，智俨的性起理论是片段且简要的。他认为《华严经》中蕴含了性起思想，集中体现在《普贤》和《性起》两品中，如果说《十地品》所表达的缘起思想是"约缘分齐取"，而此两品则是"离性泯始终"。

> 前欲摄别行为趣体方便故也，此中所明正是顺理之行性也。而无二体，义不相是耳，以缘尽缘，以性即并性也。问：性起绝言离相，云何有因果？有二意：一为经内因中辨性起，果中明性起，故二也；二性由不住故起，起时离相顺法，故有因果也。问：起时离与缘修何别？答缘修离缘则不成，性起无缘即不损，故别也。其普贤行亦如性起分顺修生也。[①]

> 宝王者摄德自在为王，可贵名宝也；如来者如实道来成正觉；性者体，起者现在心地耳。此即会其起相入实也。……前普贤明能起之缘，次辨所起也。[②]

在智俨的理解中，性起之"性"当为如来藏性，即如来所摄之德为清净的功德，故而是实在的；又诸法以如来藏为体，因心动而生起，所以性起缘起的本体即是如来藏；而这个成就正觉之性，若深入推究开来，对有情而言就是佛性，对无情而言当是法性。性起缘起就是破除方便的说法，从本质上展现万法实相，显示别教一乘理论的独特性。按照智俨将法界缘起理解为自体因果的理论形态，能缘与所起就应该是同一存在的不同

[①] （唐）智俨：《华严经搜玄记》卷4下，《大正藏》第35册，第78页下栏。

[②] 同上书，第79页中栏—下栏。

呈现，此物即为"性"：也就是在"因中辨性起，在果中明性起"。不似缘起之诸法有分别相，性起是"离相顺法"的，诸法平等无差别，顺应事物的本性，故"不损"自性，性相合一。在《华严孔目章》中，智俨更明确地阐释了性起观，他说：

> 性起者，明一乘法界，缘起之际，本来究竟，离于修造。何以故？以离相故。起在大解大行，离分别菩提心中，名为起也。由是缘起性故，说为起。起即不起，不起者是性起。……若究竟即在佛果，若据十即在一时，若据智相，即应六相。①

性起观乃是从诸法本性而谈缘起，不加后天语言的修饰，平实地揭示本来究竟的诸法实相（起即不起），所以它是离于诸法相状，离于分别心的造作，是如来藏心所本具并由之显现的（不起者是性起）。所以说，性起绝不是有分别的妄心可以造作生起的，只能是视诸法为平等一味的如来藏自性清净心的力用效果。故智俨在《华严一乘十玄门》（下文简称《十玄门》）中总结说：

> 此由法界实德，缘起力用，普贤境界相应。……此即是其法界缘起，如智如理实德如此，非即变化对缘方便故说。②

在普贤境界中，"法界"即诸法实相，诸法具实德，当为不空义，以真实的一面随性而起，相互发生作用。性起缘起是法界缘起的特殊方面，具体地说就是其净缘起部分，此时的缘起顺应佛智、顺应法则，因果皆充满无量的功德，其形态是真实不变的，不再是方便的说法。

也正是因为性起之万法即显示诸法实相，而不是对缘方便的说教，所以若深究性起之性，只能是如来藏性，却非佛性。

> 如来藏为直进菩萨机说，佛性为淳熟声闻机说，此中所明如来藏、佛性虽约诸义差别不同，皆是同教一乘义也。何以故？为成普法

---

① （唐）智俨：《华严孔目章》卷4，《大正藏》第45册，第580页下栏。
② （唐）智俨：《华严一乘十玄门》卷1，《大正藏》第45册，第514页中栏。

故，普法所成故。①

如来藏与佛性的契机对象不同，佛性是接引小乘通向大乘，如来藏则直接针对菩萨，"为对小乘不说如来藏，不染而染，染而不染成赖耶故。"印顺曾经从起源的角度分析过佛性与如来藏的不同，他认为《涅槃经》的佛性说是重视《阿含经》的因缘说，再参用《般若》《中论》等思想来解说的，所以与倾向于唯心论的如来藏说，在思想上是顺着不同的路径的。② 是故如来藏本身就是佛陀法身，自身显现而成性起。此自性因果的如来藏性起展现出的一乘圆教之诸法实相，在智俨的学说中，被开显为两则创造性的理论体系：十玄门和六相说。

二 缘起实相的理论架构

如果将法界缘起狭义地定位为性起，即净缘起的一面，则法界缘起即指诸法相即相入的缘起，全体法界都沉浸于相即相入的缘起关系之中，展现出相融无碍、圆满无尽的大缘起实相。此实相即是毗卢遮那佛所处的"华藏世界海"的境界，亦即"海印三昧"所彰显的佛法身境界。法界缘起不同于以往缘起思想的理论特征，即在于针对无尽的缘起实相的描述。不过性起是依于佛果位而起，"圆果绝于说相，所以不可以言说而辨"，是故要理解此"大缘起陀罗尼法"的缘起实相，只能约因位，"明其方便缘修，是故略辨也"。十佛自证之法身境界是"自体究竟"的"寂灭圆果"，绝于说相、不可言说，诸法于其中圆融自在，一即一切，一切即一，如因陀罗网交映无尽。所言因位，即"体穷位满"的普贤法门，为方便缘修而应机显现的佛法身境界，众生依缘起因分修行，亦可趣入佛果位。是故，从与教法相应的因位而彰显法界缘起的无尽实相，即有十玄与六相两种说法，这是华严宗诠明法界缘起重重无尽的根本教义。

首先提出十玄门和六相说的华严宗人就是智俨，这是他在分析杜顺和其他学者的理论基础上归纳出的缘起实相理论。其中，他在《十玄门》中分别以譬喻和说理两种方式阐释一多相即和十玄门：

---

① （唐）智俨：《华严一乘十玄门》卷1，《大正藏》第45册，第534页下栏。
② 参见印顺《如来藏之研究》，正闻出版社1981年版，第184页。

> 今约教就自体相，辨缘起者于中有二：一者举譬辨成于法，二者辨法会通于理。①

前者大可看成是后者之可行性的内在依据，基于此点，我们先来论述立足于法界缘起上的十玄门揭示出了怎样的诸法实相，再来探讨成就这种事与事之间的圆融无碍是基于何种内在缘由。关于六相说，它既可视为证明无尽的缘起实相的方法，也可当作诸法圆融无碍的现象表呈，所以于十玄门之后，安立六相说的理论述评。

（一）开"十玄"

杜顺在周遍含容观就已经表达了法界圆融的思想，他将万物抽象为事法，借由事物所内含的真空之理取得事与事之间的圆融无碍的关系。智俨无疑继承了杜顺的思维方式，用法界缘起解读《华严经》，进一步从十个方面将"海印三昧"的世界图景抽象为玄理，即十玄门所呈现出的圆融境界，这正是法界缘起之诸法实相的理论表达。在此之前，智俨先用"十会"即十对范畴来概括《华严经》所说的一切法，它们是"十玄"之所以可能的所依之体。这"十会"分别是：教义、理事、解行、因果、人法、分齐境位、法智师弟、主伴依正、逆顺体用、随生根欲性。

> 所言教义者。教即是通相、别相三乘五乘之教，即以别教以论别义，所以得理而忘教。若入此通宗而教，即义以同时相应故也。②

教即能诠之言教，义即所诠之义理，别教一乘的教义是同时相应的。

> 第二理事者。若三乘教辨即异事显异理，如诸经举异事喻异理。若此宗即事是理，如《入法界》等经文是，体实即是理相彰即是事。③

---

① （唐）智俨：《华严一乘十玄门》卷1，《大正藏》第45册，第514页中栏。
② 同上书，第515页下栏。
③ 同上。

理是恒常不变的真理，事乃承载着理体的缘起事相。事以显理，理彰为事。

> 第三解行者。如三乘说，解而非行，如说人名字而不识其人。若通宗说者即行即解，如看其面不说其名而自识也。相显为行，契穷后际为解。①

解即理解、通达所诠的义理，行即切实地付诸修行实践，解行应当是相即并进的。

> 第四因果者。修相为因，契穷为果。②

趣向佛果位的各种修行都有具体的行为表现，故是修相；佛果位离言说相，当穷尽了言说的极致即与"果"相契合。

> 第五人法者。文殊显其妙慧，普贤彰其称周，明人即法也。③

文殊和普贤皆是"人"，妙慧和称周皆是"法"，以文殊、普贤的智解与行证生动的展现诸法实相，推而广之，众生当体皆是法性。

> 第六分齐境位者。参而不杂，各住分位，即分齐境位。④

诸法虽然互相交融，但又各在其位，不显杂乱。

> 第七法智师弟者。开发为师相，相成即弟子。⑤

以佛法智慧为标准，能够教导并开发他人佛法智慧的人是师，遵从师

---

① （唐）智俨：《华严一乘十玄门》卷1，《大正藏》第45册，第515页下栏。
② 同上。
③ 同上。
④ 同上。
⑤ （唐）智俨：《华严一乘十玄门》，《大正藏》第45册，第515页下栏。

嘱的人是弟子。二者身份不是固定不变，而是随情况转化的，多智为师，少智为弟子。

> 第八主伴依正者。举一为主余即为伴，主以为正，伴即是依。①

在法界中，主正、伴依都是相对的，任何一法都可能或为主正，或为伴依，内涵了转化的思维，同时，又肯定了每个个体的重要性。

> 第九逆顺体用者，即是成坏义也。②

顺应体性而发生、作用，法界皆成，于其中一一平等，没有高下贵贱之分；逆反体性的起用，即随缘而现的诸法呈现为相互间有差别的事相，此高彼低、我是他非，则佛果境界不成，为坏也。

> 第十随生根欲性者。随缘常应也。如《涅槃经》云："此方见满，余方见半，而月实无虚盈。"若此宗明者，常增减而常无增减，以同时相应。③

佛法应众生的根性而随缘施设为不同的相状，但真理却是同一不变的。虽在众生看来，现象常有增减，且表现为千差万别的不同形态，然实际上真理是没有增减变化的，且现象之间是同时相应的，不但共同构成了一个完满的系统，自身也是完满无缺的。

概而言之，这十门之体没有先后的区别，都是佛智的体现，各自都是"称周法界"的，每一对范畴都可以代表整个法界；同时，十玄门又于每对范畴内都有所体现，一一之门皆"复具十会"，故十会与十门的彼此交涉，成就了法界缘起的重重无尽义。十玄门的内容列表如下：

---

① （唐）智俨：《华严一乘十玄门》，《大正藏》第45册，第515页下栏。

② 同上。

③ 同上。

表 2-4

观法名称	内容	理由	角度
一、同时具足相应门	举因果关系为例，说明教义、理事等十对关系的显现是同时的、无时间之先后，而且彼此之间相摄无尽	诸法依本具的实德、法性称性而起，就存在而言是同时性的，就本质而言是平等无差别的。这是十门的总说，它的内容不但应用于十对范畴，而且同样适用于其他九门之间的关系	约相应，无先后说
二、因陀罗网境界门	以帝释殿网为喻，说明十对范畴为代表的一切事物之间都是相互映照、彼此摄入、重重无尽的关系	"法界缘起，如智如理，实德如此"，诸法是随顺佛智、随顺体性的缘起。依佛智而无差别，故可以大小互入；"自体（理体）常如此"，故万物本性同一。又体无增减，也说明众生本具如来藏性	约譬喻说
三、秘密隐显俱成门	三乘的诸缘起观是依缘，即条件的满足与否而有显现；别教一乘所表达的法界缘起是不待诸缘，随毗卢遮那佛的一念而显隐同时成立	随缘起之色法是有待的，且有色相差别；而依佛智所显的世界是无待的、无差别的世界，即"同时俱成"，故称"秘密"。此"秘密"表现在两个方面：无条件性的、超越时空的局限而自成；"体无前后"，诸法本性同一，这是隐藏在现象之后的本质原因	约缘起说
四、微细相容安立门	从色相的角度说明无论事物之大小，都是可以在表相层面实现互融、不相妨碍，微尘中也可以含容国土	"直以缘起实德，无碍自在，致使相容"，依据法界缘起的实质是具备实德的如来藏性缘起，诸法的色相本质是虚无的，凭借共同的本体能够自在地实现相融无碍。为了区别开"因陀罗网境界门"，智俨强调此门侧重于说明诸法"一时俱显，不相妨碍"，而前者的侧重点在诸法显隐，重重无尽义	约法相说
五、十世隔法异成门	从时间上讲，过去、现在、未来三世，三世又各具三世，此为九世，三世为一念，合为十世。诸法虽有时间的相隔，但依然相即相入，不失先后、差别之相，同时成立	十世能够相即相入，长短劫可以互入，都因佛智的照见，即"菩萨悉了知"，也就是说，无论时间的长短和发生的阶段，在本质上都相当于佛智的"一念顷"，无长短差别	约世间说
六、诸藏纯杂具德门	就修行角度来说，若修"施"，则一切修行都是布施，此为纯；而践行本身又可以看作是修行其他法门的行为，此为杂。纯、杂不相妨碍，修行一种法门就会具备一切功德，为具德	这是在法界缘起的理论框架下，将一与一切的关系具体展开到修行实践领域，得出修行一种法门，就相当于修行一切法门的思路	约践行说

续表

观法名称	内容	理由	角度
七、一多相容不同门	诸法之间，一多互入为相容，又不失一多之相，故不同。如一切世界入一微尘中	一与多不论相状如何，能够彼此相容，不失一多之相，在于法界缘起为"缘起实德，非天人所修"，相状之不同无法替代体性的一致，从本质上一多并无差别	约理说
八、诸法相即自在门	诸法于三种世间圆融，自在无碍，一即摄一切，无尽复无尽，相即复相入	根据前门诸法体性同一，此门依体起用。而重点又在强调因为前后因果不失，诸法可以相即复相入，故"一念成佛"成为可能，根本上，还是依一多相即的思路推导出来的结论	约体用说
九、唯心回转善成门	以上诸义，都是依如来藏自性清净心所建立，善恶随心所转，心外无别境	这是以真心为本位，其他事物为伴，万物缘起，皆是随心回转的结果。如果将心与性作区分比较的话，心是第一位，先于性的，"不得定说性是净及与不净，净与不净皆唯心"	约心说
十、托事显法生解门	对于真理的理解要依托于事法，三乘托事以显法，是以异事显于异理；此门则以事即法，随举一事摄法无尽	法界缘起中，诸法随性而起，事即理；在佛智的观照下，无任何差别，性自具足，所以可以托一事而通显全部真理	约佛智说

华严之十玄门理论为智俨首创，后被法藏和澄观继承，后者又从各自的理论旨趣出发对之进行了一番改造，此处暂且不表。

十玄门之所以可能，在于智俨对诸法从异体和同体两个方面进一步分析了一多关系，从而论证了法界缘起的诸法是"一多相即"的观点。为了更好地说清楚"一多相即"这一复杂命题，他以算数为譬喻，将缘起的现象抽象为无实质性差别的数字，如此一来，既便于形象化地诠释义理，也指出了诸法之间表陈出的相状差别无非是后天智慧分别的结果。

异体门。相对于其他异体事物时，就表相（相）而言，诸法表现出"一中多，多中一"的关系，理由是：

> 若顺数从一至十向上去，若逆数从十至一向下来，如一者一缘成故，一中即有十，所以一成故，若无十，一即不成，无性缘成故。一中即有十，所以一成故，二三四等一切皆成也。若一住自性，十即不成，十若不成一亦不成也。[①]

---

① （唐）智俨：《华严一乘十玄门》卷1，《大正藏》第45册，第514页中栏。

若将一到十这十个数字看作整体,则整体"一"中就包含有十个数字,唯有成就"十"才能成就"一",进而成就二三四……以至于一切法,其根源在于"一"无自性,"从无住本立一切法",依据诸法无自性的前提。

就体性(理)来说,诸法是:"一即多,多即一"的关系,因为"还同前门中向上去、向下来也,如似一即十缘成故,若一非十,十不成也;从上向下来亦如是,十即一缘成故,若十非一,一不成也"①。

每个十都必须有一,也就是说,没有一就没有十,只有存在一方可成就十;每个一又都由十构成,没有十就没有一,只有成就了十才能成就一。因此,若有一、必有十,若有十、必有一,一即十,十即一。其根源亦在于一无自性,缘成一并非众生妄执的实在性的一、或曰不变的事物,"浅智者着诸法,见一以为一也"。众生为情计所限,囿于事相差别,见一物就执取一物,若以佛智观照缘起实相,则诸法法性平等,一多实为一味。

同体门。相对于自体,与异体门思路相似,只是异体门中自体相望于他体,同体门中仅就自体而言。"一中多,多中一"者,一本身就是由十缘起,因而有一就有十,一具足着全部的十;同理,"一即多,多即一"之可能实现,也是由于一本身是由多个一即十而缘起,一摄十、一体即十。进而推展出一可以摄法无尽:

> 一无尽余所无尽,若余不尽一亦不尽。若成一一切即成,若不成一一切不成。是故此摄法即无尽。②

智俨之所以将一与多理解为相即的关系,也是为了说明诸法的本质——如来藏性于诸法而言是平等一致的。其对一多的相即相入的理解承自于周遍含容观中后五门的内容,在推演其合理性的过程中依然内摄了缘起性空的逻辑,不过相较于杜顺在分析一多关系时对真空观的重视,智俨倒是没有刻意在此着以更多的笔墨,而是将一多相即的原因,归结为在法界缘起的境界中,"缘起实德、法性、海印三昧力用"使然,又以问答的

---

① (唐)智俨:《华严一乘十玄门》卷1,《大正藏》第45册,第514页下栏。
② 同上。

形式强调说无自性的一多之所以能够成就森罗万象且彼此相即、不增不减,在于"由法界实德缘起力用普贤境界相应"。也就是说,智俨虽就事法论证一多相即的缘由,但诸法的圆融无碍,更多原因在于事法本具的如来藏性,以实理贯穿十玄来诠释无尽的诸法实相,是智俨的理论基点。从中也不难看出,这种思路无形中削弱了理论的思辨性,将法界缘起的合法性渐渐引向了实证的角度,就如其所言:"隐于文殊,独言普贤"。

为了更加明确诸法圆融的义理,智俨又从六个方面阐明缘起法界的通融无碍,也就是他在《搜玄记》和《华严五十要问答》中简要提出的"六相说"。

(二)明"六相"

所谓六相,即总相、别相、同相、异相、成相、坏相。此说最早出自《华严经》,其中《十地品》有"总相别相、有相无相、有成有坏"的说法,后来世亲将之改造为分析《华严经》的方法,在《十地经论》中依此整理《华严经》的经文。他发现《华严经》经常以十句式的方式组织语句,表达浩繁的义理。十句中的第一句都是对十句内容的总述,其余九句则从不同的方面对该内容展开说明。此第一句就是总相、同相、成相,其余九句即是别相、异相、坏相。以此类推,经文中所有十句式都可作此理解。慧远在《大乘义章》中说六相是在法体上建立的,故而法"遍在"、"无不在",而事有"隔碍",故六相"除事",事法"不具斯六"。"若摄事相以从体义",则阴、界、入等一切事法"皆具无量六相门"。

《华严经传记》中载有智俨曾受高人指点,注意到了六相说,进而"因则陶研,不盈累朔,于焉大启,遂立教分宗,制此经疏"[①],此经疏即为《搜玄记》。由传记中可以推知,六相说应该曾对智俨产生了很大的启发,否则不至于"大启"后便可"立教分宗",但在智俨的著作中,六相说的论述篇幅却极其简练,这倒颇令人不解。

当六相说不再局限于解经的具体方法的时候,它被用以指代缘起法界的六种现象、诸法的六种相状。智俨对六相的定义是:

> 其六义及前因果理事相成,更以六法显之,所谓总,总成因果也;二别,义别成总故;三同,自同成总故;四异,诸义自异显同

---

① (唐)法藏:《华严经传记》卷3,《大正藏》第51册,第163页下栏。

故；五成，因果理事成故；六坏，诸义各住自法不移本性故。所述缘起并悉遍通，随有事成，验思可解耳。此文在三乘一乘方究竟，何以故？称法界故。①

总别、同异、成坏三对范畴主要是用来解读缘起法界的，通过六相对因果、理事等相对的范畴的诠释，可以更好地了解缘起法界。借助六相对于缘起法界的阐明，又有顺理、顺事的差别，《搜玄记》中说：

六相有二义：一顺理，二顺事。此二义中，顺理义显，顺事义微。其四缘事，二义同上，但顺事义增，顺理义微。所以知，因缘生果法，起迷义显，为此论主别将六相照令入理，故知四缘顺事增也。所以知总别顺理义增者，为辨六相令见心入理。问：何以得知，但总别六义得顺理增，不取于事？答：论主简事不具六相，唯约义辨，故知也。②

智俨认为，六相是顺真理则义显，顺事相则义微，相对应的，义显则悟，义微则迷，辨别六相有助于见心、入理，故而世亲在使用六相时，只论述六相的含义，没有落实到具体的事物上，也是为了避免落于情计之中，无法凸显菩萨教理的内容。也正由此，在理事、悟迷的问题上，智俨倾向于就理而论事，将理与事隔离开来，此理，就是清净本性，于众生而言，就是本具的如来藏性。当然，既然缘生法具有事与理两个层面，就会相应地存在着染与净两种缘起，只是智俨在这里还没有将二者融合起来。及至法藏将六相说发展成了六相圆融说，并用房舍和金狮子之喻来讲解，更以六相说会通十玄门，由此便表现出了更加鲜明的圆融立场。

---

① （唐）智俨：《华严五十要问答》卷2，《大正藏》第45册，第531页下栏。
② （唐）智俨：《华严经搜玄记》卷3下，《大正藏》第45册，第66页中栏。

第三章

法界缘起的确立与诠释

智俨的弟子法藏，被后人誉为华严宗的实际创立者，曾先后讲解《华严经》三十余次，用一生的精力宣扬华严思想，获此"殊荣"也是实至名归。法藏对创建华严宗的贡献是多方面的，其于华严义学的理论建树，堪称该领域的集大成者。他继承和改造了华严先驱的学术观点，依据自己对佛学的领悟和理解，完善了一系列哲学范畴，深化和拓展了华严宗的理论深度和视野，使之成为一整套的、包含信解行证等诸多方面的学说体系。表现之一，就是他对法界缘起理论的确立与诠释。法藏沿着智俨的思路深入下去，以缘起和性起两种形式阐释法界缘起，认为缘起和性起不过是同一心体在不同果位的相应呈现；改造了十玄门理论，并应用六相说来具体地解读十玄门，使二者在诠释缘起法界时显得更加圆融；同时，他以事法为基础，从因、缘两方面推究圆融理则的缘由，并吸取三乘教理的学术营养，经分析后形成了对法界缘起之本质的独特阐发。

第一节 "性起"与缘起的融合

法界缘起的表现形式主要体现在"性起"，法藏就是偏重于这一思想来诠释法界缘起的。他首先贯通了染缘起和净缘起，以如来藏缘起说为出发点，超越了染净的对立；并继承了智俨关于性起是净缘起的观点，重点从性起的清净本位、即佛果位来谈性起；最后将染缘起与净缘起理解为如来藏心体的一体二用，用性起统合染净，因果相摄，实现了二者的融通。

一 染缘起与净缘起的贯通

智俨在《搜玄记》中将缘起分为染净两种路向，突出了华严别教一乘教义的特殊性。以染缘起解释世间法的生成，借以注解《华严经·十地品》中"三界虚妄,但是心作……十二缘分,是皆依心"的说法;同时,以净缘起理解出世间法之所成,并创造出一个华严宗特有的概念——性起,用来指称法界缘起。法藏在对待缘起形式的问题上,基本上是顺承着智俨的理论。

> 初法界缘起略有三义:一约染法缘起,二约净法,三染净合说。初中有四门:一缘集一心门,二摄本从末门,三摄末从本门,四本末依持门,并如别说。二净法缘起者亦有四门:一本有,二修生,三本有修生,四修生本有,如下性起处说。三染净合说者亦四门:一翻染现净门,二以净应染门,三会染即净门,四染尽净泯门,亦如别说。①

与智俨相比,法藏在染净二门的基础上添加了"染净合说"一门,并在染缘起的内容上,又多出"本末依持门"。在《探玄记》中,法藏并没有详细解说此法界缘起三义,仅是列出了这三义十二门的提纲,不过,依据智俨通过染净两种缘起所表达出的观点可以推知,法藏是主张用"染净和合"来超越染与净的对立,也就是说,将染缘起与净缘起进行对接,先对治缘起中的妄心,令其翻染而现净;接着以净缘起为主,用真心代替妄心造作;然后把净缘起与染缘起贯通起来,说明染净的区别依然是妄心造作的结果;最后超越染净的二元化,从而泯除染净的区别。可以说,法藏对待染、净缘起的态度是融合而超越的,他没有停留在染和净两个相对独立的领域来看待世间法和出世间法的生成——仅以染缘起解说世间法,以净缘起解释出世间法,简单地用净缘起是真实的、超越现象之后的本质缘起来反衬现象界的不实——而是力求以染净的共同性来取消二者的对立,超越染与净的划分。此共同性的基础,就是统摄一切世间法与出世间法的如来藏心体——它在法藏的理论中也是不证自明的逻辑前提。

二 佛果位的"性起"

融合了染、净缘起后,无分别的如来藏心体缘起诸法的形式即为"性起"。正因为性起是诸法依本性而起,彰显了法界缘起的特点,故法藏将更多的精力投放到了对性起缘起的阐发上,因此可以说,法藏的法界缘起

---

① (唐)法藏:《华严经探玄记》卷13,《大正藏》第35册,第344页上栏—中栏。

思想，更多地体现在了如何阐述性起说之中。他从解释"如来"之名表达其性起说的总体思路：

> 宝王是摩尼宝珠，最可珍贵故名宝也，以能出宝自在故，宝中最胜故，众宝所依故，故名王也。喻性起法亦具三义：谓出智义，最胜义，所依义。《佛性论·如来藏品》云：从自性住来至得果，故名如来。不改名性，显用称起，即如来之性起。又真理名如名性，显用名起名来，即如来为性起。①

"不改"为性，"显用"为起，依不变的自性、自体而起用的缘起方式即为性起。性起可从人、法两个角度来进一步分析：若将"如来"理解为凡圣同具的如来藏自性，则因本性显示作用，是"如来之性起"；若将"如来"理解为真理，则因真理本身发生作用，是"如来为性起"。所以说，法藏所理解的性起之性，既是众生本具的如来藏性，也有世间真理的显现意义，相较于后者，前者明显更具主体的能动性。同时，以"宝王"之名来比喻性起诸法所具有的"出智义，最胜义，所依义"，说明了性起法并不同于缘起法的相待性，而是无智慧分别的、具有最高真理的且依于自性的。

为了充分地论述性起的含义，法藏又复开十门，以阐明性起之内涵：

> 明性起法门，即以为宗，分别此义略作十门：一分相门，二依持门，三融摄门，四性德门，五定义门，六染净，七因果，八通局，九分齐，十建立。②

于"分相门"中，法藏用理、行、果来论述性起，应该是呼应了佛教中教、理、行、果的总分类。

> 性有三种，谓理行果。起亦有三：一谓理性，得了因显现名起；二行性，由待闻熏资发生果名起；三果性起者，谓此果性更无别体，

---

① （唐）法藏：《华严经探玄记》卷16，《大正藏》第35册，第405页上栏。
② 同上。

即彼理行兼具修生至果位时，合为果性，应机化用名之为起。是故三位各性各起故云性起。今此文中正辨后一兼辨前二也。①

性有三种含义，性起也随之有三种：具足"了因"②而显现的正理，即理性起；依"闻熏习"而资发出正行，即行性起；与前两者的自体相当，只待理、行兼备而修行至正果时，合为如来藏性，遂应机变现为各种妙用，名果性起。法藏认为，三种性起的呈现取决于所依止的果位，随着果位的变化，性起的内涵各有不同。故于"依持门"中说：

> 一行证理成，即以理为性，行成为起，此约菩萨位，以凡位有性而无起故。二证圆成果，即理行为性，果成为起，此约佛自德。三理行圆成之果为性，赴感应机之用为起，是即理行彻至果用故起，唯性起也。③

这是分别就菩萨位、佛位、佛应机教化的次第性来解释性起。菩萨了悟正法、成就智慧，并能够以正理指导正确的修行，凡夫虽本具理性却不自知，难入正途；理、行圆满，遂成就佛果位，故而理、行是佛果的成就之因，为性，佛果为理、行的成就之果；当佛理行圆满、应机教化众生时，以果位能够生起随机变化又不缺失圆满，因此以佛果为性起之因，以赴感应机的随缘应用为性起之果。从这个层面上来说，依果位之起才是真正意义的性起。

由此可见，随着阶位的递进，性起的起因也随之发生变化。不过行性、果性还是依于理性的，"既行依理起，即行虚性实，虚尽实现，起唯性起，乃至果用唯是真性之用"④。以理为基础是因循着杜顺的思路，但法藏却没有以空义释理性，而是顺乘了智俨的如来藏性来定义理性，即"如金作镮等，镮虚金实，唯是金起思之可见"。金即为如来藏性。此乃"融摄门"表达的观点，以如来藏性融摄行、果义。

---

① （唐）法藏：《华严经探玄记》卷16，《大正藏》第35册，第405页上栏。
② 了因，了即照了，以智慧照了法性之理，如灯照物，了了可见，是名了因。
③ （唐）法藏：《华严经探玄记》卷16，《大正藏》第35册，第405页上栏。
④ 同上书，第405页中栏。

第三章　法界缘起的确立与诠释

以理为性、以行为起是以理夺行，要以理为前提。性德门中，法藏直接宣称"以理性即行性，是故起唯理性起"，由此表达了"理本具行"的观点。何以可能呢？如果说"融摄门"中法藏还没有直陈"真性"即是如来藏性的话，"性德门"中则直接引用了《起信论》的语句，说明理性即行性的依据就在于"如来藏中具足恒沙性功德故"，此如来藏性藉由修行而引至的圆满位名为果性，并再次强调（具足圆满如来藏性的）果性赴感而应机起用，名为性起。

行文至此，法藏一直从圆满的果性角度来谈性起，但如果依照性起是顺应如来藏性而起的话，那么菩萨依善根也是顺性而起，故而他在"因果门"当中也表示：

> 若约为性起，因义及眷属义皆性起摄……初发菩提心已去，皆性起摄，唯除凡小，以二处不生牙故。若据为缘，令彼生善，亦性起摄。如日照生盲等。①

由此，不仅是因位的菩萨，倘若小乘和凡夫也能依如来藏性为缘而心生善根，众生之缘起亦即性起。

为凡夫心中安立"性起菩提"的说法，无疑打通了凡圣之间的隔阂，肯定凡夫在本位上与佛无异，"通局门"有云：

> 此圆教中卢舍那果法该众生界，是故众生身中亦有果相……但以果中具三世间，是故众生亦此所摄。②

如此一来，众生心本具真性，众生身理论上也有果相，本不应"有性而无起"，只是很可惜，唯有佛才能成就这一无尽的果相。

这无尽的果相即"分齐门"所描述境况：

> 既此真性融遍一切故，彼所起亦具一切，分圆无际。是故分处皆悉圆满，无不皆具无尽法界。是故遍一切时一切处一切法等，如因陀

---

① （唐）法藏：《华严经探玄记》卷16，《大正藏》第35册，第405页下栏。
② 同上。

罗网无不具足。①

为了便于理解，法藏从十个方面解析了此无尽的果位，即建立门所指出的：

> 一总辨多缘以成正觉、二正觉身、三语业、四智、五境、六行、七菩提、八转法轮、九入涅槃、十见闻恭敬供养得益。②

以十来表陈无尽，说明由于性起为果相，故业用是不增不减的，与如来藏性不增不减是同一个思路，同时通用于前九门。

三 一体两面之"性起"与缘起

法藏之所以能够超越染缘起与净缘起的二元对立，在于他的缘起思想不是从因位而出发，而是立足于果位的性起。为了更清晰地区别开性起与缘起，法藏在定义门中对这一问题从四个方面进行了解答：

> 问：下文云非少因缘成等正觉，此乃是缘起，何故唯言性起耶？释云：有四义。一以果海自体当不可说，不可说性，机感具缘，约缘明起。起已违缘，而顺自性，是故废缘，但名性起；二性体不可说，若说即名起。今就缘说起，起无余起，还以性为起，故名性起不名缘起；三起虽揽缘，缘必无性，无性之理显于缘处。是故就显，但名性起，如从无住本立一切法等；四若此所起似彼缘相，即属缘起。今明所起唯据净用，顺证真性，故属性起。③

"果海自体"赴感而起用，接触"缘"但不依靠"缘"，故不说缘起说性起；起不是有待的生起，而是顺应自性的显现，故不名缘起而名性起；前两义乃是表明性起的起因就是果位，其体性是不可言说的"性海果体"，即毗卢遮那佛法身。又缘起法无自性，此"无性"之理显现出来就

---

① （唐）法藏：《华严经探玄记》卷16，《大正藏》第35册，第406页上栏。
② 同上书，第405页中栏。
③ 同上。

是性起；染缘起有分别相状，净缘起则相反，其唯净用而言，性起法之用不在相状，而在清净功德，其顺应、证实真性的起用，所以名为性起。

因此，法藏接着在"染净门"中以问答的形式明晰了由二者所缘生法的区别与转化。染法与净法的相同之处在于"法同依真"，由《起信论》的思路而来，染、净诸法同具清净如来藏性。以一体二用融合染缘起与净缘起，将二者通于性起而超越对立。"染净等法虽同依真，但违顺异故。染属无明，净归性起。……以染不离真体，故说众生即如等也。"那么为何性起之法只是净法却不包括染法呢？既然不论是染缘起还是净缘起，都依同一真体起用，由此法藏并未将染、净诸法区分为泾渭分明的两边，而是从是否"违顺"真性的角度来理解的："染属无明，净归性起。"染缘起违背自性，妄起分别故属无明，净缘起顺承自性，诸法平等故属性起。染法虽违真性，但不离真性，如同有人把靴子当成帽子来带，问题在于颠倒了靴帽的功用，却并非不具有靴帽，使用有误不等于事实上的不存在，只要重新按照其本性合理使用就可以了。在这个合理安放的过程中即体现了由染转净的思维，因为众生本具真性，烦恼亦然，倘能"留惑而净用"，顺真体而起净用，它们都会成为"所救、所断、所知"的对象，违染顺真即为性起之法，"是故一切无非性起"。

所以说，性起与缘起，究其根本，二者是一体之两面的关系，只是法藏为了显示华严别教一乘教义，侧重于从性起的方面阐发缘起思想，而这里的真体，就是成就了佛果业用的如来藏性。龟川教信曾说：

> 因此以法性湛然而随诸缘为全体起用，其所现起于法性一边名为性起，所现起于随缘一边为缘起。这样的见解立场上，说缘起也称为性起，决不是指另有事实，而不过于法性随缘一事实上，一边是性起之相为缘起，一边是缘起之体而名为性起罢了。①

这样的理解是符合法藏本意的。从整体上看，法藏对于性起所依之本体的理解，依然是如来藏性，"此真性融遍一切"，顺性而起的诸法亦具一切，分圆无机，"是故分处皆悉圆满，无不皆具无尽法界，是故遍一切

---

① ［日］龟川教信：《华严学》，印海译，佛光山文化事业1997年版，第135页。

时一切处一切法等，如因陀罗网无不具足"①。性起诸法因具足真性，故诸法皆得圆满，无不融摄无尽法界，从而展现出一副无尽圆融的现象世界。

第二节 缘起实相的展开

十玄门和六相说都是智俨用来表述法界缘起之诸法实相的学说，二者经法藏的详解和完善，发展成为一套成熟的理论体系，"十玄无碍"和"六相圆融"也成为法界缘起思想中表达诸法实相的核心教义。

一 "十玄无碍"的改造

法藏对于十玄无碍的阐发是经历了一个过程的，他先是顺承师说，在《华严经文义纲目》中照搬了智俨的十玄门，后来又渐次在《五教章》《华严金师子章》《探玄记》和《华严经旨归》中论及了十玄门，只是名称和内容稍有改动，但总体思路没有变化，都是为了以十玄无碍来论述别教一乘的教义，表明法界缘起重重无尽、圆融无碍的诸法实相。为了更清晰地分析法藏十玄门的特点，现将智俨所立之"古十玄"与法藏的三种具代表性的十玄列表对照：

表3-1

序号	古十玄	《五教章》	《华严金师子章》	《探玄记》
1	同时具足相应门	同时具足相应门	同时具足相应门	同时具足相应门
2	因陀罗网境界门	一多相容不同门	诸藏纯杂具德门	广狭自在无碍门
3	秘密隐显俱成门	诸法相即自在门	一多相容不同门	一多相容不同门
4	微细相容安立门	因陀罗网境界门	诸法相即自在门	诸法相即自在门
5	十世隔法异成门	微细相容安立门	秘密隐显俱成门	隐密显了俱成门
6	诸藏纯杂具德门	秘密隐显俱成门	微细相容安立门	微细相容安立门
7	一多相容不同门	诸藏纯杂具德门	因陀罗网境界门	因陀罗网法界门
8	诸法相即自在门	十世隔法异成门	托事显法生解门	托事显法生解门
9	唯心回转善成门	唯心回转善成门	十世隔法异成门	十世隔法异成门
10	托事显法生解门	托事显法生解门	唯心回转善成门	主伴圆明具德门

---

① （唐）法藏：《华严经探玄记》卷16，《大正藏》第35册，第406页上栏。

我们以《五教章》中的十玄为主，兼顾《探玄记》中的不同，来探讨法藏十玄无碍的理论旨趣。

1. 从名称上看，《五教章》和《华严金师子章》中的十玄门与古十玄并无不同，只是十门的顺序略有微调。而在《探玄记》中，不但次序不同，名称亦有改变：法藏将"秘密隐显俱成门"中的"隐显"改为"显了"，"因陀罗网境界门"中的"境界"改为"法界"，如此一来，更突出了事法的地位。不但如此，他还撤销了"诸藏纯杂具德门"和"唯心回转善成门"，改为"广狭自在无碍门"和"主伴圆明具德门"。智俨在此门是约行说，法藏则扩大了诸藏的解释范围到诸法，即事与事既能够安立于自性，又可以普周于法界。同时为了避免法界缘起只是"唯心"所设，因此改"唯心"为"主伴"，涉及范围更广、对象更明确，通显一切法皆具实德，表明事事间的平等、无碍。之后澄观以《探玄记》为骨架，恢复"秘密隐显俱成门"和"因陀罗网境界门"两门，勘定了"新十玄"。

2. 就内容而言，《五教章》总体上与古十玄大致相当，只是其中的"十世隔法异成门"，法藏在《五教章》中将"十世"理解为"九世迭相即相入，故成一总句，总别合成十世也"，没有像智俨一样将九世归为一念而成十世。不过之后法藏又在《探玄记》中改回为"谓三世各三，摄为一念，故为十世也"，由此推知，对于法界缘起的理论重心问题，法藏的观点也是经历着反复的。例如，他在《五教章》的"唯心回转善成门"中，还保留着对于真心作为阐明事事无碍之诸法实相的中心地位的肯定，"此上诸义门，悉是此心（如来藏自性清净心）自在作用，更无余物，名唯心转等"。但在《探玄记》中便已不存，转而倾向于以更加周遍的事法为中心。

3. 从推导形式上看，法藏也是通过将理事、事事之间的关系，"以喻略示"，将一多关系抽象为一和十的关系，通过解释一多相即，使得十玄门在理论上成为可能，也就是可以"约法广辨"。大体上，法藏于《五教章》中的十玄门理论与智俨的古十玄相当，相对而言，《探玄记》表达的观点更明确，思路也更清晰。由此，他以新十玄完成了对古十玄的改造。

十玄门从十个方面表述缘起实相之事事无碍的义理，以第一、二、三、九门解释诸法在时间、空间和数量上的相入关系；以第四、五、六门从诸法形态上说明彼此间的相即关系；第七门以因陀罗网总喻诸法之间的相即相入；以第八门理事无碍、事以显理为桥梁，实现第一和十门的总揽，诠明诸法间事事无碍、同时具足、无尽缘起。为了更加彰显法界缘起之诸法实相的无尽圆融，法藏又从六个方面，解读法界缘起的现象圆融，即六相圆融说。

二 "六相圆融"的应用

智俨在研究过《十地经论》中的六相说之后，便可以开宗立教，只是此说的重要性并没有在他的理论中特别地凸显出来。与此不同，法藏在《五教章》中给予了六相圆融说以很高的评价：

> 此教为显一乘圆教，法界缘起无尽圆融，自在相即无碍镕融，乃至因陀罗无穷理事等。此义现前，一切惑障一断一切断，得九世十世惑灭，行德即一成一切成，理性即一显一切显，并普别具足，始终皆齐，初发心时便成正觉。良由如是法界缘起六相镕融，因果同时，相即自在，具足逆顺。因即普贤解行，及以证入果，即十佛境界，所显无穷。①

按照华严宗的观点，整部《华严经》就是要讲明法界缘起，而六相说原本就是解读《华严经》的方法，法藏将此方法应用到整部经文中，广泛使用来解析经文，阐明法界缘起之圆融无尽、圆满具足的实相。不仅如此，又赋予它以理论上的意义，用六相圆融说指代别教一乘法界缘起，将之作为通明法界缘起的路径，进而再提高六相圆融说于真理的地位，说明藉六相圆融之说即可由普贤解行、证入十佛境界，六相圆融说具有终极观法的性质。

法藏先"列名略释"六相：

> 初列名者。谓总相、别相、同相、异相、成相、坏相。总相者，一含多德故；别相者，多德非一故；别依比总，满彼总故。同相者，多义不相违，同成一总故；异相者，多义相望，各各异故。成相者，

---

① （唐）法藏：《华严五教章》卷4，《大正藏》第45册，第507页下栏。

由此诸缘起成故;坏相者,诸义各住自法不移动故。①

就万法而言,总相是缘起的全体,别相是缘起中的个体,别依止于总、构成总,总相与别相形成了缘起法界全体与部分的关系;缘起事物的诸缘成为同相,彼此之间又有差别为异相,同相与异相构建起诸法共同性与特殊性的关系;众缘聚合成法界而为成相,诸事法各守自性,保持相对的独立性,不与全体混淆为坏相,成相与坏相表现出缘起法界稳定性与变易性的关系。六相是对缘起法界从六个方面的不同观照,世间诸法皆可为全体,皆可为缘,每一缘起法各具六相,同时每一缘起法也是六相之一缘。恰如新罗的表员总结道:

此中总别二相,标其法界缘起道理,以其别缘,而起总德。同异二相,明其缘起相应道理,成坏二相,显此缘起离边道理。②

因六相能显法界缘起之无尽圆融,故法藏发展六相说为六相圆融说,阐明缘起法界不成则已,成则因果同时,六相熔融无碍,自在圆极。

法界的无尽圆融境界本是不可言说的"性海果分"——十佛自境界,唯佛智方可照见,但为了方便众生缘修,即约"普贤因分",以此一乘教理揭示佛法身境界,故法藏有言:"唯智境界非事识,以此方便会一乘。""非事识"即非顺事,"方便会一乘"即是顺理来应用六相圆融说,以观照无尽缘起的诸法实相。

我们借"举譬喻"和"辨法理"的思维方法,从解释教理和会通教义两种模式探讨六相圆融说的具体应用。就举譬喻方面,法藏曾先后以房舍和金狮子等事法为例,讲解缘起法界的六相圆融。

1. 房舍之喻。在《五教章》中,他以房舍为例,反复说明以阐发此圆融之理。他说,房舍是总相,椽板瓦石等不同部分是别相;椽板瓦石等是构成房舍的缘起条件即是同相,椽板瓦石等各不相同是异相;诸部件和合缘成房舍是成相,诸部件各守自性,仍是椽板瓦石、不从房舍的角度独立自存则是坏相。

---

① (唐)法藏:《华严五教章》卷4,《大正藏》第45册,第507页下栏。
② [新罗]表员:《华严经文义要决问答》卷1,《续藏经》第8册,第419页上栏。

2. 金狮子之喻。法藏在为武周皇帝解释六相圆融的教义时，遂指殿门的金狮子为例予以讲解。他说：

> 师子是总相，五根差别为别相；共成一缘起是同相，眼耳各不相到是异相；诸根合会是成相，诸缘各住自位是坏相。显法界中无孤独法，随举一法，具此六相缘起。①

缘起法界中随举一法即具六相，以房舍、金狮子为喻即说明此教法能够"随缘起法一切处通"，诸法以六相缘起，彼此间紧密联系，非孤独法，故一起一切起，一成一切成。

就辨法理方面，六相圆融的应用主要体现在以观法的形式会通十玄门，以"十玄六相"更显缘起法界的无碍圆融。我们知道，华严宗的十玄门是分别以示喻和辨法两种途径，通过推导一多关系的相即相入来论证十玄无碍缘起，一多相即相入是十玄无碍的理论基础，十玄无碍是一多相即相入的具体展开。是故以六相会通十玄就分成两个步骤，首先会通事法间的一多关系，然后将六相圆融直接应用于十玄门本身。

六相会通一多关系。在《五教章》的卷末有一则六相偈：

> 一即具多名总相，多即非一是别相；多类自同成于总，各体别异现于同；一多缘起理妙成，坏住自法常不作。唯智境界非事识，以此方便会一乘。②

诸法皆缘起而成，故一一事法即具多缘，即是总相，多缘是别相；多缘缘起一事法是同相，诸缘不同于彼此是异相；多缘同时缘起构成事法是成相，多缘各守自性、不成缘起是坏相。一多关系即具有六相圆融的性质，十玄门作为一多关系的具体展开同样可以依此观法来理解。

六相会通十玄门。十玄之初门"同时具足相应门"为总相、同相、成相，其余九门是别相、异相、坏相；十门相应缘起为一大缘起法界是同相、成相；十门各自不同、各守自性则为异相、坏相。综上所述，六相与

---

① （唐）法藏：《华严金师子章》卷1，《大正藏》第45册，第670页中栏。
② （唐）法藏：《华严五教章》卷4，《大正藏》第45册，第508页下栏—509页上栏。

十玄相互交涉，彰显事事圆融无碍的圆满境界，故统称为十玄六相法门，成为华严宗的根本教义之一。

第三节 "就事空"的缘起因由

法界缘起中诸法可以混融无碍、自在无穷，其内在原因何止千万？法藏依"性海果分"和"缘起因分"，概括原因为两层：一是"明究竟果证义"，即十佛自境界，这是依佛果位而论，因其道理不与教义相应，故状相不可说；二是"随缘约因辨教义"，即普贤境界，从随缘因位来辨明法界缘起之圆融无碍、无尽缘起的原因。是故法藏从因位总括缘起法界的圆融理则为"因缘十义"，这其中，依义理的层面论证事事无碍，主要通过两条途径展开：以事法为基点，依因、依缘，解析"因门六义"和"缘起相由"；以理法为基点，探讨"法性融通"。

一 因缘十义

法界缘起的特征在于事法间的相即相入、体用双融、主伴具足、自在无碍。为了说明事与事之间的无碍关系，法藏从因位上分析了法界缘起之现象圆融的多种理由：

> 此经中相即相入义释皆有二门：一约缘起相由门，二约法性融通门。①
>
> 何故皆得如是自在者？释略有五义：一了达缘起相由门故，二达法性融通门故，三定力自在起胜通故，四得解脱力能回转故，五智力了如幻梦法。随自心现得自在故，并由所知障尽故得然。②
>
> 问有何因缘，令此诸法得有如是混融无碍？答因缘无量难可具陈，略提十类释此无碍：一缘起相由故，二法性融通故，三各唯心现故，四如幻不实故，五大小无定故，六无限因生故，七果德圆极故，八胜通自在故，九三昧大用故，十难思解脱故。③

---

① （唐）法藏：《华严经探玄记》卷4，《大正藏》第35册，第173页下栏。
② （唐）法藏：《华严经探玄记》卷17，《大正藏》第35册，第430页中栏。
③ （唐）法藏：《华严经探玄记》卷1，《大正藏》第35册，第124页上栏。

我们看到，多种观点中有许多相同之处，故先取十类因缘的说法，总述法界缘起的原因。依《华严经旨归·释经意第八》的名目[1]，兹列表理解：

表 3-2

名称	理由
一、诸法无定相	缘起无自性，故诸法没有固定的相状，大小之相都是相对的
二、一切法唯心现	万法皆以心为体，随心回转，彼此相入相即都无障碍
三、一切法如幻事	缘起性空，故诸法没有自体，自性为空，可如幻法，故无论体积的大小皆可互现而无障碍
四、一切法如梦现	缘起性空，故诸法没有自体，自性为空，可如梦境，故无论时间的长短皆可互摄而无障碍
五、胜通力	处于自在位的菩萨诸佛，依胜神通力，可于小处现大，无所障碍
六、深定用	自在三昧，即依海印三昧的定力作用，可以于小处而现大法，无所障碍
七、解脱力	诸法由不可思议解脱所现
八、因无限	诸法皆由无限善根所起，此功德一即一切，无所障碍，功德无量大，故是因无限
九、缘起相由	诸法之间，一多互为缘起，相由成立，相即相入
十、法性融通	法性即理性，于万法一味平等。理融于事，一事法中全摄理，理事融通，全体法界即事法界，且诸法融通无碍

法藏在《探玄记》中也有谈及此因缘十义，但名称和次序皆有不同，兹列表比较：

表 3-3

《旨归》之因缘十义	《探玄记》之因缘十义
一、无定相	一、缘起相由
二、唯心现	二、法性融通
三、如幻事	三、唯心现
四、如梦现	四、如幻不实
五、胜通力	五、大小无定
六、深定用	六、无限因生
七、解脱力	七、果德圆极
八、因无限	八、胜通自在
九、缘起相由	九、三昧大用
十、法性融通	十、难思解脱

---

[1] （唐）法藏：《华严经旨归》，《大正藏》第 45 册。

在《探玄记》中，法藏并没有就"缘起相由"之外的另九门展开阐释，仅是列出了名目，并交代"余门如旨归中说"，照此看来，虽然两文中的"十义"在名称上有所不同，但内涵是对应一致的。如果从十义的排列顺序来分析二者之间的逻辑线索，就会发现法藏在阐释法界缘起理论中的思维变化。《旨归》中，法藏先以前四义说明缘起诸法相状的通融无碍，其原因在于缘起无自性，故于相状的大小、世间之长短都是相对的，相状之不同是唯心回转的结果；中间四义是从修行成就的角度，依佛果位可得事事无碍；后两义从义理层面总体解释前八义。而此二义相互之间，缘起相由又从属于法性融通，表明法藏此时更看重法性在法界缘起中的基础性质，侧重从如来藏性的周遍圆融义上推导事事无碍。但是，法界缘起理论的特点更在于关注事法上，因此，在《探玄记》中，法藏改变了十义的排列次序，以缘起相由为重心，依法界缘起的特征——事事无碍向上推究其前提于法性融通；确定诸法差别事相是"唯心现"，万法以心为体；又接着以二义说明诸法间相状的相对性；再由最后五门阐释修行与果报对于事事无碍的力用关系。

十义之中，核心是法性融通和缘起相由两义。法界缘起是究竟法界，其重重摄法、无碍自在的根本原因，即在于"就事空"，概之理由有二：理法与事法之间的"法性融通"，事随理融；事法之间的"缘起相由"，无碍即入、容持自在。"法性融通"和"缘起相由"彰显了法界缘起中事法间相即相入的基本原理，有鉴于此，我们依法藏对二者的重视程度，逐步加以论述，先就"缘起相由"来阐释法界缘起中事与事的关系。需要说明的是，因缘生法，"因"和"缘"对于万法来说缺一不可、阙即不成，故这里取"缘"的广义概念，即缘起之缘、条件之缘，涵盖了狭义的因和缘的含义，所以我们将缘起相由分为"缘起因门六义"和"缘起相由十义"两部分展开探讨。

二 缘起因门六义

因门六义本属观门，原型是智俨提出的因六义，他在"无缘发果能者"的假设下，探讨了有"决定用"的因所具有的性质。在唯识学中，种子为产生事法之因，据《摄大乘论·所知依分》所载，阿赖耶识缘起中，种子应具有六种特征：刹那灭、俱有、恒随转、决定、待众缘和引自果。智俨从空有、有力无力、待缘不待缘三方面，析种子六义为因六义：

一念念灭，此灭是空、有力、不待外缘。所以有力、不待缘，为因体未对缘事自迁动故。二俱有，是空、有力、待缘。所以者，为得外缘，唯显体空，俱成力用也。三随逐至治际，是有、无力、待缘。所以知，为随他故不可无，不能违缘，故无力也。四决定，是有、有力、不待缘。所以知，外缘未至性，不改自成故。五观因缘，是空、无力、待缘。所以知者，为待外缘，唯显亲因，非有无力，能生果也。六如引显自果，是有、有力、待缘。所以知，得外缘时，唯显自因，得自果故。①

种子名称之不同，原因在于智俨采用的是旧译。另外，他在《五十要问答》中也有提到因六义，只是未作进一步阐发，单列出了名目：

　　一切因有六种义：一空有力不待缘，念念灭故；二有有力不待缘，决定故；三有有力待缘，如引显自果故；四无无力待缘，观因缘故；五有无力待缘，随逐至治际故；六无有力待缘，俱有力故。②

此六义与之前的名称一致，只是次序上有所不同。

因缘即是世间法则，即是理法。缘起过程中，因起决定作用，缘有生果的能力，缺因缺果都不能生法。智俨单独分析因之六义，是为了更好地阐释事法在法界缘起中自体与他体融通无碍的原因。另一方面，因又单表明理法，理法必须由事法而显，因缘和合方有万法生成，故若要因发生作用，必须有赖于缘，因六义，离缘则不能成立。

法藏以因门六义继承智俨的观点，并再加追述。兹列表如下：

表 3-4

法藏种子六义	因门六义	理由	智俨种子六义
一、刹那灭	空、有力、不待缘	法无自性，故体空；此法灭故果法得生，是有力；此法灭非由外缘，故不待缘	念念灭
二、（果）俱有	空、有力、待缘	果俱有时，法方缘生，自体不有，故体空；俱有能成果，是有力；俱有则不是孤立的，故待缘	俱有

---

① （唐）智俨：《华严经搜玄记》卷3下，《大正藏》第45册，第66页上栏。
② （唐）智俨：《华严五十要问答》卷2，《大正藏》第45册，第531页中栏。

续表

法藏种子六义	因门六义	理由	智俨种子六义
三、待众缘	空、无力、待缘	无自性，故体空；生成不是决定性的因起作用，而是缘起作用，故无力；此义自明待缘	观因缘
四、(性)决定	有、有力、不待缘	法是自因生成，非由他缘，可以自性决定、自类不改，故体有；自类不改而生果，故有力；不改非由外缘作用，故不待缘	决定
五、引自果	有、有力、待缘	由自因引自果，故体有；虽待缘，但缘不能单独生果，还是自因，故有力；因缘和合而生，故是待缘	如引显自果
六、恒随转	有、无力、待缘	自体随他体转变，自体不可无，故体有；自体随转不能违缘，故无力；又随缘转，故待缘	随逐至治际

概括来讲，前三义都是自体空，后三义都是自体有，此空有都是自体相对他体而言，也就是因缘所生法，彼此之间互为因、互为缘而有自体之空与有的不同，空与有都是相对的方便说法。刹那灭、果俱有、性决定和引自果等种子四义在因缘关系中起着决定性的作用，显示为有力。而刹那灭和性决定两义都是自体决定，故不须待缘。法藏分析因门六义是为了说明"一乘普贤圆因中具足主伴，无尽缘起，方究竟也"，此"具足主伴，无尽缘起"即是法界缘起高于缘起性空的关键所在。前者是就事法而论究竟，而缘起性空虽然可以保证诸法间的性相融通，但却是在抹杀了事法存在意义的前提下的平等，无法体现事与事之间独立意义上的圆融，即主伴具足而圆满无尽，即事与事的圆融无碍、无尽缘起。因门六义是在法界缘起中才起作用的普贤圆义，当然不同于单纯的种子六义，它不是在生成意义上阐释因缘生法的性质，而是于缘起实相的前提下，事事通融，诸法由亲因、助缘的不同作用而有彼此间的不同关系。故而，约缘起因门六义的三个角度，即法体、力用和资助，法藏概括了法界缘起中诸法间的关系为：相即、相入、同体、异体，这四种关系，是实现"毛孔容刹海事"的根据。兹列表以分辨：

表 3-5

角度	因门六义	诸法关系
法体	空、有	相即

续表

角度	因门六义	诸法关系
力用	有力、无力	相入
资助	不待缘	同体
	待缘	异体

因门六义只是列出了诸法间的相互关系，没有进一步的解释内容，若单就此作为诸法圆满无尽、圆融无碍的根据，还稍显不够充足，是故法藏以"缘起相由十义"深入挖掘法界缘起之诸法、特别是作为众缘之一一事法的性质，以期探明法界缘起之主伴具足、无尽缘起的意蕴。

三 缘起相由十义

"相由"，意即有待，缘起法就资助角度有相由和不相由两义。"不相由义，谓自具德故，如因中不待缘等是也"，事法自体内具足功德，自体为因，无须待缘，故彼此之间是同体的关系。其自体全有力而不待缘，具足一切，表现为一中多、多中一、一即多、多即一的形态，于同一法体内一多广狭。"相由义，如待缘等是也"，事法须借助外缘生起，诸法彼此间就是异体。

> 缘起相由力故者，谓一与多互为缘起，相由成立故，有如此相即入等。此有二种：一约用，有有力、无力，相持相依，故有相入；二约体，全体有、空，能作所作，全体相是，故有相即。[1]

可以说，这是对缘起法则在法界缘起层面上的再度解释，扩大了诸法缘起中"缘"的界限和含义。缘起之因果关系不仅表示在时间上的前后相续，而且也可以是空间上的一多同时互融。同时，因果关系中的缘不单只是缘起诸法的条件，还是主伴互具的事法，其存在意义不仅体现在缘生其他事物上，更是体现于自身。如此一来，也就提高了事法的地位，显示出重视个体存在的意蕴来。再有，诸法间相对而言，约"法体"有空、有二义，约"力用"有有力、无力二义。于法体之空、有而为相即，于

---

[1] （唐）法藏：《华严经旨归》卷1，《大正藏》第45册，第595页上栏。

力用则有相入。一与多互为缘起，相由成立，彼此又是相即相入的。根据"缘起相由"，法界缘起之诸法实相随即表现为圆满无尽，圆融无碍。具体展开为：

> 此二复有二义：一异体相望故，有微细隐显，谓异体相容，具微细义，异体相是，具隐显义；二同体内具故，得有一多广狭，谓同体相入故，有一多无碍，同体相即故，有广狭无碍。又由异体摄同，故有帝网无碍义；现于时中故，得有十世义。缘起无性故，得有性相无碍义；相关互摄故，得有主伴无碍义。是故此一缘起门即具前十义。①

异体相望——不同个体相互之间——依事法间的相容与相是，呈现出微细与隐显的关系。依同体内具众德，得一多无碍，是为相入；广狭无碍，是为相即。以异体摄同体，诸法于空间上似帝网而无尽，时间上可得十世而无碍。又事法缘起无性，因而有性相无碍；相关互摄，因而有主伴无碍。从缘起相由之一义，即诠释了十玄无碍的全部内涵，而一切法可以同时具足、相应缘起的根本，则在于诸法间相即与相入的关系。那么，缘起诸法如何相即相入？这是在明确了缘起相由的作用和重要性后，必须要进一步解释的问题。对此，法藏自有一套细致的逻辑推演。

先就相即来说：

> 初中由自若有时，他必无故，故他即自。何以故？由他无性以自作故。二由自若空时，他必自有，故自即他。何以故？由自无性用他作故。以二有、二空，各不俱故，无彼不相即。有无、无有，无二故，是故常相即。若不尔者，缘起不成，有自性等过。②

这是就法体而言相即。自、他皆为缘，若自法为缘，则为有，他法则因无性而不有，如此，他即是自，因为他者无性，自法全部依靠自体而生成。反之，若自法因空性而无，他法则是缘而为有，如此，自即是他，因为自体无性，自法借由他法而缘成故。"自若有时，他必无"与"自若无

---

① （唐）法藏：《华严经旨归》卷1，《大正藏》第45册，第595页中栏。
② （唐）法藏：《华严五教章》卷4，《大正藏》第45册，第503页中栏。

时，他必有"是事法相即的两条原则，以此为基础就可以推导出事法的自体与他体在其他情况下的相互关系。"二有、二空"时，即自有他有，自无他无，如此，依据"自若有时，他必无"与"自若无时，他必有"这两条原则，自有他有的俱有情况与自无他无的俱空情况都不符合原则，所以自他不相即。"有无、无有"的情况下，即自有他无、自无他有，如此，这两种情况都符合原则，因此自他相即、无不相即。

再就相入说：

> 二明力用中自有全力故，所以能摄他；他全无力故，所以能入自。他有力、自无力（反上可知），不据自体，故非相即，力用交彻，故成相入。又由二有力、二无力、各不俱故，无彼不相入；有力无力、无力有力、无二故，是故常相入。①

这是就从力用即作用的角度解释相入。有力则能摄，无力则能入。当自体有全力，他者无力时，则自能摄他；当他者全无力，自体有力时，则他能入自。反之，他者有力、自体无力，也是同一思路。依据有力则能摄、无力则能入的原则，如果自体有力、他者也有力，或者自体无力、他者也无力，这两种情况都不符合摄入原则，如此诸法则不能相摄相入。反之，若自体有力、他者无力，或者自体无力、他者有力，与相摄相入的原则无有二致，因此自他常是相摄相入。在此基础上，由相入关系可推出一摄一切、一切入一，由于诸法皆是缘起而成，一切事法都是缘，则一缘能摄多缘，一缘成、则法界成，一成则一切成。

最后，法藏又从体用互摄的角度分析事与事之间的相即相入关系，"以用摄体更无别体故，唯是相入；以体摄用无别用故，唯是相即"。若将法体仅看作是力用，则除力用外没有任何个体，诸法唯是相入的关系；若将力用仅看作是法体，则除法体外无力用，诸法唯是相即关系。如此，诸法一多相即相入，一中多、多中一、一即是多、多即是一，重重无尽、圆融无碍，彰显法界缘起的无尽与无碍。

经过这一系列的缜密推导，法藏以极其高超的逻辑能力分析出诸法相即相入之所以可行的原因，证明了法界缘起即主伴具足、圆融无碍的内在

---

① （唐）法藏：《华严五教章》卷4，《大正藏》第45册，第503页中栏。

第三章 法界缘起的确立与诠释

原理基础，可以说，在深度上已经完成了对于现象圆融的原理诠释。之后，法藏又在《探玄记》中全面地总结了缘起相由的具体内容，他以"略举十门"来概括"大法界中缘起法海"的无量义门，意在强调缘起法只有具备了此十义才能够成就法界缘起之大总相。由于总分为十义，故"缘起相由"说也称为"缘起十义"，其结构非常清晰，前三门总明缘起法的性质，次三门别明异体诸法的相即相入，后三门别明同体诸法的相即相入，第十门总结前九门为一大缘起。现引述其内容如下：

第一、诸缘各异。

> 谓大缘起中，诸缘相望，要须体用各别，不相和杂，方成缘起。若不尔者，诸缘杂乱，失本缘法，缘起不成。此即诸缘各各守自一也。①

大缘起法中，诸法各不相同，体用各有差别，不相混杂，如此方能缘起，否则，诸法丧失自性，杂乱不明，则缘起不成。此为强调诸法各自的特殊性是缘起法界的前提。恰如"和实生物，同则不继"，唯有不同的音符相互激荡才能创造出美妙的乐章。

第二、互遍相资。

> 谓此诸缘，要互相遍应，方成缘起。且如一缘遍应多缘，各与彼多全为一故，此一即具多个一也。若此一缘不具多一，即资应不遍，不成缘起。此即一一各具一切一也。②

一多互为缘起，相由成立，全部事法都是相依相待的，由此一缘才可遍应多缘。以自体为主，具足多缘，一即是多，而且诸法皆是如此，一一各具一切一。否则，若资应不遍，则不成此大缘起。这是强调诸法之间的相互依存性。

第三、俱存无碍。

---

① （唐）法藏：《华严经探玄记》卷1，《大正藏》第35册，第124页中栏。

② 同上。

> 谓凡是一缘，要具前二，方成缘起。以要住自一，方能遍应，遍应多缘，方是一故。是故唯一多一，自在无碍。由此镕融有六句：或举体全住，是唯一也；或举体遍应，是多一；或俱存；或双泯；或总合；或全离。①

此门是对前两义的综合。诸法以各异和相资为前提才能成就缘起。诸法各守自性而为自一，遍应多缘而为多一，特殊性与依存性同时存在，自在无碍。由此析出大缘起法为六种相状：或举体全住自性为自一、或举体遍应诸缘为多一、或俱存、或双泯、或总合、或全离，无有不同。

以上三门是总说法界缘起诸事法，即"缘起本法"的性质。以下三义别明法界缘起中异体诸法的三种关系。

第四、异门相入。

> 谓诸缘力用，互相依持，互形夺故。各有全力、无全力义，缘起方成。如论云：因不生缘生故，缘不生自因生故。若各唯有力无无力即有多果过，一一各生故；若各唯无力无有力即有无果过，以同非缘俱不生故。是故缘起要互相依具力、无力，如阙一缘一切不成，余亦如是。是故一能持多，一是有力能摄多，多依于一，多是无力潜入一。由一有力必不得与多有力俱，是故无有一而不摄多也；由多无力必不得与一无力俱，是故无有多而不入一也。如一持多依既尔，多持一依亦然。反上思之，是即亦无多不摄一，一无不入多者也，如一望多有依有持，全力无力常全多在己中，潜已在多中，同时无碍。多望于一当知亦尔。俱存、双泯二句无碍。②

诸法相对之力用不同，遂有全有力、全无力的不同，同时彼此之间又相互依持、相互形夺，故成法界缘起异体诸法间的相入。

第五、异体相即。

> 谓诸缘相望，全体形夺，有有体、无体义，缘起方成。以若阙一

---

① （唐）法藏：《华严经探玄记》卷1，《大正藏》第35册，第124页中栏。
② 同上。

缘，余不成起，起不成故，缘义即坏。得此一缘令一切成起，所起成故，缘义方立。是故一缘是能起，多缘及果俱是所起，是即多为一成，多是无体，一能作多，一是有体。由一有体必不得与多有体俱，多无体必不得与一无体俱，是故无有不多之一，无有不一之多。一多既尔，多一亦然。反上思之，如一望多，有有体、无体，故能摄他同己，废己同他，同时无碍。多望于一当知亦尔。准前思之。俱存、双泯二句无碍。①

诸法间的法体不同，遂呈有体、无体的形态，由于诸缘彼此之间具有逻辑上的包容性，整个全体便呈现互相含摄的局面，即"全体相夺"，构成法界缘起异体诸法间的相即。

第六、体用双融。

谓诸缘起法要，力用交涉，全体融合，方成缘起。是故圆通亦有六句：一以体无不用，故举体全用，即唯有相入无相即义；二以用无不体故，即唯有相即无相入也；三归体之用不碍用，全用之体不失体，是即无碍双存，亦入亦即自在俱现；四全用之体体泯，全体之用用亡，非即非入圆融一味；五合前四句同一缘起，无碍俱存；六泯前五句，绝待离言，冥同性海。②

此门是对前二义的综合。诸法间的力用、法体不同，遂有诸法体用交涉、全体融合，举体全用是诸法相入，举用全体是诸法相即，以此构成法界缘起异体诸法间的相入相即。

后三门别名法界缘起中同体诸法的三种关系。

第七、同体相入。

谓前一缘所具多一，与彼一缘体无别，故名为同体。又由此一缘应多缘，故有此多一。所应多缘既相即相入，令此多一亦有即入也。先明相入，谓一缘有力，能持多一，多一无力，依彼一缘，是故一能

---

① （唐）法藏：《华严经探玄记》卷1，《大正藏》第35册，第124页中栏。
② 同上书，第124页下栏。

摄多，多便入一。一入多摄，反上应知。①

自一与多一，多一与自一，由于所本具的法体相同，故是同体。依一多的力用，有有力、无力的分别，故一摄多，多入一。反之，多摄一，一入多。以此构成法界缘起同体诸法间的相入。

第八、同体相即。

谓前一缘所具多一，亦有有体、无体义，故亦相即。以多一无体，由本一成，多即一也。由本一有体，能作多，令一摄多。如一有多空既尔，多有一空亦然。②

依据一多的法体空、有，而成一即多、多即一，以此构成法界缘起同体诸法间的相即。

第九、俱融无碍。

"谓亦同前体用双融，即入自在，亦有六句。"此门亦是对前二义的综合。同体诸法的相入相即，是体用双融、即入自在，构成法界缘起同体诸法间的相入相即。③

法藏以最后一门总结前九门，综合九义为一大缘起法界。

第十、同异圆备。

谓以前九门总合为一大缘起故，致令多种义门同时具足也。由住一遍应，故有广狭自在也。由就体就用，故有相即相入也。由一摄多时为显，令一入多为隐，多摄一入亦尔；又就用相入为显，令就体相即为隐，显入隐亦然；又异门即入为显，令同体为隐，同显异隐亦尔。又由以异门摄同体中相入义，故现微细门也。由异体相入带同体相入，故有重重无尽帝网门也。由此大缘起法，即无碍法界法门，故

---

① （唐）法藏：《华严经探玄记》卷1，《大正藏》第35册，第124页下栏。
② 同上。
③ 同上。

有托事显法门也。由此融通自在，今依此法上所辨时法亦随此无碍自在，故有十世门也。由此法门同一缘起相带起故，随一门必具一切，故有主伴门也。此之一门于前第三门中以辨义理。上来十义总是缘起相由门竟，余门如指归中说。①

缘起事法具有各异、相资的性质，而且特殊性与依存性又是俱时存在、相融无碍的。在此基础上，异体诸法的相即相入和同体诸法的相即相入是对法界缘起中诸法所有事态的辨析，总合前三门，即成就缘起法界的全部内容。

诸法间彼此无碍的事态于"空如理"的缘起性空层面就可以解释，但法界缘起中事事无碍之所以能够成立，其理论基础还需要以理体为桥梁下的含容。也就是说，诸法在法体上的空有关系是依缘起性空的权说，但诸法在力用方面的有力无力则须依托于理法的方便贯通。可以说，由缘起相由论证事法间的圆融无碍是法界缘起在缘起性空的基础上，借助于如来藏性的会通和收摄作用完成的。

"圆教"讲"无尽缘起""事事无碍"，必须建立在"理事圆融"的基础上——事与事本身是圆融不起来的，必须通过理才能实现。②

缘起相由是以事法为基点的推导过程，乃偏于性空义的中道说法。反之，若以如来藏性即法性为基点，同样可以推证出缘起法界的圆融无碍，即"法性融通"义上的事融相摄。

四 法性融通义

法性融通的大意是，本质上与理法不相异的诸多事法，随彼所依之理法、法性，皆可于一全体法界中显现，呈现出现象的无尽圆融。就如《华严经·舍那品》云：

> 妙色悉普照，一切世界海，于此莲华藏，世界海之内，一一微尘

---

① （唐）法藏：《华严经探玄记》卷1，《大正藏》第35册，第124页下栏—125页上栏。
② 吕澂：《中国佛学源流略讲》，中华书局1979年版，第354—355页。

中，见一切法界。①

换句话说，法界即是理法，大小之事法自性具足，同时安住于理法界，依于此理，事法虽有事相差别，但彼此俱存，又全无障碍。要论证法性融通，须通过两个步骤：一是"理事无碍"，二是"事融相摄"。

理事无碍有两层含义，一是"一切教法举体真如，不碍事相历然差别"，一切事法全体都是法性，同时亦不妨碍事法的差别；二是"真如举体为一切法，不碍一味湛然平等"，法性举体为一切法，一切法一味平等。以水波为喻，前者如波即水，不妨碍事法的动相；后者如水即波，不丧失法体的湿体。

事融相摄亦有两义：相在和相是。

> 一在一切中，谓如一教法不碍在事全是真理，真理遍余一切事中，同理教事亦如理遍，是故一切法中常有此一。②

法性是"一"，此一在一切事法中，法性遍于一切事法：

> 一切在一中，谓无分齐理既不改性而全是事，是故一事摄理无不皆尽，余事如理在一事中，以理无际限不可分故，随一事处皆全摄也。是故一中常有一切。③

这里的"一"即是事法。理无分齐，不改真性全在事法中，故一切事法含摄了全部的理法，依于一理法而全摄一切事法。一在一切中，一切在一中，此即"相在"。"相在"具体展开为四层含义：

> 初，一在一中，谓别说一切差别事中，一一各有彼一法故；二，一在一切中，谓通说一切悉有一故；三，一切在一中，谓别说一中摄

---

① 《华严经》卷3，佛驮跋陀罗译，《大正藏》第9册，第412页下栏。
② （唐）法藏：《华严经探玄记》卷1，《大正藏》第35册，第119页上栏。
③ 同上书，第119页中栏。

一切故；四，一切在一切中，谓通说一切悉有一切故。①

依于此理，方成"一一微尘中见一切法界"，"于一法中解众多法，众多法中解了一法"。又"一即是一切，谓如一教事既全是真理，真理即为一切事故，是故此一即是一切。一切即一反上应知"②。

既然事法全是理法，理法就是一切事法，故一事法即一切法。同样的，一切事法即是一法。此即为相是，所谓一即一切，一切即一。

"法性融通"和"缘起相由"论证了诸法相即相入的关系，以此说明法界缘起之圆满无尽、圆融无碍。

> 就无尽说圆满（主伴具足），就无碍说圆融。圆融者只是缘起性空（似有无性）一义之展转引申耳，此是般若之融通。圆满者则是就毗卢遮那佛法身法界说，此须"如来藏恒沙佛法佛性"（即如来藏庄严大楼阁）一观念之加入，非只般若所能尽也。圆融与圆满合一方是"别教一乘圆教"中之法界缘起（大缘起陀罗尼法）。③

不管是"法性融通"，还是"缘起相由"，都需要同时借助缘起性空和如来藏性才能实现，二者都是融合性空与如来藏性的中道说法。相较而言，"缘起相由"偏于性空，而"法性融通"则更侧重于如来藏性的贯通。"缘起相由"虽然须依托于理性才能成立，但在推导过程中却是一种含蓄的应用，即由诸法间的相入关系表现出来的，所以，可以说"缘起相由"的论证是以"理事无碍"为基础推出了"事事无碍"，由此"法性融通"是"缘起相由"的前提。但不能将"法性融通"等同于"理事无碍"，因为"法性融通"和"缘起相由"都是用来论证"事事无碍"的观点，只是二者经由两个不同的推导路径，前者以法性、如来藏性为基点，后者以事法为基点，它们都可以独立地推证出"事事无碍"的结论。惠苑就犯了这样的错误，他将"理事无碍"理解为"法性融通"，因此将"法性融通"作为"缘起相由"的基础。而澄观则是在纠正这种错误的基

---

① （唐）法藏：《华严经探玄记》卷1，《大正藏》第35册，第119页中栏。
② 同上。
③ 牟宗三：《佛性与般若》上册，学生书局1982年版，第483页。

础上,从"法性融通"义出发,以一心为基点,通过推导一心遍摄一切事法,论证了"事事无碍"的可能。因此,"法性融通"与"缘起相由"在论证"事事无碍"的时候是一种递进的关系,却不是包含的关系。

"法性融通"与"缘起相由"都是从义理层面上推导"事事无碍",二者都离不开如来藏性的贯通作用,在"理事无碍"的基础上才能实现"事事无碍"。但如来藏内涵的真理当有不变义,于一切差别事法都是平等一味,是故"以本收末,唯是真如"。同时,一切差别事法皆从缘而起、缘起性空,是故"空相本尽,真性本现,唯是真如"。那么,如此不变的真如如何能够周遍含容于差别事法?空性之真如理又为何能于差别事法中显现真性?这也就对"理事无碍"何以可能的内在缘由的发问。面对这一问题,法藏从诸法本原上寻找解决方案,他融合了唯识学和《起信论》的观点,创造性地提出"三性同异"说,说明法界缘起中诸法之生成亦是真如"不变随缘"的结果,借此会通理事。

第四节 真如"不变随缘"的缘起本质

性相怎样相容的问题,"法性融通"说已经给出肯定的答案,那么性相又缘何相容?从生成论的角度来说,这涉及本原与现象之间如何沟通的问题。法藏融合了唯识学和《起信论》的理论,以"三性同异"说交代诸法内在的理与事的关系,并将之理解为真如"不变随缘、随缘不变"的展开。

> 三性各有二义。真中二义者:一不变义,二随缘义。依他二义者:一似有义,二无性义。所执中二义者:一情有义,二理无义。由真中不变、依他无性、所执理无,由此三义故,三性一际同无异也,此则不坏末而常本也。经云:众生即涅槃,不复更灭也。又约真如随缘、依他似有、所执情有,由此三义亦无异也,此则不动本而常末也。经云:法身流转五道,名曰众生也即。由此三义与前三义是不一门也,是故真该妄末,妄彻真源,性相通融,无障无碍。[①]

---

① (唐)法藏:《华严五教章》卷4,《大正藏》第45册,第499页上栏。

"真"即"圆成实性",法藏将如来藏系的真心、真如等同于唯识系的圆成实性,依真实性而言,二者都是表述同一事实,故以真实性为平台统合二者。按照法藏的解释,真如具有不变和随缘二义,其所具的自性不随缘起而变化,"恒不失自性清净";随缘即真如不固守自性而生成诸法,"随缘成于染净"。正因为真如能够不失自性清净,才可以随缘成就染、净诸法,好比明镜能够同时照映出染、净的事物,但不失镜子本身的明净,而且只有保持了自身的明净,才可以真实地反映出染净之相。以能现染净得知镜子的明净,以镜子本身的明净可知其能现染净,由此明镜与能现便是同一的性质,显示出真如自体与应用的互通。虽然明镜能现净染诸法,却于镜子本身的明净无增无减,真如之不变随缘也是同样的道理:

> 非直不动性净成于染净,亦乃由成染净方显性净;非直不坏染净明于性净,亦乃由性净故方成染净。是故二义全体相收,一性无二,岂相违耶?①

真如只有随缘才能显现万法,万法依真如而成立;同时,真如只有不变才能随万法而彰显自性,真性依万法而显现。

"似有"意指缘起诸法都是待缘而生的,虽存有却不能自我决定,故无自性;无性就是缘起诸法无自性,本性是空义。按照缘起观的逻辑,诸法皆缘起而生,缘起势必无自性,"似有"与"无性"似乎是同语反复。法藏在此强调缘起诸法的无自性而似有,是以万法的依他起性来说明诸法"自性空"与缘起似有的表里关系。事实上,诸法之存在本身就体现了缘起性空的道理,即依他之体相"似有"与依他之体"性空",诚如《大智度论》所说的"由缘生故,即显无性也",法藏只是通过依他性将这一道理突显出来:

> 虽复因缘似有显现,然此似有必无自性,以诸缘生皆无自性故。若非无性即不藉缘,不藉缘故,故非似有。②

---

① (唐)法藏:《华严五教章》卷4,《大正藏》第45册,第499页中栏。
② 同上。

诸法缘起必藉外缘，无缘则无生，反之，有生必有缘，如果不需要外缘就能生起的话，那么诸法就可以自生从而具备自性了，这显然不符合佛教缘起观的根本立场，所以他要强调："似有若成必从众缘，从众缘故必无自性，是故由无自性，得成似有，由成似有，是故无性。"①缘起性空直接涵盖了依他之"似有"义与"无性"义。

"情有"是"遍计所执性"中妄执万法为实有的意思；然于真理层面，诸法在根本之理上却是空性的，即"理无"义。

> 今既横计，明知理无，由理无故得成横计，成横计故方知理无，是故无二唯一性也。当知所执道理亦尔。②

妄情专横计较于事法的实存性却无处可得，偏偏执着于外在的事相，故有"情有"；又"理无"，既然没有显示于外的实体，众生不明所以，转而执着于无实在性的外在事相，如此便有妄情执着于假有的事法为实体。

此三性各有两对相反的含义，在每一性中都体现为相对的关系，并伴随着本末的区别。就本而言，三性之不变、无性、理无三义，表明诸法本质上的体性一如，以缘起性空为基础确定诸法的无自性、本性空，此是三性一际、相同无异的，乃"不坏末而常本"。相应地，就末来看，三性随缘、似有、情有三义则重在展现诸法的存有，特别是以差别相状的形态存在着，虽缘生而实"无生"，随缘起而实"无起"，故而没有自性之体就无所谓真正的生或起，所以后三义亦是一际、相同无异的。

在说明三性同异说时，法藏先后引用了《大智度论》《中论》和《涅槃经》中的相关观点，体现出他试图融合唯识系、般若系和如来藏系三家学说的理路。经过空性的本质义和三性的生成论意义，法藏用如来藏系统合了三学，并将之作为进入法界缘起的通道，也就是依如来藏缘起而悟入法界缘起。唯识学的三性本来是生成论意义的学说，观因缘所生之事法，由真实性即"圆成实性"依他起，因为缘起性空，是故缘起即依他起，对缘起幻有的执迷不悟，即"遍计所执性"。"依他起性"去掉遍计所执，

---

① （唐）法藏：《华严五教章》卷4，《大正藏》第45册，第499页中栏。
② 同上。

就是"圆成实性"。"圆成实性"不离去执后的依他起，但其本身并不随缘作法，可以说是凝然不动的，只有"空如理"；"依他起性"就是阿赖耶识种子与现行的因果关系。可以说，缘起性空所展开的实相就是空相，诸法的差别相状只是缘起的假相。然而在法藏的三性同异说里面，真实性则是心真如、真如心、真如理，多了一层实体性的意义，圆成实与依他起的关系就是法藏解读《胜鬘经》中如来藏自性清净心"不染而染、染而不染"的释义。相应地，"依他起性"在《起信论》中就是真如随缘、不染而染。依真心而说"不坏末而常本"，真心是本，有本可依，故有此说；"不动本而常末"则是真如随染、净缘起而现起染、净诸法。虽说真如随缘呈现出的事法亦是缘起、亦是无自性、亦是本性空，但缘起事法在本原上已经幻化出一个真心之体，与一味强调的缘起性空、无体可依已然不同。因此可以说龙树只观缘起法，但未对缘起法作一根源性的说明，及至唯识宗开始有了这个问题，并对之解答为阿赖耶识、开立三性。但是此三性只是就缘起性空义寻找一个缘起本源，仅有阿赖耶识缘起并不能圆满的要求，因此接着就有了如来藏缘起。《起信论》将"不染而染"表述为"不生不灭与生灭和合、非一非异，名阿赖耶识"，由此才有生死流转，即随缘生成诸法；同时亦因为"染而不染"，才能够还灭于真如。是故《起信论》依据《胜鬘经》而有"依如来藏有生死，依如来藏有涅槃"，一切法皆依于如来藏，即所谓如来藏缘起。在法藏的思路中，"三性六义"的后三义是如来藏依染、净缘起而生成了染、净诸法，是缘起而非性起，重在世间法。而"三性六义"之前三义却是贯穿了世间与出世间、沟通了世间与出世间，为生死转向还灭一边留有了余地。"三性一际同异"说解释了佛教的传统问题，即空有之间、理事之间是种怎样的关联，也就是揭示性相融通、本末相摄的实现途径。三性彼此间的同与异，沟通了本体界与现象界，明确了理与事的关系，以此为原理而显示出的诸法实相就是"真该妄末，妄彻真源，性相通融，无障无碍"。牟宗三先生认为，"真该妄末"说明以真心为本源，通过真如随缘义，能够该尽似有、情有等幻妄之末；"妄彻真源"揭示了因为妄幻执末，通过无性和理无的真理，从而直达真性之源。从本说性，从末说相，不动本而常末，不坏末而常本，故能够性相通融、无障无碍。不过，"此通融无碍尤只是就三性之法理说，尚不是法界缘起之无碍无尽也。必须通过还灭工夫，本觉朗现，随缘还归不变，似有当体无生，情有寂归无相，然后始有海印三昧中法界之圆融无碍与圆满无尽也"①。"三性同异"说疏通了本体与现象间的通融无碍，即从可言说的道理层面说明世间法的诸法实相及原理，但还远未达到法界缘起之海印三昧的地步。因此，海印三昧之不可言说性，只能通过还灭的修行，凭道谛通于灭谛，由不觉到始觉、再到本觉朗现、摄末归本，如此一来，才可能实现法界缘起之圆融无碍、圆满无尽的境界。

三性同异说不但说明了诸法的生成原因——真如的不变随缘而缘起万法，更重要的是展现了法界缘起中性相融通、事随理融的内涵。法藏说：

> 谓若唯约事相，互相碍不可则入；若唯约理性，则唯一味不可则入。今则理事融通，具斯无碍。谓不异理之事具摄理性时，令彼不异理之多事，随彼所依理，皆于一中现。若一中摄理而不尽，即真理有分限失；若一中摄理尽，多事不随理现，即事在理外失。今既一事之中全摄理，多事岂不于中现。②

这说明无论事相大小，都安住于理法界。法性、理法融通于万法之内，"令彼能依事法大小，相在无障碍也"。既然事法是能依，那么所依之体就是不变的真心，也就是说，按照"三性同异"之"真该妄末，妄彻真源，性相通融，无障无碍"来理解通融性相之"真"的话，那么所谓事法之所依——融通之法性或理法，本质上都指向同一存在，即真心。

"如因陀罗网重重影现，皆是心识如来藏法性圆融故，令彼事相如是无碍。"③ 法藏从观法的角度统摄缘起诸法于一心，实现性相融通、事事无碍。当然，这是对《华严经》中"三界虚妄，但一心作"说法的回应。作为观法而言，重在强调众生解脱的关键在于对本心的观照，是倾向于修行意义的唯心论点。不过，他将法界缘起之现象圆融归于一心，以真心统摄一法界的思路，深刻地影响了澄观和宗密，尤其是后者，明确地将法界的本质界定为一心。

---

① 牟宗三：《佛性与般若》上册，学生书局1982年版，第483页。
② （唐）法藏：《华严经旨归》卷1，《大正藏》第45册，第595页中栏。
③ （唐）法藏：《华严经探玄记》卷13，《大正藏》第35册，第347页中栏。

第四章

法界缘起的演化

法界缘起思想经法藏的改造和诠释后，最终完成了理论体系的确立。其思想深刻、广泛地影响了后世学者，并为后继者继承和发展。其中的佼佼者就有澄观和宗密。二者皆以真心为支撑点，推动了法界缘起理论的演化。

第一节 法界缘起理论的完善

法界缘起之诸法本性清净，称性而起，从而呈现出现象界的圆满无尽、圆融无碍。此"性"承自如来藏自性清净心，是清净无染的。若局限于佛果位谈性起，则一切法自性具足、清净无染，现象之圆融就此可以实现，但若应用法界缘起于世间、出世间的一切法，则面临着两个问题：清净的如来藏如何缘起染法？无情之草木是否具有佛性？这就是天台宗针对华严宗法界缘起提出的诘难。澄观以继承法藏师说、弘扬华严教义为己任，对这些问题进行了一一澄清，并进一步完善了法界缘起理论，表现在反对惠苑对法藏十玄门的修改，勘定了新十玄的版本；重视并深化了华严宗的理事关系问题，将杜顺至法藏对这一问题的诠释进行一番整理并使之条理化；吸收禅宗和天台宗对于心性的不同解释，立足于如来藏自性清净，提出佛性不断性恶，重申主体选择的重要性。

一 性不断善恶的"性起"

在解释"心如工画师"之喻时，澄观认同智俨和法藏的说法，将缘起分为染缘起和净缘起两层，将净缘起等同于性起，视性起与缘起是一体两用，二者心体一致。但不同的是，澄观为了回应天台宗的诘难，转而从体性上做起了文章。他认为，性起与缘起、佛与众生并无实质的不同，二者的差别性仅取决于心体（主体）的迷与悟。澄观说：

> 谓如世五蕴从心而造，诸佛五蕴亦然，如佛五蕴，余一切众生亦然，皆从心造。然心是总相，悟之名佛，成净缘起；迷作众生，成染缘起。缘起虽有染净，心体不殊。①

不管是染缘起还是净缘起，二者心体同一无差别，缘起的染、净属性完全由主体的觉与不觉而定。佛是觉悟到了世间的缘起实相，清净无为、不生造作；而众生则受无明所染，执着诸法相状、肆意妄为。缘起虽有染净之别，缘起的心体却无亲疏不同。故澄观有云："佛果契心，同真无尽；妄法有极，故不言之。"与佛果相契的心，其体性一定是清净无为的，即如来藏自性清净心。

不过，佛与众生在体性上的同一并不代表世间的染缘起等同于出世间的净缘起，华严宗的宗旨之说——法界缘起，其较之其他缘起思想的不同，在澄观看来还是要回归于性起之说。他在注疏新译《八十华严》中的《如来出现品》时认为，之所以将《六十华严》中的《性起品》刊定成《八十华严》的《如来出现品》，其品名的不同更能明晰"性起"的内涵。

> 二释名者。如来是有法之人，即三身十身之通称；出现是依人之法，果用化用之总名。如来虽见上文，对出现故重辨十身皆有出现，且寄三身以明。然来即出现，为分人法晓喻分明，故重辨之。若依法身如来者，即诸法如义理，常现名为出现。故文云：普现一切而无所现；又云：体性平等不增减等。若依报身，乘如实道来成正觉，故曰如来；本性功德一时顿显，名为出现故。文云：如来成正觉时，于一切义无所疑惑，普见一切众生成正觉等。若依化身则乘萨婆若乘来化众生，故曰如来；则应机大用一时出现。文云：以本愿力现佛身，令见如来大神变；又云：随其所能随其势力，于菩提树下，以种种身成正觉等。今以新佛旧成曾无二体，新成旧佛法报似分，无不应时故

---

① （唐）澄观：《大方广佛华严经疏》（下文简称《华严经疏》）卷21，《大正藏》第35册，第658页下栏。

即真而应，应随性起故即应而真，三佛圆融十身无碍故，辨应现即显真成，是以晋经名性起。性字虽是义加未爽通理，以应虽从缘不违性故，无不从此法界流故，以净夺染性即起故，若离于缘性叵说故，下加性起菩萨表所说故，妄虽即真不顺性故。今以起义多含直云出现，从性从因从真从感，皆出现故。若唯辨应身出现，非唯失前二义，亦未足显深，何能融前差别之果若以来为现义？则如来即出现，持业释也。若分人法，三皆如来之出现，拣余出故。[1]

"性起"的实质是不离于如来而出现的缘起实相，澄观从如来的三身即法身、报身、化身（应身）三个层面——析别了性起的不同属性。之所以要重点强调"如来"的果位，就是为了避免众生对"性"产生误解，即将性起局限于如来应身的出现，从而忽略了前两层的内涵。依法身在于说明"诸法如理"常存常现；依报身在于说明"正觉功德"一时顿显；依应身在于说明"应机大用"一时出现。"从性从因从真从感，皆出现故。"旧译中只是强调了"无不应时故即真而应，应随性起故即应而真"，将"应现"与"真成"视为理所当然的前提，也就是"三佛圆融、十身无碍"，笼统地把应化之用归结于本性之真，这样一来，就容易使众生只知其然，却不知其所以然。因此，厘清了"如来"三身各层的"出现"原理，就使得"性起"之说更加清晰化了。而澄观这里所做的工作，也与法藏分别解释性起为"理性起""行性起"和"果性起"的思路一脉相承。

如此一来，澄观便再次重申了性起的果位性质，性起是诸法的平等本性、本觉功德，如来应机随感的一时顿显，普现一切而又不相妨碍。诸法顺应本性而起现、顺应缘起又不违真性，是以净缘起取代染缘起，"以净夺染，性即起故"。同时性起又是"若离于缘，性叵说故"，若离开了缘起，性起也就无可依托，此处为了方便言说，性也是缘起之因。那么在究竟意义上，性与世俗的缘起之因又有什么不同呢？澄观解释性起之"性"有两种含义：种性和法性。种性可理解为因果之因，"因所起故"；法性则是生成诸法的根据，"若真若应皆此生故"。性起之性，既是从种性，依如来的本性功德，称性而起；又是从法性，以文殊大智为能显、普贤法

---

[1] （唐）澄观：《华严经疏》卷49，《大正藏》第35册，第871页下栏—872页上栏。

界为所显，同时显现万法真理实相。故性起与缘起之不同，不在法性，而在种性。依佛而说性起，依众生而说缘起，确切地说，此种性就是佛性、如来藏性。而法性之性，正是无情具有的清净自性，它与佛性的不同，在于不能主动的生起、不具有能动性，是故澄观以真性的普遍真理义，否定了天台宗的"无情有性"说，抬高了有情的地位，即唯有有情才可成佛。

然如同染缘起与净缘起的关系一般，包括佛在内的万法，依据同一心体，本性上并无不同，"若依旧译云：心、佛与众生，是三无差别"。澄观理解无差别即是无尽，那么心、佛与众生就应该是"体性皆无尽"，如此一来，种性的差别也就是相对的了，引申开来就是众生亦本具佛性，众生与如来不是两条无法相交的平行线。那么，又何以有众生与佛的差别呢？总的说来，众生与佛存在三个层面的不同：

> 总心二义者，一染二净；佛二义者，一应机随染，二平等违染；众生二者，一随流背佛，二机熟感佛。各以初义成顺流无差，各以后义为反流无差，则无差之言含尽无尽。①

如来藏心相收全体，心、佛、众生三无差别，成就同一缘起。所谓"大种无差"正是对众生修行信心的肯定。落实到众生，一人心即可成就总相。按照《起信论》的框架，佛即本觉、众生即不觉。佛之本觉随缘而成世间与出世间，为生灭门；众生与佛体性无差别，随缘不失真性，为真如门。如果否定了心、佛、众生三无差别，即持有"心、佛、众生三有异"的观点，那么便会为无明所染，于虚妄中执取诸法的"异色"为实，故此就无法了解清净的如来藏心普造世间的真相。反之，若无虚妄，便了知真实，"即正合大种无差，兼明观益"。顺逆之间，决定了佛与众生的不同走向。

由此，真妄心境便有了"不即不离"的关系。不即是因为"心即能变，及心体故；身即所变，谓有根身，是识相分及性之相故"。根据外在相状，心体与根身呈现出能变与所变的差别。不离是因为"虽不相住，而依心现境、依体起用，作诸佛事体用不碍，为未曾有"。在佛果位而性起

---

① （唐）澄观：《华严经疏》卷21，《大正藏》第35册，第658页下栏。

第四章　法界缘起的演化

之诸法实相，体用不相妨碍，虽有相状，但不执着于相，实质上并无差别。故而若要真正地了解佛性的无差别，应该观平等一味的"法界性"，"以见法即见佛故"，所有的相状差别、虚妄执着无非"唯心"所造，乃主观上生起的分别所致。"观法界性是真如门，观唯心造即生灭门。是双结也。"澄观认为大乘佛教的所有观法都是以此"二门"为基础的，分化为"真如实观"和"唯心识观"。而观法的能观主体又"唯是一心"，因其"（一心）皆各总摄一切法尽，二谛双融无碍一味，三世诸佛证此为体故"。进一步将观法的核心落脚于心体，突出能观之心必须反观自心，"观此既为妙极"。

在此基础上，澄观借鉴了天台宗"性具"说中性具善恶的观点，将诸佛种性不但理解为相对的，甚至认为如来亦不断性恶，"以妄体本真，故亦无尽，是以如来不断性恶，亦犹阐提不断性善"①。这种诠释角度，显然是拓展了华严宗对于佛性的理解，毕竟在智俨和法藏那里，佛性只是清净本善的、与染绝缘。但澄观并不是认为佛性有恶的成分，他主张如来不断性恶，却不是说如来也具性恶，只是保持了如来具有性恶的可能性，一旦性恶的可能性转换为现实性时，如来也就不再是如来，而是凡夫了，当然，反之亦然，凡夫亦相对增加了修行成佛的可塑性。正如他所说：

> 夫真源莫二，妙旨常均，特由迷悟不同，遂有众生及佛。迷真起妄，假号众生；体妄即真，故称为佛。迷则全迷真理，离真无迷；悟则妄本是真，非是新有。迷因无明横起，似执东为西；悟称真理而生，如东本不易。就相假称生佛，约体故得相收。不见此源，迷由未醒；了斯玄妙，成佛须臾。经云：法界众生界，究竟无差别，一切悉了知。②

以如来藏自性清净心为体，以缘起为用，依主体觉与不觉而显性起与缘起，缘起的性质只取决于主体的选择；法界缘起是性起和缘起的总称，性起与缘起的关系就是一体之两面。澄观依于心体的同一性拓展了佛性的内涵，性起的应用范围也就随之扩大了。众生若觉悟，缘起的世间就是性

---

① （唐）澄观：《华严经疏》卷21，《大正藏》第35册，第658页下栏。
② （唐）澄观：《大华严经略策》卷1，《大正藏》第36册，第704页下栏。

起的出世间，缘起法界的无尽圆融即是世间法现象背后的真相。性起诸法依本性显现，诸法实相便呈现为圆满无尽的现象圆融。澄观梳理和完善了华严宗的法界说，侧重以法界观诠释法界实相。

二　四法界观

华严宗的宗趣是法界缘起，但"法界"本身却是一个很难定义的概念。智俨对"法"和"界"有三种定义：

> 法有三种：谓意所知法、自性及轨则也，此中通三也。界者是一切法通性、亦因、亦分齐也。①

法藏继承了智俨的观点，并改变了法和界三种含义的对应位次，相对详细地解释了法和界的内涵，使之成为定义法界的权威表述：

> 法有三义，一是持自性义；二是轨则义；三对意义。界亦有三义，一是因义，依生圣道故。摄论云：法界者，谓是一切净法因故。又中边论云：圣法因为义故，是故说法界，圣法依此境生，此中因义是界义。二是性义，谓是诸法所依性故。此经上文云法界法性，辩亦然故也。三是分齐义，谓诸缘起相不杂故。初一唯依主，后一唯持业，中间通二释。②

概括地说，法界拥有佛性（净法形成的缘由）、法性（万物的本体）和法相（事法呈现出的差别相状）这三层意蕴，③ 究其实质，即一大总相在三个层面的展开，因此，完整意义上的法界就是诸法实相。就如澄观说：

> 法界者是总相也，包事包理，及无障碍，皆可轨持，具于性分。④

---

① （唐）智俨：《华严经搜玄记》卷5下，《大正藏》第45册，第87页下栏。
② （唐）法藏：《华严经探玄记》卷18，《大正藏》第35册，第440页中栏。
③ 参见方立天《隋唐佛教》，中国人民大学出版社2006年版，第68页。
④ （唐）澄观：《大华严经略策》卷1，《大正藏》第36册，第702页上栏。

法界缘起以称体之大用彰显佛法身境界的诸法实相。

由普贤因位所激发的大解大行，须以趣入佛境界为修行鹄的，如此才可能体悟出此甚深法界的无量妙理，因此趣入法界与诸法实相是同一含义的不同表述。由此，法藏区分法界为能入法界和所入法界，阐明了众生必须依从能入的修行次第趣入对应的所入法界。接着，他又依能、所分别开出三门，从义、类、位即性质、类别和果位三个方面细致地解读了法界的内涵。约义（性质）：所入法界为有为法界、无为法界、亦有为亦无为法界、非有为非无为法界和无障碍法界五层；能入法界为净信、正解、修行、证得、圆满五门。约类（类别）：所入法界为法法界（于中复开事、理、境、行、体、用、顺、违、教、义十门，此十门随顺同一缘起，无碍镕融、一具一切）、人法界（于中复开人、天、男、女、在家、出家、外道、诸神、菩萨及佛十门）、人法俱融法界、人法俱泯法界和人法无障碍法界五大类；能入法界为身入法界、智入法界、身智俱融法界、身智俱泯法界和身智无障碍法界五大类。我们可以看到，法藏对这两种法界的具体分类，都是依据"五位"即信、解、行、愿、证来规范的，揭示出所要趣入法界的本质及其相对应的修行阶段，以及外在层面上，能、所法界呈现出来的事态和境界，可以说，这是从义理和表象即性相两个维度进行的区分。约位（果位），法藏认为在所入法界中，人法万有既被毗卢遮那佛所处的佛果位所收，亦被文殊、普贤所处的因位所摄；能入法界则涉及依佛果位而顿入的上根之人和依因位而渐入的凡夫，此二者的差别也仅针对布教的过程。所入法界的因果二位同时收摄众生，说明众生本然具有成佛的种子，但必须借助文殊、普贤的助力才能激发出自身的潜能；之所以有能入之菩萨和凡夫的区别，也只是从方便布教的目的出发，本质上都是相同的。如此一来，众生的修行都是从果位而起，依解而行、趣果，所有的修行都是一个自证的过程，如此便论证了因果一体，能所亦是不二。

紧接着，法藏从法界的三种基本含义出发，整理出多种复杂且烦琐的分类，由于切入点的不同，所展现出的法界性质也就各有侧重，为了尽可能全面地理解和阐释法界，他对法界的解释散见于著作的各处，目的虽然是好的，可效果上却使其对法界的分析和归纳显得零乱且无条理。澄观借鉴杜顺的法界观理论，整理和归纳了法藏的法界实相说，立足于四个类别对法界进行了分析，以事法界、理法界、理事无碍法界和事事无碍法界组成的"四法界"说总括诸法实相，构建出了华严宗法界缘起思想的重要理论之一。

> 言法界者，一经之玄宗，总以缘起法界不思议为宗故。然法界之相，要唯有三，然总具四种：一事法界、二理法界、三理事无碍法界、四事事无碍法界。今是后三，其事法界历别难陈，一一事相，皆可成观故略不明。①

澄观此句"以缘起法界不思议为宗"，经常为后世学者推崇为华严宗以法界缘起为宗趣的经典表述。缘起法界的不思议境界，就是法界之相。此相不单是万法的差别相状，更是诸法的实相，所以按照凡圣对缘起法界的不同理解，将诸法实相分为四种法界，总体来说，就是对法界实相的四个层次的认识，这是关于本体与现象，以及现象与现象之间关系的概述。另外还需要注意一点，杜顺在《华严法界观门》中并没有提及事法界的内容，澄观对此的解释是由于事相纷繁复杂，无法一一陈述，故不列此名。而宗密则认为，因为世间诸法的本性，即缘起事法相互依存、无独立自性，如果对诸法进行单独的研究，难免会陷入情计之境，这与追求诸法实相的观智立场相矛盾，故而不立事法界。所以我们在《华严法界玄镜》中看到，除事法界外，杜顺的"法界三观"都被澄观改造为"四法界"的后三法界："真空观"对应"理法界"，"理事无碍观"名称不变，"周遍含容观"改为"事事无碍法界"。不仅如此，澄观对于杜顺法界观的改造并没有满足于名称上的变化，他通过对"界"一词的辨析，透露出他将理的内涵由空义拓展为本体意义上的真心、真如，以真如的不变随缘解释"四法界"的理论思路。

"事法名界，界则分义，无尽差别之分齐"，事法就是差别法，事法界即千差万别的现象界的总称。澄观继承智俨和法藏的十会说，用十对范畴概括事法为：教义、理事、境智、行位、因果、依正、体用、人法、逆顺、感应。这十对范畴是其他三观的所依之体，交代了四法界的适用范围。这当然也只是方便的说法，实际上事法指代了现象界的一切事态：山河大川、花鸟鱼虫等世间诸法；小乘教法概括的现象界总合的五蕴、十二处、十八界和四位七十二法；以至于大乘瑜伽行派的四位九十四法等，都

---

① （唐）澄观：《华严法界玄镜》卷1，《大正藏》第45册，第672页下栏。

是对事法的具体表述。

"理法名界,界即性义,无尽事法同一性故",理法就是共性,即诸法的共同本质。但凡事法必含有理法,虽然事法呈现出无尽的差别,但理法同一无异。澄观对理的阐释显然与杜顺之理不尽相同,杜顺在"真空观"中明确地将理界定为空义,澄观虽然也有空义的理解,但并非全然如此,他既说"空谓无性之理",也说"性义约理法界,为诸法性不变易故"。空义,恰如其名,表示诸法随缘而无自性的本质。但约性义,因"不变易"的不动性,理就可以解释为诸法的本体。故澄观将理原本确定的空义改造为性义,理不但是本质,而且还是一个内涵相对模糊的虚位本体,它可以被表述为真心、如来藏、真如等义。对于现象背后的本体之理的探讨即大乘始教的重要理论旨趣,本体应有的不变的绝对性超出了思虑和言语可以作用的范围,故强为之名曰空,或现象性的描述为真如,若依龙树界定的不偏不倚的非言非默、泯绝性相,则可称之为中道。

"无碍法界具性、分义,不坏事理而无碍",理事无碍法界中的界同时具有本质和分齐两义,对理法而说性义、对理事而说分齐,理法蕴含于事法之中,事以理成、理以事显,事法与理法是二而不二的关系,彰显了本体与现象的无碍融通。澄观解释说,之所以冠以理事之名,是为了表明真如的真空、妙有之性,用理法明空,以事法显用,说明在理事无碍观中,理既属空义,同时又具有真如不变随缘的性质。真如不动,即为万物的本体;随缘应用,即缘起一切法。于差别事相中显现平等真如,于平等本体下展示差别现象,由此从理论上便实现了事以理融、理随事显、理事无碍、性相圆融。

"第四法界亦具二义,性融于事,一一事法不坏其相,如性融通重重无尽故。"[1] 在理事无碍的基础上,"事事无碍法界"之"界"亦具有性和分齐两义。其性义依然指向存在于事法中的本质、本体,性相相融;其分齐义表示事法仍旧存在,且不丧失各自相状。因事法无自体,故能以理融事,事法就如同理法一般无碍,可以周遍一切处,含容一切事,进而实现事法与事法之间的无碍。此事事无碍即体现出法界缘起的特征:以事法为主,若举一事,则一切事尽收,于一毛孔、一微尘中即现一切诸法;若举一法为主,余法皆为相伴,诸法互为主伴,主伴相应;法界不起则已,

---

[1] (唐)澄观:《华严法界玄镜》卷1,《大正藏》第45册,第673页上栏。

起则一切法皆起，万法同时相应具足；一多相即相入，事事圆融无碍，即一真法界所展现之境界。

在"四法界"中，澄观为"理"添加了不同于杜顺的新的内涵，使其不但有空义的本质意蕴，还兼有实在的本体性质。在"理事无碍观"的"依理成事门"中，他说：

> 所以（"理望于事"的原因）有二：一由无性故，二真如随缘故，而文有三：初明由无性成。中论云：以有空义故，一切法得成；若无空义者，一切则不成。大品云：若诸法不空，则无道无果。二如波下喻，喻有二义：一上喻无性，由水不守水自性，故而能成波。二下喻真如随缘成故，谓若无水则无有波，若无真如依何法成？三依如来藏，下合于上喻真如随缘，即《胜鬘经》云：依如来藏故有生死，依如来藏故有真如。谓若无真如，将何合妄而成生死？以一切法离于真心无自体故，其如来藏即生死门之真如也。故问明品文殊难云：心性是一，云何见有种种差别？觉首答云：法性本无生，示现而有生。则是真如随缘答。①

理事关系不但显示出空有的本质与现象的关系，而且包含真如的不变为体、随缘为用的内容。就本质和现象而言，只有水的本性是空，因为有空义，诸法才能够成立、波才能产生，诸法不守自性，一切法方可得成。但只有空性、诸法无依身之本也不可行，故就本体与现象来说，由于真如的随缘作用，诸法才能缘起，就如以水为体才有波。澄观反复强调：若无真如，诸法无法成立；依如来藏故有生死，依如来藏故有真如；离于真心一切法无自体。比照《起信论》中，一心开出心真如、心生灭二门，一心即是真如，真如有如实空之真空性、有如实不空之如来藏性，依如来藏而有生灭心。澄观无疑是接受《起信论》的观点，立真心、真如为一切法的本体，如来藏为一切法的本源，以真如的随缘妙用缘起一切法。这样说来，澄观对三重法界观名称的改造倒不完全符合杜顺的原意了。若把理与空义视为同义词，澄观改真空观为理法界倒还说得过去，但改周边含容为事事无碍则似有不妥。周边含容的主词虽然是事法，也可以是更加抽象

---

① （唐）澄观：《华严法界玄镜》卷2，《大正藏》第45册，第678页中栏。

的一或一切，但归根到底还是理，即空义，因为理如虚空故具有周遍、含容两种属性；然若将理解释为本体之真心、真如，真如的随缘妙有而为事法，则事法本身具足如来藏性，这就与杜顺之事法是缘起无自性的假有显然大不相同。因此，虽然两种名称下的"法界说"呈现出的事态是一致的，但杜顺依据的是泯绝一切的空，澄观则依具足法性的事，二者解决问题的路径不再一样，根本上说，澄观的四法界说，与杜顺的三重法界观，在本质上已然不同。

三　一心法界说

除了四法界说外，澄观另外还有两种对法界的分类。一是三法界说：事法界、理法界、无障碍法界（复开事理无碍法界、事事无碍法界）；二是五法界说：有为法界、无为法界、亦有为亦无为法界、非有为非无为法界、无障碍法界。而包括四法界说在内的一切法界，都可以概括为无障碍法界。此"无障碍法界"即是"事事无碍法界"，在澄观的法界观中，它也是真界、一真法界、真法界、一心法界等的别称。他认为一真法界统摄一切法：

> 种种因果依正等法，究竟皆归一真法界，犹万物芸芸各归其根，百川滔滔朝宗于海，是故经云：平等真法界，无佛无众生。[1]

在《华严经》中，一切万法都归一真法界所有，法界内诸法皆一味，佛与众生究竟平等，没有孰优孰劣的分别。犹如大海是百川的最终归宿一般，一真法界之于万物而为其根本，故而言之，一真法界不仅具有诸法实相的意蕴，同时也是一切法的本体。

> 为圣智境而二智不知，唯证所见而五目亡照，解之则廓尔大悟，迷之则生死无穷。[2]

凡圣的差别不是别的，就在于能否证悟一真法界，法身就是法界。一

---

[1] （唐）澄观：《华严经行愿品疏》卷1，《续藏经》第5册，第50页下栏。
[2] 同上书，第62页上栏。

真法界作为生佛的同一观照对象，本来是"体绝有无，相非生灭"的，但众生以差别智作种种分别，执取一一事相为实有，故法界就是众生界；佛智了知一切，知诸法一性，一味平等，故众生界就是法界。所以《华严经问明品》云："法界众生界，究竟无差别，一切悉了知，此是如来境。"既然一真法界是本体，那么它与一心之间又是怎样的关系？澄观对这一问题的解释是模糊的，他没有像宗密一样，明确地将一真法界确立为心，而是通过改"一真法界"为"一心法界"，令心与法界具有等同的地位：

> 一心法界，具含二门：一心真如门，二心生灭门。虽此二门皆各总摄一切法，而此二门，亦不相离，亦无杂乱。①

这几乎就是《起信论》中一心开二门的原文，只不过将一心换成了一心法界。由此可见，在澄观的理论中，虽然表述本体的概念会时常发生变化，根据不同的语境而有相应的词汇，但概括来说，他对于本体的理解，落脚点还是如来藏自性清净心，或说自性清净圆明体。正如他说：

> 寂寥虚旷，冲深包博，总该万有，即是一心。②

"寂寥虚旷"的如实空义和"冲深包博"的如实不空义，分别表述如来藏心的清净本性和具足无量功德，真心即体即用，不但是万法缘起所依之体，更是生成诸法的直接原因。

> 一切诸法真心所现，如大海水举体成波，以一切法无非一心。心无碍故，大小等相随心回转，即入无碍。③

以一切法皆是一心，真心无碍，故万法得以呈现出无尽圆融的缘起实相。

这样一来，澄观以一心的总该万有保证了诸法的相融无碍，与法藏在

---

① （唐）澄观：《华严经行愿品疏》卷1，《续藏经》第5册，第62页中栏。
② 同上书，第62页上栏。
③ 同上书，第59页中栏。

解释同一问题时的论证基点已有不同。主要表现在两个方面:

第一,论证路径的不同。法藏侧重于事法间的类比推理,从事法的法体、力用角度,分析诸法相即相入的缘由,线索是现象层面的事法对事法的关系。澄观则将推导的立足点放到真心本体上,以一心具有的内在统摄性质作用于缘起法界,使之圆融无碍,线索是本体层面的理对事的关系。前者是一对一,后者是一对多。

第二,论证方式的不同。法藏立足于事法的类比推理可以有效地说明缘起法界的无碍景相,在满足缘起法界的无尽要求时,含蓄地借助了理法的贯通作用,而此理法也仅是一种静态的真理义,因此法藏以事法为基点的论证是一种二元的静态推导。澄观从一心本体的视角出发,以心的本体义保证理融于事,成就事法间的无碍义;以心的生成义保证事融于理,成就事法间的无尽义。由此真心遍摄事法,事法全融于真心,表现出一种一元的动态推导体系。前文已述,法藏不是没有谈及真心、真如的动态性,他曾批评唯识学的圆成实性为凝然不动,在他理解中,真如可以不变随缘,就具有动态的意义,直接指向真心的能生性。只是相较于澄观,后者受禅宗荷泽系的影响,主要侧重于应用真心的能动性开展对缘起法界圆融无碍之性质的讨论。不仅如此,针对真心的能动性,澄观还赋予其以更多的内涵。他在回答顺宗关于佛法要义的提问时总结道:

> 至道本乎其心,心法本乎无住。无住心体,灵知不昧;性相寂默,包含德用;该摄内外,能广能深;非有非空,不生不灭;求之不得,弃之不离。迷现量则惑苦纷然,悟真性则空明廓彻。虽即心即佛,唯证者方知。[①]

真心不但具有生成万法的能力,还有"灵知不昧"即反思的能力。虽然灵知不昧的主体是一心,但最终受用者还是众生,明确众生具有灵知不昧的真心,使得众生由不觉、经始觉趣向觉悟的修行过程更具学理依据。不过,澄观没有展开对真心能知性质的阐释,这个理论任务,由宗密承接了下来。

---

① (唐)宗密:《华严心要法门注》卷1,《续藏经》第58册,第426页上栏。

第二节　法界缘起理论的终结

宗密是禅宗荷泽系的传人，但不像一般禅师一般只受禅行，不讲经论。他师从澄观而为华严教僧，兼通禅教。由于痛心于禅教之间的隔阂和分歧，故以和会禅教为出发点，广判佛教为三宗三教；同时以深厚的知识积淀，旁征博引，站在佛教为本位的立场上融合儒释道三教。通过确立一心为本体，继承了澄观的法界说，建构起以心学为基础的法界缘起理论。

一　一心之于缘起的选择

宗密的缘起思想不但继承了智俨之后的法界缘起说，同样分缘起为染缘起和净缘起两门，而且对染、净二者进行了更加细致的分析。不过他对性起说展开了颠覆性的解说，从性起中抽离出了净缘起，用广义的缘起统摄了狭义的净缘起，拓展了缘起的内涵，安置性起与缘起为世间诸法的两个侧面，视二者为"一心二门"的不同表呈。其理由在于，宗密明确地认为是"一法界心"生成的诸法，总开缘起的形式为性起和缘起两门。

>"资"者，假藉之意。无有一法不是本心所现；无有一法不是真界缘起；无有一法先于法界。由是万法资假真界而得初始生起也。然一法界心成诸法者，总有二门：一性起门，二缘起门。①

缘起须借由条件，此真界也就是万法缘起所倚之"资"。性起之"性"即真界，亦即法界性、真性；"起"即万法。"法界性"全体起用生成一切诸法。宗密通过批判法相宗否定性起说的观点，清晰地表达了他对华严宗性起说的理解：

>法相宗说真如一向凝然不变，故无性起义。此宗（华严宗）所说真性，湛然灵明，全体即用，故法尔常为万法，法尔常自寂然。寂然是全万法之寂然，故不同虚空断空顽痴而已；万法是全寂然之万法，故不同遍计倒见定相之物，拥隔质碍。既世出世间一切诸法全是性起，则性

---

① （唐）宗密：《华严经行愿品疏钞》卷1，《续藏经》第5册，第222页中栏。

外更无别法；所以诸佛与众生交彻，净土与秽土融通；法法皆彼此互收，尘尘悉包含世界；相即相入，无碍镕融，具十玄门，重重无尽，良由全是性起也。故《还源观·五止门》中，第三"性起繁兴法尔止"文云："依体起用，名为性起；起应万差，故曰繁兴；今古常然，名为法尔。"既云今古常然，即知不待别遇外缘牵之，本来法尔常起也。纵诸缘互相资发，就此门中，缘起亦成性起。约此义故，诸佛常普遍一一尘中说华严法界，永无休息，故晋经有《性起品》也。①

"一真法界"的体性全体起用而显现为迷悟、染净、有情、无情等一切诸法，真性的"湛然灵明，全体即用"，使得诸法"常为万法，常自寂然"成为可能。"寂然"是全体万法的寂然，与源自无明而区分出的虚空、断空不同；"万法"是全体寂然的万法，也不同于因为遍计、颠倒的妄想而产生的定相之物。既然世间、出世间一切诸法全是性起，法界之外，更无其他诸法的立足之地，因此诸佛和众生交彻、净土与秽土融通，法与法之间可以彼此收摄，微小的尘埃也能够包含整个世界。诸法借由性起而相即相入、无碍镕融，皆具十玄门，以至重重无尽。

由此可见，宗密打破了华严宗对于性起说的原有理解，借由万法之本原——本心、法界——的本体性地位，直接着眼于根源，将性起理解为生成世间、出世间一切万法的原因，不同于以往区分性起与缘起的二分式诠释。那么，如果万法皆由性起，又如何安放缘起说呢？缘起说是否便丧失了存在意义呢？宗密当然不会取消缘起说的合理性，他之所以要强调性起是本心、真界的称性而起、全体即用，就是为了揭示出遮蔽于众生的诸法实相，并进而探讨众生"无知"的原因：众生之所以看不清、悟不透这一实相，皆因无明而起的执念所致，由此便有了缘起的世间诸相。

缘起分染缘起和净缘起。

> 染者，谓诸众生，虽中全有如上真性，及性所起过尘沙之善法，良由迷之，不自证得，便颠倒遍计别执过尘沙之恶法，故云染缘也。②

---

① （唐）宗密：《华严经行愿品疏钞》卷1，《续藏经》第5册，第222页中栏—下栏。
② 同上书，第222页下栏。

所谓"染",指众生与佛无异,本具清净真性,本质上都是性起的善法,可惜痴迷而不自知,颠倒真妄诸法,并于不洁净之恶法中生起执念,念念相继,遂有染缘起。依据"染"的程度和表象,复开"无始根本"和"展转枝末"两门。

> 根本者,谓独头无明也。言独头者,迷本无因,横从空起,不同余法展转相因。此复有二:一迷真,二执妄。迷真者,不识自体法身真智故,《十地品》云:"于第一义谛不了,故曰无明。"执妄者,即不识本自身心即法尔自然,别执妄心及一切质碍诸法也;故《圆觉经》云:"妄认四大为自身相,六尘缘影为自心相",故名无明也。①

"无始根本"即指大名鼎鼎的"无明",无明——所"迷"之因冥然自起、不知其始,又称"根本无明",以它为起点,不同诸法辗转相生、互为资助;所"迷"之果分为两重表现,不知道自体本有法身真智是"迷真",它正是"迷"的"始基",与"第一义谛""水火不容";在"迷真"的基础上,执着妄心及一切有质碍的诸法就是"执妄"的无明。

> 展转枝末者有三种:一、由前独头无明故,起种种烦恼;二、由烦恼故,造种种业;三、由业成故,受六道种种生死诸苦果。故《佛名经》云:"独头无明为烦恼种",又云:此三障者,"更相由藉,因烦恼故,以起恶业,恶业因缘故,得苦果。"②

这三种染缘起逐层展现了由无明而起,经烦恼、业、果三者辗转相生的苦世间诸相。无明生起烦恼三粗相,即贪嗔痴。错误地认识四大、五蕴为自身心、并沉浸于世间一切荣乐事物,是谓贪;遇到不顺心事就会产生怨恨、害怕损伤利益的情况,是谓嗔;不明事理、寄情于种种邪见、邪知,是谓痴。众生执着于此三烦恼相,便会生起造作,造作就是业。当然,业也有善

---

① (唐)宗密:《华严经行愿品疏钞》卷1,《续藏经》第5册,第222页下栏—223页上栏。
② 同上书,第223页上栏。

恶之分：若计较于自身的利害得失而为非作歹，即造十恶业①；若贪求来生的荣华富贵的果报，即造诸善业②；若厌倦了世间苦恼、产生离苦得乐的信念，即修四禅八定不动业。不过由于烦恼是诸业根源，纵有恶、善、不动的不同划分，也逃不出烦恼所累，皆为"有漏染业"。因果相继，造作便有业报，受报又与前业一一相应：恶业产生地狱、恶鬼、畜生等种种苦报；善业产生四洲③及六欲天④等种种乐报；不动业产生色界四禅⑤、无色四空⑥等种种差别果报。由众生所受业报之身扩展至万千世界，则有：

> 所受苦乐之身，是别业正报；所居胜劣器界，是共业依报；既未返本还源，并非究竟。由是三界五道、妙高铁围、四海七金、日月水陆、山河大地、万象森罗，丘陵坑坎杂秽充满，十方各各差别，乃至三千大千世界，如是无量无边品类有情即生老病死，器界即成住坏空，劫劫生生，迁流不绝，皆是染缘起也。故《大经》云："心如工画师，能画诸世间，五蕴悉从生，无法而不造。"又，《不增不减经》云："法身流转五道，名曰众生。"《胜鬘经》云："不染而染。"《起信论》云："无明熏真如，成诸染法等。"⑦

与染缘起相对，去染还净的过程，即为净缘起，又有"分净"和"圆净"两种。"分净"即声闻、缘觉及权教的六度菩萨。所谓声闻，即

---

① 十恶业是一杀生、二偷盗、三邪淫、四妄语、五两舌、六恶口、七绮语、八贪欲、九嗔恚、十邪见。

② 善业有多种表述，如五戒十善，与恶业相对。

③ 四洲，即东胜身洲、南赡部洲、西牛货洲、北俱卢洲。东胜身洲其状如半月形，因其人身形胜，名胜身洲；南赡部洲其状上大下小，如同人面，亦称南阎浮提，阎浮即赡部树，此洲有此树故名，人的世界，即在此洲；西牛货洲其状周圆，其地多牛，以牛为货易，故名牛货；北俱卢洲其状方正，此洲人寿皆千岁，衣食自然，惟无佛法，故列为八难之一。

④ 六欲天，因欲界有六重天而得名，分别是：四天王天、忉利天、夜摩天、兜率天、乐变化天、他化自在天。其中四天王天在须弥山之半腰；忉利天在须弥山之顶，故名"地居天"；夜摩天以上，因依空而住，故名"空居天"。

⑤ 色界四禅，指色界诸天所分的四禅，即初禅、二禅、三禅、四禅，修四禅定的人所得之正报。

⑥ 无色四空，也称四无色、无色界、四空处，即空无边处、识无边处、无所有处、非想非非想处，是修四空处定的人所得之正报。

⑦ （唐）宗密：《华严经行愿品疏钞》卷1，《续藏经》第5册，第223页上栏—下栏。

听闻小乘教，对于犹如火宅般的前三界（欲界、色界、无色界），心生厌患、意欲出离，故而勤修五停心观①、七方便②等以断除四谛中的分别烦恼；得初果后继续进修，逐渐断灭俱生③烦恼，及至证得阿罗汉果，即获四果、四向④。所谓缘觉，也是不安于前三界的苦患，相较于声闻，根性更猛利，可在无佛之世依靠自己的觉悟而成辟支佛。宗密认为：

> 然上二乘，唯除我执，未除法执；唯断烦恼障，未断所知障；唯证生空，未证法空。⑤

声闻、缘觉二乘虽断我执，但止步于法执，故云"分净"。依据华严宗之判教理论，他指出所谓权教菩萨虽破法执，但没有听闻圆顿实教，只固守于所习修的权宗，也不能证悟究竟实果。

> 权教菩萨等者，闻定五种性⑥，定三乘教，信唯识理，不执我法；发三心⑦四愿⑧，修六度⑨万行；断二障，证二空，即三贤⑩、十圣⑪，

---

① 五停心观，指声闻乘在入道之初修习的五种观法，能使五种过失停止于心。分别是不净观、慈悲观、因缘观、念佛观和数息观。

② 七方便，又名七方便位、七贤，指声闻乘在见道之前的修行位，分别是五停心观、别相念住、总相念住、暖法、顶法、忍法、世第一法，前三是三贤位，后四是四善根。

③ 分别烦恼与俱生烦恼，指两种烦恼。前者因邪师、邪教、邪思维而起，迷惑性强，但较易断除；后者因思绪活动而与生俱来，表现不明显，反而更难断。

④ 四果和四向，前者指声闻乘的四种果位，后者指趋向于此四种果位，与四果相应。四果分别是即须陀洹果、斯陀含果、阿那含果、阿罗汉果。

⑤（唐）宗密：《华严经行愿品疏钞》卷1，《续藏经》第5册，第223页中栏。

⑥ 五种性，指《璎珞经》中所说的六种性，除第六妙觉性为果性外，其余因位种性为五种性。即一习种性、二性种性、三道种性、四圣种性、五等觉性。

⑦ 三心，指《观无量寿经》中能够往生彼国的三心，即一至诚心、二深心、三回向发愿心。

⑧ 四愿，也称四弘誓愿，是诸菩萨所立的总愿，即众生无边誓愿度、烦恼无尽誓愿断、法门无量誓愿学、佛道无上誓愿成。

⑨ 六度，即六波罗蜜，指从生死苦恼的此岸度到涅槃安乐的彼岸的法门。分别是一布施、二持戒、三忍辱、四精进、五禅定、六般若。

⑩ 三贤，指大乘修道的过程，从凡至圣的五十二位中，其中十住、十行、十回向的诸位菩萨。这是别教的说法，意指诸位菩萨但断见思惑、尚有无明惑，未入十圣位。

⑪ 十圣，即十地的菩萨，与三贤相对，能够了知心中念相、现起未灭之心。

若身若智及诸功德并所居国土也。①

权教之"权"即在于诸法实相的二元对立:但云圣净、凡不净;断障后方净、未断时不净;秽土不净、别有净土等,宗密认为割裂凡、圣为截然不同的两重并不符合究竟圆满的教法,故权教亦是"分净"。

与"分净"相应则有"圆净",复有"顿悟"和"渐修"二门。宗密认为,要有"圆机"——圆顿的机根才能听闻圆教(华严宗)义理,由顿悟此圆教之理才能了悟诸法实相:一切众生皆如来藏,并无八识生灭之种;烦恼生死即为菩提涅槃,一切国土呈现出的种种染相本性实空,无非净土;初发心时便成正觉,见一切众生皆亦如是。此诸法实相便是"法界",顿悟时彻于法界,便可见自身与他者都是清净无染的,避免迷真执妄的歧途,故以"顿悟"对治"根本无明"。既然藉机圆顿可以悟解实相,为何还要"渐修"呢?宗密将之归因于众生历尽多劫所养成的颠倒妄执的习性,即使顿悟也难顿尽,故而须"背习修行"以契合本性。此"背习修行"不但凸显了修行的重要性,更含有化染成净的意蕴,强调众生修心之路并非坦途,更应精进勇猛!"背习"就要"离过","修行"指向"成德",所以"渐修"复开此二门。"习"与"过"相通,皆指"展转枝末"的三障,"离"就是:既然自识真净法身、灵鉴真心,就不应妄认四大缘虑之躯体;如果不再认为此身由烦恼而成,贪嗔等烦恼就会自动息灭;一旦贪嗔息灭,即不造业;既无有业,三界、六道的苦乐果报也就不再有了。故以"离过"对治"三障"。若无烦恼障碍,称性修行便能显发真性之尘沙功德妙用,是谓"成德"。"离过"与"成德"虽有论说过程的前后之分,但宗密特意强调了二者在时间上的同一性:

> 然非谓先离过尽,然后成德;即心境离过之时,即称性念念圆修万行,念念圆成万德;故虽初发心,便同正觉而不碍行布,行位历然。然且行行交参,位位融摄,因该果海,果彻因源;断障,即与一切众生同体普断;成佛,即与一切众生同体普成。②

---

① (唐)宗密:《华严经行愿品疏钞》卷1,《续藏经》第5册,第223页中栏。
② 同上书,第223页下栏。

相较于权教，圆教之"圆"即在于烦恼与菩提的相即不离、此消彼长，其中蕴含的转化思维也正是中国佛教最为精妙的部分，不仅华严宗，天台宗、禅宗等皆有此类表述，不再赘言。既然"圆净"如此圆满，为何不称其为"性起"而依然立于"缘起"呢？宗密认为，缘起之"缘"尚处于"因"位，"闻圆教，信圆法，发圆解，起圆行，圆除诸障，圆证法界"等皆是因，藉此诸因修证，故言缘起；及至证得正觉，即见凡圣皆然，圆满本净，故称圆净。由此，净缘起在对治染缘起的过程中，随着次第性不断趋向圆满，意在与性起相合。

宗密与前人的看法一致，都是以性起作为法界缘起的特征，只是性起和缘起之间不存在谁包含谁、谁等于谁的问题，而是相对的、转化的关系。不管是染缘起还是净缘起，缘起边都是以众生所在的世间为对象，包括一切认知和行为。净缘起的存在意义不仅是为了对治染缘起，更是为了契合性起，使众生由染污的一端转向清净的另一端，将清净本觉的潜在性转化为现实性，实现从不觉到始觉、最后到觉悟的过程。性起边则体现了世间和出世间的诸法实相，万法无须借助他物或者是出于何种目的，而是依靠清净的本性就能够生起。所以从本质上来说，净缘起并不是性起，它更像是沟通真妄世界的桥梁、融合性起与缘起的推手。那么二者为什么能够融合？宗密对于这一问题的解释延续了前人的思路，他认为性起与缘起的本体都是一心，二者是一体两用的结果。实际上，性起与缘起只是诸法生成的两种途径、两个侧面，正是无明导致了众生无法意识到二者的一致性。如果从法界中诸缘之间互相资发的角度来说，缘起亦成性起。与澄观的观点相比较，一方面，宗密更加强调了修行主体的能动性，凸显出净缘起在由迷转悟过程中的重要作用；另一方面，真心不具性恶，无明才是全部恶业的来源。从这种唯心观出发，世间万法都是真心所现，诸法的缘起实相也必然包含于一心之中，表现为"总该万有"的一真法界。

二 "总该万有"的一真法界

宗密继承了澄观对法界的分类，在他的体系中，大致有三法界和四法界两种说法，具体内容不出澄观之外。与之相比，最大的不同就是直接认定理法界为本体真心："理法界也，原其实体，但是本心"。同时，用一真法界统摄四法界，明确地将一真法界的本质等同于一心，表达出万法唯心回转的观点。他借澄观的名义说："统唯一真法界，谓总该万有，即是一心，心融万有，便成四种法界。"①

法界虽有多种，但统而示之，只是一真法界。一真法界也称为真界、真如法界，它统摄了包括佛性、法性、法相在内的一切事态，既是诸法的缘起本原，同时也体现着诸法实相。

宗密对法界即真心的分析是周密而细致的：

> 大哉真界，万法资始。包空有而绝相，入言象而无迹；妙有得之而不有，真空得之而不空；生灭得之而真常，缘起得之而交映。我佛得之，妙践真觉，廓净尘习；寂寥于万化之域，动用于一虚之中；融身刹以相含，流声光以遝烛。我皇得之，灵鉴虚极，保合太和；圣文掩于百王，淳风吹于万国；敷玄化以觉梦，垂天真以性情。是知：不有太虚，曷展无涯之照；不有真界，岂净等空之心。②

缘起法界的圆融无碍就是一真法界的具体展开。其性质表现为：既是"体绝有无"，超然于有无的分别，滋生万有且遍在一切处；又"寂寥虚旷，冲深包博"③，无声无色、虚无空旷、玄奥幽微且含容一切法。"一真法界"为何能成为诸法缘起之"资"呢？如果我们将缘起与性起看成是诸法生起的原因，那么宗密从"包遍离情"和"妙用自在"两方面便进一步解释了缘起实相的"体相"及其合理性。就"包遍离情"而言，以所诠和能诠的角度来理解一真法界"包空有而绝相"和"入言象而无迹"的两种属性。"包空有"又分为"包虚空及万法有"和"即一体而说空有"。前者从形上之体性的层面，说明"性虽包空而性非空，空融同性是绝空相；性虽包有而性非有，有融同性是绝有相"④。一真法界的体性是即空即有的，空为真空，真空才能不阻挡任何功用的施展；有为幻有，幻有才能不妨碍空的融通性。即空有为一体的一真法界双包二者而呈现绝言之相，是故能诠是"双包"之理，则所诠是"绝言"之相。后者从形下之个体的层面，说明"性无一物，即名包空；而灵心不昧，即绝空相"。

---

① （唐）宗密：《注华严法界观门》卷1，《大正藏》第45册，第684页中栏。
② （唐）宗密：《华严经行愿品疏钞》卷1，《续藏经》第5册，第48页中栏。
③ 同上书，第62页中栏。
④ 同上书，第224页上栏。

一真法界的个体本具万德,"德"即是有、故说"包有",如明镜中映照出的万象;"德"即是"性"、"性"如前义是绝言之相,如明镜能映现万象,要求明镜本身是空无一物的。由此说明了一真法界的"包空有"而"绝言相"的性质。那么既然"绝言相",是否就可以取消名言的意义呢? 从宗密的理解来看,他非但没有否认言说的必要性,强调说"含者亦含能诠,遍者亦遍所诠",将"诠"即言说周遍于对一真法界的解释中;又从"入言象而无迹"的维度,即具体言象的方面,厘清了何谓"绝言相",如他所说:"言象之义,此明真性不离言教之中,然且绝踪迹也。"因此,与其说宗密意在"绝言相",莫若说他是在重申"不执"言相的重要性。真性犹如水遍入水波之中,不会呈现出独特的水相;又犹如不同人进入房屋中,各人有不同相貌。真性的实质是共同性,一真法界"包有"性空即为真性,真性绝于言相故能遍于万法,是谓"入言象";又绝于言相故无形相可得,是谓"无迹"。如此,若能知晓一切皆真界、不空不有,便能于一切诸法中"妙用自在",明"不空",自然不会舍弃修行;明"不有",自然不执取于诸法的特殊相状。在这个意义上,才能实现不言而言、不诠而诠的教化之用。而一真法界的缘起诸法,皆含"寂照"的"绝言"与"妙用"之功能,即使如一微尘也是"寂照"具足的,由此,一微尘也就是法界,故而能含一切法入自体之内、又能入一切法之中、交相映入,微尘尚且如此,一切便皆如此,从而实现重重交映而无尽的景象,如明镜般交互映入:

镜明而复净,故能现多镜入己一中,此一镜又入多镜之内,交相映入;一镜既尔,余镜皆然。[①]

诸法圆融的根据即一真法界,宗密借鉴了《起信论》的观点,将一真法界直陈为如来藏自性清净心,于中开出真如、生灭二门,此心既然是一真法界,也就成了诸法的本体、体性。万法藉真界而显现,从生成论的角度来说,诸法从本原上就是由一心所生起,所以他说:

无有一法不是本心所现,无有一法不是真界缘起,无有一法先于

[①] (唐)宗密:《华严经行愿品疏钞》卷1,《续藏经》第5册,第224页下栏。

法界。①

真界缘起即一心生成，所谓生成，也就是借由缘起与性起两种形式。真心生成诸法，表示真心之于诸法而言是先在的。在一真法界中，其先在性表现为逻辑上的在先，时间上的同时性，体现了由心、真界到万法这样一种逻辑上的先后与时间上的同时的关系。也就是说，真心所具有的体性，诸法也应一并具有，法界缘起即是真心之体的起用，万法呈现出同时具足、相融无碍的景象。他在此处批判了权教（主要指唯识宗）以八识为心的观点，他认为此心（八识）仅有生灭作用，却缺乏德性，生灭之法都具有的三性（遍计所执、依他起、圆成实）实乃方便的说法，唯有真心才是真常的体性。

> 若直论本性，即非真非妄，无背无合，无定无乱，谁言禅乎？况此真性非唯是禅门之源，亦是万法之源，故名法性；亦是众生迷悟之源，故名如来藏藏识；亦是诸佛万德之源，故名佛性；亦是菩萨万行之源，故名心地。②

宗密从不同切入点，将真心等同于佛性、如来藏、法性等诸本体概念，视其为统一的本体范畴，围绕着它建构起缘起理论。真心的体性是清净空寂的，等同真界，真心体性的空寂决定了缘起诸法的体性空，故诸法的体性也本来空寂，等同虚空。"谓初唯一真灵性，不生不灭，不增不减，不变不易"，真心是永恒不变的存在，具有"无所从来、亦无所从去"的不变性。法界中的全体诸法，在佛智的观照下，顺应自身体性而生起，相应具足，没有时间上的先后顺序，同时显现，就如十玄门之同时具足相应门展现出的诸法实相。

如此一来，缘起法界的举体呈现，完全取决于真心的示现。诸法全是一心所证，一心全是诸法的一心，性相圆融，一多自在，因此诸佛与众生交彻，净土与秽土融通。缘起法界在名义上虽然是毗卢遮那佛智慧照见的诸法实相，然实则众生心的一念表呈，这就相当于把众生与佛等而视之。

---

① （唐）宗密：《华严经行愿品疏钞》卷1，《续藏经》第5册，第222页中栏。
② （唐）宗密：《禅源诸诠集都序》卷1，《大正藏》第48册，第399页上栏。

> 一切有情皆有本觉真心，无始以来常住清净，昭昭不昧了了常知，亦名佛性，亦名如来藏。①

实际上，一真法界之一心也就是诸佛与众生同源的清净真心，本无差别，诸法法相表现出的千差万别，根源就在于众生心的觉与不觉。

> 灵觉真心，清净全同诸佛，故华严经云：佛子，无一众生而不具有如来智慧，但以妄想执着而不证得，若离妄想，一切智、自然智、无碍智，即得现前。便举一尘含大千经卷之喻，尘况众生，经况佛智。②

一旦有情众生觉悟到自身本具的真心，初发心即成正觉，缘起实相随即呈现出华藏庄严世界海的景象。事法与事法彼此互收，细小如微尘亦可容纳广大世界，万法相即相入，无碍融通，展现出无尽圆融的现象世界。此诸法实相无不是众生心的展现，了悟与否唯在一心。那么，众生心为何能够自我觉悟？这就涉及真心的另一个特征，即灵知不昧的认知能力。宗密结合禅宗荷泽系的心学理论，深入剖析心体的内涵，扩展了真心的性质，为建构心学本体论奠定了基础。

三 灵知不昧的一心本体

真心的体性空对应着诸法缘起义的本性空，随缘妙用的能生性也是万法生起的德性本体，但宗密对于真心的分析不止于此，他着力强调真心的灵知性特点，关注于对真心灵知不昧性质的解读，完善了澄观未竟的观点。

> 妄念本寂，尘境本空，空寂之心，灵知不昧。即此空寂之知，是汝真性，任迷任悟，心本自知，不藉缘生，不因境起，知之一字，众妙之门。③

---

① （唐）宗密：《原人论》卷1，《大正藏》第45册，第710页上栏。
② 同上。
③ （唐）宗密：《禅源诸诠集都序》卷1，《大正藏》第48册，第402页下栏—403页上栏。

真心既是不变的空寂之体,也具有了了不昧的灵性。所谓空寂,乃《起信论》所表达的如实空,它不是物理意义上的虚空,而是主观上没有造作分别的真实空,真心以灵明的、常住的不空之体为性,此性就是灵知之性,灵知是真心所本具的能知的性质。既然一真法界内诸法平等,如果真心有能知的灵性,所知又是什么?这样岂不是就有了分别之智?宗密自问自答地解释道:

> 此言知者,不是证知,意说真性不同虚空木石,故云知也。非如缘境分别之识,非如照体了达之智,直是一真如之性,自然常知。①

所谓证知,乃以识为心,心识分别之后的能知;灵性之知则是自然之知、直觉之知,换言之,是以真心自身为认知对象的自我觉知、是反求诸己的反思,正如《起信论》所言:"真如者,自体真实识知。"真心不是凝然不动的单有空寂之体,而是具有昭昭不昧、了了常知的灵性,确切地说,它是一种自我认知、自我反思的能力,是一种智慧。那么,不动的真心之体,怎么会具有能动的灵知之性?宗密借用了中国传统哲学,特别是魏晋玄学中体用关系的思想,结合澄观和菏泽系的观点,以"寂"指代真心的自体,"知"表达真心的自性,从即体即用的角度解答了这一问题。

> 寂是知寂,知是寂知。寂是知之自性体,知是寂之自性用。故清凉大师云:灵知不昧,性相寂然。又云:以知寂不二之一心,契空有双融之中道。……荷泽云:即体而用自知,即知而体自寂。名说难差,体用一致,实谓用而常寂,寂而常用,知之一字,众妙之门。②

灵知是依真性的空寂之体而起用,乃真心的自性用,相对而言,真心的随缘妙用,则直接导致了万法的产生。

> 然此真心有二种用:一自性用,二应用。今言知者,即自性用,

---

① (唐)宗密:《禅源诸诠集都序》卷1,《大正藏》第48册,第404页下栏—405页上栏。
② (唐)宗密:《圆觉经大疏释义钞》卷1,《续藏经》第9册,第468页上栏—中栏。

不待对缘，本自知故；应用者，即一切分别，种种心识，差别智慧，及一切所作，为成办一切事业，以必待对缘方发现故，方能成办故。①

真心展现出的随缘妙用的一面，是万法得以生成的缘由。灵知是真心的本体之用，即不待缘而自觉作用，故为自性用；万法则是缘聚则生、缘散则灭的，是依待外缘才能生起，故是真心的随缘应用。真心之体、自性用和随缘用之间的关系就如同铜镜一般：镜的材质为铜，此为镜之体；镜面本身明净光滑，此为镜的自性用；镜子可以映照出影像，此为镜之随缘用。一体之两用：自体不变、自性用不待缘、随缘用待缘，二用依体而成立。又依据随缘不变和不变随缘的思路，保证了体用、性相之间既各自成立又相互满足。

若能分辨真心的体用关系，则可以理解真心随缘妙有是从体而起用，体性空寂、灵知不昧又随缘应用；一切法即是真心的自性：

此心现起诸法，诸法全即真心。如人梦所现事，事事皆人；如金作器，器器皆金；如镜现影，影影皆镜。②

真心起用，则种种法随之现起，以法相的形式存在着，而且是同时现起、具足法性，彰显了法界缘起的圆融无碍，重重无尽。

谓六道凡夫、三乘贤圣，根本悉是灵明清净，一法界心性，觉宝光各各圆满。本不名诸佛，亦不名众生。但以此心灵妙，自在不守自性，故随迷悟之缘，造业受报，遂名众生，修道证真，遂名诸佛。又虽随缘而不失自性，故常非虚妄，常无变异不可破坏，唯是一心，遂名真如。故此一心，常具真如、生灭二门，未曾暂阙。③

就这样，宗密以真心本体穷尽了诸法的所有事态，亦将之作为世间一切现象的解释原则。事事无碍的诸法实相本以"事法空"为推理论证的

---

① （唐）宗密：《圆觉经大疏释义钞》卷1，《续藏经》第9册，第468页中栏。
② （唐）宗密：《禅源诸诠集都序》卷1，《大正藏》第48册，第405页下栏。
③ （唐）宗密：《禅源诸诠集都序》卷2，《大正藏》第48册，第409页上栏。

立足点，被最终改造为依众生心的主观判断为量度，缘起法界无尽的现象圆融能否实现，完全取决于有情众生的一念之间。赞宁评价宗密的理论为：

> 皆本一心而贯诸法，显真体而融事理，超群有于对待，冥物我而独运矣。①

真可谓是一语中的。其所撰写的二百多卷论著，可以说都是围绕着真心这一核心概念展开的，这种理论旨趣也为禅教融合提供了本体论基础，自此以后，华严宗的本体论就没有新的理论创新了。

---

① （宋）赞宁：《宋高僧传》卷6，《大正藏》第50册，第742页上栏。

第五章

法界缘起之特色分析

行文至此，我们完成了对法界缘起思想发展脉络的梳理工作。综合前文所述，依据对法界缘起理论的阐述和分析，我们看到，它在本体论、现象论、人生论和修行实践论等方面都具有极其丰富的理论内涵，非常值得我们展开进一步的思索和探讨。从智俨开始，华严宗法界缘起思想的核心概念发生了一系列转化，由空至理、再到心，这种转换是借以本体概念逐步厘清的方式呈示出来的。同时，在探讨缘起法界的诸法实相时，华严宗人以无尽的现象圆融为法界缘起的理论特征，体现出肯定现实的价值取向。伴随着核心范畴的转移和诸法实相的展现，法界缘起思想也表达出观法即教法、教相理论与践行功夫融合的思想意蕴，高扬了众生的主体价值。

第一节 空、理、心——法界缘起核心概念之转换及演进

吕澂曾认为，法藏深受《起信论》的影响，对于不变随缘的心真如的使用十分含混，既将之作为真理，即"单纯的'理'性"使用，又把它看成是心体，即"具体的'心'，心的本身"，"但（心真如）究竟是指理还是指心，《起信》中就没有很好的说明，所以在'真如门'中有'真如'，在'生灭门'中也有'真如'。这都是一些未得解决的问题。正因如此，贤首跟着论讲，也就十分含混"。[①] 其实不仅是法藏，宗密之前的华严宗人，对于本体范畴的理解并不是一成不变的，相反，却一直存在着某种程度的混乱，主要就体现在混淆了本质与本源，往往不加区分地使

---

① 吕澂：《中国佛学源流略讲》，中华书局1979年版，第201页。

用同一本体概念指代这两层含义。及至宗密以真心为本体,内在地统摄了本质与本源,将真心置于最高权威的地位,遂使华严宗的本体论得以清晰。伴随着这一问题的解决,法界缘起的核心概念发生了一系列的转换,从空、理到心,使法界缘起的依据更凸显主体性的重要。

缘起思想至如来藏缘起之前,都有考察缘起本源的问题,借缘起的性质讨论本体界的性质。从业感缘起开始,经由业感、阿赖耶识及至如来藏、真如、法身,对于诸法缘起本源的探究遂告终结。华严宗人秉承了如来藏自性清净心为缘起本源的观点,将缘起观的考察重心放到了阐发诸法实相上,由世间到出世间,最终由分析的层面归于超越的层面,法身境界就是世间、出世间一切法的实相,即以"毗卢遮那佛法身为圆极",可以说,法界缘起即如来藏缘起而成立。不过,在初祖杜顺的论述中,法界缘起的本体还不在如来藏,而是缘起性空之空义。真空之理才是法界缘起之诸法间相即相入的前提,万法以自性空为逻辑前提,方能呈现一即一切、一切即一的周遍与含容。此空义即真理,诸法皆有的共同本质。不同的是,智俨接受了《起信论》的立场,视如来藏心为诸法的本体。虽然在对法界缘起的论述中,为了兼顾《华严经》中蕴含的三乘思想,智俨更看重染缘起的本源,即妄心在缘起过程中的作用,如此安排,其目的非但不是认为阿赖耶识为代表的诸多心识是缘起的本源,而是彰显转依成智的重要性,安立妄心为对治的目标,以此成就真心的自性清净。

> 但于生死之中,辨因果相生道理,并是转理门,无真实理。当知,离识以外,更无有法,识者即是不染而染门,如来藏之一义也。①

"转理"即由俗谛转向真谛,离于常见,离于我执,了悟自身本具的清净真心。此所依止的如来藏心就是诸法的本体,具足自性清净的实德,依本质则为法性,依佛果则为法身、佛智,依境界则是海印三昧。"自体因之与果",使得一多相即的基础不再是空义,而是立足于诸法平等具足的如来藏性。在法藏的表述中,法性、理性、法界和真理等概念都是通用的,都归于真如、真心、如来藏一义,真心既有本质义,亦有本源义。那么,依据这种对于如来藏心的理解是否就可以将法藏的本体论断定为唯心

---

① (唐)智俨:《孔目章》卷1,《大正藏》第45册,第545页下栏。

论呢？其实不然，法藏思想中法界缘起的本体可以有三种解读："唯空"义和"唯心"义，或者是二者的综合，即性空与如来藏心的中道义。缘起性空对法藏建构法界缘起思想的帮助还是很大的，诸法间的相即相入，必以缘起性空为基础。但法藏的学说中更表现出一种中道的思维，三性同异说就充分显示出他融合性空与如来藏的思路，选取中道为缘起之实质的态度。因此我们看到，法界缘起中事与事的相即相入，必须借由真如理以融事，此真如理既有"以本收末"本源义，又有"空相本尽，真性本现"的本质义，即如来藏与性空的调和。所以说，法藏之法界缘起的本体，既不是缘起性空的空性，也不是如来藏缘起的真心，而是融摄二者于中道。证据之一，就是法藏在"十玄门"中以"主伴具足"代替"唯心回转"，即体现出其试图弱化唯心色彩的倾向。不过，法藏在后期的著作《修华严奥旨妄尽还源观》中却明确地说：

> 言一法者，所谓一心也。是心即摄一切世间出世间法，即是一法界大总相法门体。[1]

法界就是一心，即如来藏自性清净心，他通过真心与诸法的相在、相是，推导出真心与法界是一在一切中，一切在一中，一即是一切，一切即一的关系，一心即是一法界大总相法门体。这种观点直接影响了澄观和宗密对法界缘起之本体的理解。澄观对于理的解释，虽然也有本质义，但更多的是从本源的层面，即一心法界的角度使用。而宗密则毫无空有、本质与本源方面的混淆，他直接用彻底的一心本体论统摄所有观点，将万法皆归于一心，实现唯心本体论建构的最终完成。

华严宗人对本体范畴的厘清过程，表现出法界缘起核心概念的一系列转移，也就是从最初的空，再到理，最后归至于心。空、理、心都具有的普遍意义不言而喻，这是佛教从创立以来一直强调的平等观的理论要求。但空义将众生与草芥放到一个平台上，就无法突出人的特殊性，毕竟人非草木，众生与生俱来的能动性是木石所不具备的。所以理在包含了空的普遍性基础上，又扩大了概念内涵，不仅具有空的客观性，也具有心的主体性。既说明理法可以周遍一切事法，作为一切事法存在的客观依据；也强

---

[1] （唐）法藏：《修华严奥旨妄尽还源观》卷1，《大正藏》第45册，第673页中栏。

调理法不同于空义偏物理层面的含容，它是一种本源意义的含容，这个本源，就是如来藏心也就是人人皆有的众生心。显而易见，理在其中起到了类似桥梁的作用，沟通空与心，融摄二者的内涵于一身，从精神层面上保证了理事的相容，以至事事的无碍。但这种中庸的观点无法满足华严宗人强调凡圣同一的理论诉求，既然佛可以凭借佛智观照众生世界，显现诸法圆融，人为什么不能依靠灵知不昧的真心趣求圣谛？毕竟凡夫与佛的立身之本同宗同源，都是平等一味的如来藏心。如果佛陀能够依靠正等正觉的无分别智成就自身的功德圆满，那么凡夫也可以反求诸己，通过反思内心便可以自我觉悟。在此理论态势下，聚焦于人类智慧的关注呼之欲出，推进了法界缘起思想的核心概念的演进。

灵知不昧就是真心所具有的无分别智慧。宗密为了突出灵知心的概念，对心作了不同层次的分析，即心具有的肉团心、缘虑心、集起心和真实心这四种内涵。他认为真实心就是真正的本体之心，不仅不生不灭、寂静不动，更是具备能生能知作用的心。他特别强调心的灵知特点，避免心作为本体之心而成为"孤悬之心"、与现实隔绝之心的弊端。而且，"灵知所具有的智慧则超出了分别思虑，是一种直观的知识和真理，是建立在无分别基础上的智慧。……严格地说，灵知是一种智"[1]。以灵知之心反观空寂之心，就可以达到对真理的最高认识。这个过程既是对于缘起本源的回溯，也是通往彼岸世界的捷径。而宗密之所以视精神层面的真心为本体，将之作为法界缘起思想的核心概念，其思想动力就是为了使众生的修行有本可依，为参悟自心的实践理路预设了理论铺垫。

第二节　现象圆融——肯定现实的价值取向

法界缘起的本体在于如来藏心，不同于如来藏缘起对于诸法本源的分析，法界缘起的理论重心已然放到了关注于诸事法关系、缘起实相上面，探讨本体与现象、现象与现象之间的无尽圆融。是故华严之宗趣乃"法界缘起理实因果不思议为宗"。法界即总相，包含真理与事法，以及理事、事事之间的无障碍；理实明理法，因果明事法；缘起就是诸法依本性而显

---

[1]（唐）宗密：《禅源诸诠集都序》，邱高兴校释，中州古籍出版社2008年版，序言第26页。

现的称体大用；不思议则说明真理本来清净、寂寥虚旷，犹如虚空不可分别，故绝言绝相。理法与事法既有分齐差别，若于第一义、最高成就示现种种，则融通无碍；又法界缘起之诸法具足实德、法性，应机性起，则事融理实，重重无尽。

站在"法界缘起理实因果不思议为宗"的立场，伴随着华严宗核心概念的转移，华严宗人论证现象圆融的理论基点也发生了一系列变化。杜顺于三重法界观中以真空观为基础，通过真空遍在一切处、含摄一切法，完成了对现象圆融的推证。智俨虽立足于事法，区分事法为同体、异体两个方面，进而推导事法间彼此相即相入的关系，但他以如来藏性即理体作为贯穿事事圆融无碍的内核，其论证基点还在本体层面的如来藏。法藏则在智俨的理论基础上，从三重视域展开对现象圆融效度的讨论：一是依事法于法体、力用的相对性，以事法为基点类推；二是依理法、法性的融通作用，以理法为基点的静态推论；三是依如来藏自性清净心对万法的生成作用，以心为本体的动态收摄。澄观侧重于法性融通的作用，以此为理论出发点，从一心之于万法的收摄作用展开说明。宗密则更进一步，直接将理等同于心，既认为理法界之于理事无碍法界、事事无碍法界的前提性是基于一心的内在融通，又从外在层面收摄万法于一心之中，取得一真法界统摄四法界，诸现象圆融唯是一真法界的具体呈现的结论。概括地说，诸法之所以能够展现出现象圆融的图景，于事法角度，则在于事法具足实德、真性，自体即是理实因果，因果相撤，故而诸法能够称性而起，实现事与事之间的相即相入。于心体而言，则一心包容万法，现象的圆融无碍无不是真心的举体全现。事法所具之实德、真性就是分殊真心的体性、功德，心物非一非异，融通自在，统为一真法界。

在一真法界中，一一尘中能具无量国土，依可言说法来讲，此情景只在普贤境界中方可实现，因此可以说，法界缘起不是依于流转的一边讲万法性空，却是立足于还灭的一边谈诸法实相。恰如方东美先生所言：

> 假使我们是从圆满的立场出发，从无穷的广大面出发，然后再来说明那些有限的境界……（依靠于最先的真如）获得华严宗哲学里面这一个最后的圆融理论的结果，讲理法界、事法界、理事无碍法界、事事无碍法界，然后从事事无碍法界里面讲十玄门、六相圆融观等，都在说明构成一个广大的体系，和谐圆融无碍的体系。然后就在

这里面设法安排一切的真相，安排一切的价值。①

这个圆满的立场就是一真法界，于果位而言即是毗卢遮那佛法身，融合三世间，十身具足遍于法界；于真理而言则为理实法界，理融于事，事具实德，遂成事事无碍之诸法实相。在这种现象圆融的视域下，法界缘起思想无疑就内蕴着肯定现实的价值取向。

不论依事法还是真心为推论基点，对法界缘起之圆融理则的论证都是以一真法界为理论预设，其核心内涵即是诸法皆具实德、法性。这就是圆满立场下的真相、价值。一真法界中的事法是一个抽象的范畴，立足于事法的类比推理是一种静态的逻辑推导，这其中无关价值的问题。可是一旦关涉到理性的介入，事法就不再是被动的抽象之物，而是具有自身价值的有生命意义的存在。澄观依据《涅槃经》和《大智度论》中的观点，认为理性"在非情数中，名为法性；在有情数中，名为佛性"。他否定"无情有性"，就是为了肯定有情的特殊地位，给予有情以修行成就的信心。这种信心不是无根之木，而是有本可源，其依据就是事法所具有的如来藏心，或者说是针对有情而言的佛性。

> 明知非情非有觉性，故应释言：从性从缘则情非，情异为性亦殊。②

如果将偏客观性的佛性转变为偏主观性的众生本具的如来藏自性清净心，则现象界能够呈现何种境界，全在于众生心的觉与不觉。

性起诸法本性即真，全体称性，因果缘起，一即一切，一切即一，属于出世间之无为法；缘起诸法以有待之他法为因，此起彼灭，具有生灭现象，是世间的有为法。有为法与无为法，究其根本，都以如来藏自性清净心为本体，之所以有此差别，原因不是别的，就在众生的心中一念，故《华严经》云：

> 于有为界示无为法，而不灭坏有为之相；于无为界示有为法，而

---

① 方东美：《华严宗哲学》上册，黎明文化事业公司1981年版，第417页。
② （唐）澄观：《华严经疏》卷30，《大正藏》第35册，第726页中栏—下栏。

不分别无为之相。①

倘若众生觉悟，了达境界，知晓一切法皆以因缘为本，见于一切诸佛法身，至一切法离染实际，明白世间皆如变化，通达众生唯是一法、无有二性，于一切法不作妄念分别，观一切法毕竟寂灭，则众生即是佛。说诸佛、华藏世界，实则就是在讲众生、有情世间。法界缘起思想虽然表面上看起来是在谈论毗卢遮那佛法身境界——诸法实相的圆融自在、无碍融通，实则开导一切众生：世间即是出世间，众生即是佛，缘起法界不是新开出的另一个世界，而是众生觉悟后于自心呈现出的图景。"有诤说生死，无诤即涅槃"，众生本来自性清净，具足功德，转变世间为出世间的契机，主动权就在有情众生自心。

第三节 "有教无观"？——教相理论与践行功夫的分隔与融合

按照世亲对《十地经论》的解释，《华严经》中著名的"三界唯心"说并不是以心作为世间本源，一切随心变现的意思，它所要强调的是：众生解脱的关键应着眼于心的意识状况，也就是要转变内心对于万法的态度，以破除众生对于万法的执着，从观行的角度把握诸法实相。在阐明法界缘起的原理之十类因缘说中，"唯心现"是沟通教相义理与实践观法的中介，所以，如果从观法修行角度分析华严宗人选择"唯心"义的用意，似乎更能说得通。总的说来，将真心作为众生修行的观照对象具有以下学理依据：心是本体的普遍性；心具实理的正当性；心具万法，万法由心生的必然性；心具有灵知不昧的反思能力的可行性；以及以心观心的便捷性，使众生修行更利于把握。这种实践理路与原始佛教修行解脱的思路是一致的，重点都在于修行主体对于自身欲望（妄念）的控制，重在主体的选择。只不过，前者否定现世，而华严宗人则通过法性融通照见性相圆融，本体与现象合一，肯定现世诸法、包括众生在内的一切事态的存在价值。

诸法的染净、迷悟都是随心所现的结果，凡圣的差别也就在众生的一念之间，是故智俨重视妄心在缘起法中的作用。法藏说"唯依妄念而有差

---

① 《华严经》卷24，实叉难陀译，《大正藏》第10册，第132页上栏。

别，若离妄念唯一真如"，展开来就是：

> 由此一尘虚相能翳于真，即是染也；由此尘相空无所有，即是净也。由此尘性本体同如，即是真也；由此尘相缘生幻有，即是俗也。由于尘相念念迁变，即是生死；由观尘相生灭相尽空无有实，即是涅槃。由尘相大小皆是妄心分别，即是烦恼；由尘相体本空寂缘虑自尽，即是菩提。①

澄观和宗密则将法界统归于真心，强调真心的灵知不昧的反思能力：

> 妄念本寂，尘境本空，空寂之心，灵知不昧。即此空寂之知，是汝真性，任迷任悟，心本自知，不藉缘生，不因境起，知之一字，众妙之门。②

法界中事法本具的实德与众生皆有的佛性，乃同一含义的不同表述，众生即是事法，事法一一具足圆满功德，指代了众生本具佛性无有差别，从客观角度的"就事空"说明诸法之间圆满无尽，圆融无碍，烦恼即菩提，生死即涅槃；真心之灵知不昧则由客体转向主体，从主体的层面涵盖所有法界于一心，不仅肯定了现世诸法的存在价值，更高扬了有情众生的独特地位。法界之实相，实则是主体内心的反映，观照对象不在身外，惟是一心。真心的觉与不觉，决定着有情是身在众生界还是净土界，它赋予有情以选择的自由性，转迷就能超越现实，开悟就能实现理想。

后世天台宗人曾批判华严宗的教义是"有教无观"，认为只有观法而无实践。吕澂赞同这种观点，他认为华严宗并没有很好地将无尽缘起说与普贤行愿结合起来发挥，故华严宗的观法不自觉地停留在静态的层面，"仅构成一精致的图式而已"③。牟宗三也曾说，法界缘起之无尽无碍，必须通过还灭的工夫才可实现，即肯定了法界缘起的理论义，但却无实践

---

① （唐）法藏：《修华严奥旨妄尽还源观》卷1，《大正藏》第45册，第638页上栏。
② （唐）宗密：《禅源诸诠集都序》卷1，《大正藏》第48册，第402页下栏—403页上栏。
③ 参见吕澂《中国佛学源流略讲》，中华书局1979年版，第201页。

义。① 对此，日本学者铃木宗忠曾认为，华严哲学是站在精神主义的立场，既不是主观的唯心论，也不是实在主义性的客观唯心论，而是主客圆融的一体论。此一体就表现在行为上的实践，只有通过这种精神主义的方法，才能体会事事无碍的圆融境界。② 我们认为，华严义理体系的特点在于：观法即教法，观法即教法。若无观法，则无法趣入法界；若无教法，则无法通达真理。如果单就事法阐述法界缘起，则事事无碍的现象圆融的确是一幅概念分析式的世界图景，只存在于理想层面，遂现教相理论与践行功夫的分隔；但若转事法为众生，翻客观为主观，则华严宗人所阐释的法界缘起思想就可以视为指导观法的实践教程。如三重法界观、十玄六相观、四法界观、一心法界观等，皆可当作观法来指导实践修行。除此之外，法藏的十重唯识观和妄尽还源观等，也详细列举了观行法门的修行次第。这些都彰显出华严宗教相理论与践行功夫的融合性。所以判定华严宗的义理是"有教无观"，似乎略为不妥。只不过相较于天台宗和禅宗，华严宗义理的实践义确实不够明显，表现为很少强调如何用理论指导具体的实践操作。虽然杜顺也曾强调解行合一，"行由解成，行起解绝"，但后世华严宗人还是比较偏重理论阐发，当然，这也与他们多为义学法师的身份是分不开的。

总之，华严宗为法界缘起之现象圆融提供了在现实中实现的理论可能性，众生依于一成则一切成的理论预设，就可以观照现象世界的圆融无碍。明代善坚曾总结说：

念念具足，念念不违，谓之华严法界大意。③

无尽的现象圆融能否实现，在于众生能否克制自己的欲望，消除妄念的分别。是故法界缘起思想的事事无碍境界，体现为一种先验的自由意志，而缘起的"自由性"就在于众生主体的选择。虽然说华严教义还是更偏于理想层面，但由此也构建出了中国佛教义学的最高成就，法界缘起思想中蕴含的哲学智慧，无疑是人类精神文明史上的绚丽瑰宝！

---

① 参见牟宗三《佛性与般若》上册，台北学生书局1982年版，第483页。
② 参见李世杰《华严的世界观》，载张曼涛编《华严思想论集》，大乘文化出版社1981年二版，第38页。
③ （明）善坚：《华严大意》卷1，《续藏经》第58册，第624页下栏。

第六章

法界缘起之历史定位

华严宗法界缘起思想侧重于说明诸法现象之间的无尽圆融，阐发和解释了本体与现象之理事关系，以及现象与现象之事事关系的问题，由此引发出的理论成就对后世的学术产生了深远的影响，成为后学可资借鉴的重要思想来源。从理论内涵和历史逻辑判断，理事圆融对宋代理学阐释本体论的思路有一定的启发作用，事事无碍则滋养了禅宗话语，为其实践修行提供了学理依据。

第一节 "理事无碍"观对理学本体论的启发

五祖所处的隋唐时代，佛教正处于学术鼎盛时期，完善的本体论体系和精致的逻辑结构，都令当时的儒学黯然失色，思想界呈现出一种佛盛儒衰的状况。我们知道，就儒释道三家而言，传统儒家相对疏于形上学、本体论问题的探讨，而致力于伦理秩序的建构。正是看到了这一点，宗密在《原人论》中，借助揭发社会现象的不公，对儒家原人观发出了一波又一波的攻势，每个诘难都直中要害，正所谓以彼之长攻彼之短。在此基础上，《原人论》表现出了佛教优越性的主张，它以驳斥儒家原人观为开端、以佛教会通儒家为结束，摄末归本、会本通末，在佛教的教义体系中，容纳儒家理论于自身。很显然，在宗密看来，佛教是本，儒家是末，前者的理论地位是高于后者的。针对盛极一时的佛教文化，韩愈等人站在维护传统思想、复兴儒学的立场上，发起了批评佛、道两家的运动，韩愈所著《谏迎佛骨表》就旨在冲击佛教在当时的空前影响力。这些努力虽没有撼动佛教理论在当时的地位，却也激发了宋代儒生的文化精神。此后，宋代统治者确立儒家理论为正统，士大夫阶层对于佛教的态度存在着巨大的争议，而抨击佛教的言论亦可引起很多学者的呼应，在这种舆论压力和灭佛事件的打击下，佛教早已不复当年之盛况。

举例来说，同是儒佛会通的问题，因所处时代背景的差异，明教契嵩的出发点和论证方式与宗密已大有不同。佛教在北宋年间渐渐式微，以欧阳修为代表的士人主张恢复儒家正统地位、排斥各家学说的思潮，在高层和学界引起了极大的共鸣，造成了尊儒排佛的局面。同时，借用反佛的外衣，新儒家学者援佛入儒，吸收佛教思想、特别是形上学因素来填补儒学的先天不足。凡此种种，若要提出合时宜的护法理论，宗密的思路已不可行，这就促使契嵩转变思路，顺势而为调和儒释二教。他一生致力于维护佛教的理论地位，为了说明佛教思想，回应儒家对于佛教的攻击，阐述其儒释一致的观点，"博引圣贤经论、古人集录为证，几至数万言"[1]。针对北宋儒家排佛的文潮，他曾著书力加反驳，"作原教孝论十余篇，明儒释之道一贯，以抗其说"。以致文人在读过契嵩的著书之后，"既爱其文，又畏其理之胜而莫之能夺也"。不仅如此，偕同士大夫出游之时，如遇对方质难佛教教义，非但不会恶言相向，反而"恳恳为言之"，最终"由是排者浸止，而后有好之甚者，仲灵唱之也"。借此，契嵩在南方士大夫群体中，拥有着很高的声望，"客非修洁行谊之士，不可造也"。

即便如此，与宗密相比，契嵩的护教任务也是异常艰难的，这就决定了他在融合儒释的理论建构中，并没有采取与宗密相同的援儒入佛的方式、从形上学角度探讨人的本原问题，而是将这个"原"字，引入到儒家所擅长的伦理道德层面，视佛教与儒家是平等而无高下之别的，意在借助融合儒释，说服世人接受佛教的伦理观，以减少儒家学者对于佛教的误解和排斥，推进了中国佛教思想伦理化的进程。真可谓明知山有虎偏向虎山行，大无畏之精神展露无遗。

由此可见，为了融入中国社会、成为中国文化的一部分，中国佛教用了上千年的时间来实现这个目的。从最初译经时的格义，到传播中的比附，再至积极吸收和借鉴儒家思想，将其引入对于佛教义理的阐释方面，最后以佛教的立场会通儒道思想于自身，中国佛教完成了与传统思想排斥、接收、吸纳和融合的过程。这一系列的历史激荡，展开了儒释间既冲突又融合的历史长卷。与此相应，儒家学者也没有故步自封，以二程、朱

---

[1] （宋）陈舜俞：《镡津明教大师行业记》卷1，《镡津文集》卷1，《大正藏》第52册，第648页下栏。

熹、陆九渊等人为代表的新儒家们，在回应佛教理论挑战的同时，采取了援佛入儒的立场，吸收和改造了佛教哲学的本体论，兼容儒释道三家之说，提出了融合理、心、气等范畴的理学体系。其中，在解决形而上之道与形而下之物的关联问题时，宋代儒生以传统儒家的本体论为基点，将佛教的本体论作为其建构本体论体系的重要来源之一，这其中就包含了华严宗的"理事无碍"观。

所谓"道"，即理学家所言之"所当然之则""所以然之故"，它是现象背后的本体。"理也者，形而上之道也"，此道在程朱那里即是"理"，在陆九渊那里即是"心"，在张载那里即是"气"。无论是理、心还是气，都是以本体之理为话语核心的，阐发了道与物、理与气之间的对立与融合。理学可谓宋代儒学的看家理论，重要性不亚于道家的"道"、佛教的"空"等范畴。程颢曾说：

> 吾学虽有所受，天理二字却是自家体贴出来。①

围绕着"天理""道体"，各家自有不同的阐述，但若言此"理"是凭空产生，却实为不可。从佛教的角度来说，理学也受到了华严思想的影响，这从程颐的语录中可以得到印证：

> 问：某尝读《华严经》，第一真空绝相观，第二事理无碍观，第三事事无碍观。譬如境灯之类，包含万象，无有穷尽。此理如何？答：只为释氏要周遮。一言以蔽之，不过曰万理归于一理也。②

需要注意的是，《华严经》中并无真空等三观之说，此三观乃是杜顺在《华严法界观门》中表达的观点，其文本载体则为澄观的《华严法界玄镜》和宗密的《注华严法界观门》。以程颐的言谈为证，学界认为宋代理学、特别是程朱理学的确曾受到过华严宗思想的启示，若深究起来，则

---

① （宋）程颢、程颐：《河南程氏外书》卷12，《二程集》第2册，中华书局1981年版，第424页。

② （宋）程颢、程颐：《河南程氏遗书》卷18，《二程集》第1册，中华书局1981年版，第195页。

可以具体到澄观和宗密二人身上。冯友兰在分析宗密《原人论》时指出，宗密"会通本末"、视儒道之所见亦是真理的一部分，此即为宋明道学的先声。程朱以理气对立、即是心气对立的推展；陆王"宇宙即是吾心"的论点，亦可视作一切唯心在此方面的发展。由此他推断，华严宗思想为宋明道学的出现提供了理论准备。① 我们认为，中国文化自古以来即有开放性和包容性等特点，师夷长技、反以制夷的思维逻辑屡试不爽，宋代儒生在与佛教学界的交锋中，完全可能从其思辨义理中汲取学术营养，为己所用。宗密就曾批评过传统儒家"但在乎依身立行，不在究竟身之元由"，指出了儒学本体论的不完善。而宋代理学要重建儒学本体论的权威，从思想史的历史逻辑出发，必然会觉察到华严宗的理事无碍思想，因为探讨理事的对立和圆融正是华严宗哲学的特色之一。基于这种观点，我们从理论关涉的相似度出发，用思想比较的方法，以宋代理学的代表性理论之一：程朱理学为范本，探讨华严宗"理事无碍"观对其建构本体论体系的启发意义。

程朱的理学，是以儒家的纲常伦理为核心内容、用精巧的哲学思辨构建起的理本论，故其本体之理绝非虚空，而是"实理"：

> 有是理，则有是物；天下之物，皆实理之所为。彻头彻尾，皆是此理所为。未有无此理而有此物也。无是理，则虽有是物，若无是物矣。②

形上的本体之理是第一性的，没有理就没有物，甚至于没有理就没有天地，理之于天地万物，是先于现象存在的本源、独立于现象界的最高本体。

> 所以谓万物一体者，皆完此理，只为从那里来。"生生之谓易"，生则一时生，皆完此理。人则能推，物则气昏，推不得，不可道他物

---

① 参见冯友兰《中国哲学史》下册，华东师范大学出版社2000年版，第196页。
② （宋）黎靖德：《朱子语类》卷64，第25章，中华书局1986年版，第1579页。

不与有也。①

理要保持本体的绝对性，万物从理而生出，就具备了理的共同性质，故理的内涵表现为万物共有的本质义。

> 盖有是实理，则有是天；有是实理，则有是地。如无是实理，则便没这天，也没这地。凡物都是如此，故云"诚者自成"，盖本来自成此物。②

所以说，理的本体意义既有本源的性质，也有万物本质的意蕴。倘若比照华严宗"理事无碍"法界的义理，就可以看出二者对于理的诠释的相似性。从法界的"界"字分析，可以推究出理的性义（本质）和理事之间的分齐义。理法存于每一事法之中，真空为理，妙有为事，真空妙有同时具足，二而不二，表现出本质与现象的无碍融通。澄观又于理法上添加真如不变随缘的解读，赋予理法以本源义，"一切法离于真心无自体故，其如来藏即生死门之真如也"，是故理法即如来藏、即生灭法之真如体。如此看来，程朱理学之理与澄观对于真理的阐释，二者的逻辑内涵是一致的。

既然"有物必有则，一物须有一物之理"，就说明有什么理就有什么事，多样的事物必然会牵引出对应的理，"理有许多，故物有许多"，那么，房屋之理与器皿之理是不是同一个理？它们与全体之理又是怎样的关系？这是关涉到天理能否确立理学本体论地位的关键问题。有鉴于此，朱熹以"理一分殊"的方式，通过解释理的一多关系，来阐明众理即是一理、一理统摄众理的观点。"理一"即全体之理，即"太极"；"分殊"即蕴藏于事物中的理。朱熹借用佛教的"月印万川"来比喻理一与分殊的关系：

> 本只是一太极，而万物各有禀受，又自各全具一太极尔。如月在

---

① （宋）程颢、程颐：《河南程氏遗书》卷2，《二程集》第1册，中华书局1981年版，第33页。

② （宋）黎靖德：《朱子语类》卷64，中华书局1986年版，第1576页。

天，只一而已，及散在江湖，则随处而见，不可谓月已分也。①

"太极"即理之全体，寓于万物之中，分殊不是事物间本质的差别，而是外在表现上的不同，万物之理，仍是一。"体统是一太极，然又一物各具一太极"，是故"万个是一个，一个是万个"，全体之理与分殊之理是同样的理，没有区别。如此一来，太极又如何分殊为多一？这又关系到万物如何生成的问题。

程朱理学对于万物生成的诠释，是借助"气"的，按照理—气—物的逻辑线索展开的。

> 天地之间，有理有气。理也者，形而上之道也，生物之本也；气也者，形而下之器也，生物之具也。是以人物之生，必禀此理，然后有性；必禀此气，然后有形。②

气是生物的质料，按照理规定的生物的本性、形式，构成生物的形体。理是本体，气是用，理气体用相即，万物遂成。好比盖楼要有图纸，依照图纸组织材料才能有现实的房屋。理借气以成事，相较于气、物而言，理在气先、理在事先，就如同先有图纸，再有房屋。

> 此本无先后之可言。然必欲推其所从来，则须说先有是理。然理又非别为一物，即存乎是气之中；无是气，则是理亦无挂搭处。③

气是理得以显现的载体，万物必是有理有气的，理虽相同，但气却各异，故万物因为禀气不同而形式各异，呈现出不同的相状，然究其根本，分殊之理都归属于太极之理。

> 人物之生，天赋之以此理，未尝不同，但人物之禀受自有异耳。

---

① （宋）黎靖德：《朱子语类》卷94，中华书局1986年版，第2409页。
② （宋）朱熹：《朱文公文集》卷58，葛兆光主编：《中国思想史参考资料集：隋唐至清卷》，清华大学出版社2005年版，第149页。
③ （宋）黎靖德：《朱子语类》卷1，中华书局1986年版，第3页。

> 如一江水，你将杓去取，只得一杓；将碗去取，只得一碗；至于一桶一缸，各自随器量不同，故理亦随以异。①

这就是朱熹通过引进气（杓、碗、桶、缸）的不同来解释分殊之理（杓中水、碗中水等）缘何归于一理（一江水）的思路。这种"一多相摄"的理路显然来源于华严宗，只不过，理学是立足于理说一多相融，而华严则是就事谈理事无碍。朱熹将事物之理的差异解释为具体相状的外在的不同，而万殊归于一理的理又是内含于事物中的同一本体。其实，他混淆了本体与现象、一般与个别的两个层面，用普遍性统摄特殊性，显然是不合乎逻辑的。之所以有此理论障碍，是源于理学不能丢弃理的实在性特征，换句话说，实理的本体性、普遍性是为了论证纲常伦理的合理性，他们无法像华严宗人一样可以阐释理为空义，以空性无所不包、遍在一切的性质摆脱形式的束缚，实现理遍于事、事遍于理的理事相遍的意义。

概而言之，理学的天理对于物而言，不仅逻辑在先，亦是时间在先的："若在理上看，则虽未有物已有物之理，然亦但有其理而已，未尝有是物也。"② 这是从"理"上看，理在事物之先。

> 但在物上看，则二物（理与气）浑沦，不可分开，各在一处，然不害二物之各为一物也。③

理气相依构成物，具体事物是理气合一的现实性表呈，因此一定内在地蕴含有"理"，理事合一、性相相即。

> 其性其形，虽不外乎一身，然其道器之间，分际甚明，不可乱也。④

---

① （宋）黎靖德：《朱子语类》卷4，中华书局1986年版，第58页。
② （宋）朱熹：《朱文公文集》卷46，转引自肖萐父、李锦全主编《中国哲学史》，人民出版社1982年版，第72页。
③ 同上。
④ （宋）朱熹：《朱文公文集》卷58，转引自葛兆光主编《中国思想史参考资料集》（隋唐至清卷），清华大学出版社2005年版，第149页。

这说明理事虽是一体，却又不无分别，二者是不离（一身）不杂（分际甚明）的关系。道器的不离不杂与理事无碍观中真理与事法的相即、相非实乃异曲同工之妙。一言以蔽之，华严理事无碍观的诸多论点对理学建构本体论的启发性是显而易见的。

第二节 "事事无碍"观对禅宗话语的滋养

禅宗倡导不立文字，直指心性，强调自心的觉悟和主体的能动性。历代禅师也都追求以参禅酬对甚至机锋棒喝的形式表达自己的理论见解，不过为了给参禅实践提供理论支持，诸多禅师还是借鉴了华严思想内涵来证明修行活动的合理性。从宗派角度，华严宗的法界观在很大程度上影响了禅宗，并为后者吸收到禅观体系中，相较而言，禅宗虽然很大程度上也吸收了华严理事观，但更多的则是以理事观为基础，侧重于"事事无碍"的应用，也就是从义理层面辨析参禅实践的标准，服务于个体修行。故从总体上来说，华严"事事无碍"观对禅宗话语的滋养则更为明显，散见于诸多禅师语录中，比如"即事而真"的客体方面、"本心即佛"的主体方面以及无分别的随心布道、"华严禅"的灵活机变等，无疑都体现了"事事无碍"观对禅宗参禅修行的理论借鉴意义。

青原希迁吸收华严十玄门的观点，以理事无碍观为出发点，总说众生觉悟的前提：

灵源明皎洁，枝派暗流注。执事元是迷，契理亦非悟。[1]

灵源是心本，枝派是现象，情执本就是迷，执着于契理也并非真正的觉悟，这说明只有理事融通，性相融合的不执着，才是真正的觉悟。接着他又从事事无碍的多角度融合考察诸法，概括一切事物的相互关系为"回互"和"不回互"：

---

[1] （唐）希迁：《参同契》，道原：《景德传灯录》卷30，《大正藏》第51册，第459页中栏。

门门一切境，回互不回互。回而更相涉，不尔依位住。①

"回互"即诸法互相涉入、不相妨碍；"不回互"，即诸法各住其位、不相混杂。万法虽互不混淆、又相即相入，表现出事事无碍的融通关系。万法皆得真理，故不可偏废一法，法法皆真、各有其用，因此不可坏本而逐末、亦不可废末而偏本，"万法自有功，当言用及处"。由此一来，众生修行不偏不执、即事而真，一切法皆有真理在其中，不多不少、平等一味；万法虽有差别相状，却皆是理体的体现，回互又不回互，表现出理事融通、事事无碍的观点。以此来指导修行实践，即有酬对问答时的一语中的，好比飞箭穿过靶心，一语即达真理。

与希迁相同，永明延寿也很重视华严十玄门，他借用"事事无碍"来说明诸法自性具足的道理：

一一法皆得全力，非是分力，尽为法界体，各住真如位。②

并引用事例："善财见普贤一一身分，一一毛孔，皆有十方一切世界"，身分和毛孔都指代具体的事法，世界则指代法界全体。这两段话的意思是，即便是一个微小的存在也能充分彰显全部法性、通显理融与事、一即一切。法性在事法之中的表呈必然是平等的，有情众生作为事法的生动体现，其"当体即是真"。当体的体性就在于众生心，"众生心，即法界故"，若要"见性成佛"，就须"体此一心"，因此修行的途径自然不是向外的驰求，必然指向内心的自悟。"故知心法妙故，当体即是，若向外远求则失真道。"有情若能体悟自心本具的真理，则于一切修行都能证悟，是谓一断一切断、一证一切证。

同样以体悟自心为参禅法门的角度来使用"事事无碍"之理的高僧还有慈受怀深，他援引了华严教义表达禅理，认为在华藏世界中，真俗交参、佛众一体，"凡圣一心，无迷无悟"，并且"一即一切、一切即一"，同时举明智居士以布施得道为例，说明只要彻悟真心，觉悟不分僧俗、男

---

① （唐）希迁：《参同契》，道原：《景德传灯录》卷30，《大正藏》第51册，第459页中栏。

② 参见延寿《宗镜录》卷28，《大正藏》第48册，第572页下栏。

女、修行方式，把最后的落脚点亦归到禅宗"本心即佛"的路数上。①

圆悟克勤曾在《碧岩集》中谈及"事事无碍"法界，不过他几乎是照搬了华严宗教义的表述。他说：

> 事事无碍法界，明一事遍入一切事，一切事遍摄一切事，同时交参无碍故。所以道，一尘才举大地全收，一一尘含无边法界，一尘既尔，诸尘亦然。②

这说明正因为"事事无碍"，才能实现诸法自性具足、众生自性具足。他借善财访德云和文殊采药的事例，用"颂古"的形式表达"一一皆真，一一皆全"、禅宗的教法是应机设教、随心布道的理论。基于此种观点，克勤将酒肉穿肠过、佛祖心中留的布袋和尚推举为彻悟真谛的榜样：

> 如何是佛？干屎橛。如何是佛？麻三斤。是故真净（克文）偈曰：事事无碍，如意自在。③

只有到了事事无碍的境界，才是真正的悟道，因为此时"法界量"已灭，再无分别心，故而：

> 理事全真，初无假法。所以即一而万，了万为一，一复一，万复万，浩然莫穷。心佛众生，三无差别，卷舒自在，无碍圆融。此虽极则，终是无风匝匝之波。④

克勤强调说，通晓"事事无碍"还没有得道，"始是半提"，这只是理解禅法的前提，"始好说禅"；若要通达禅法，须借助契机，即"全提时节"，方能成就，即与机锋棒喝的实践诉求相一致。

---

① 参见怀深《慈受怀深禅师广录》卷3，《续藏经》第73册，第120页上栏。
② （宋）克勤：《佛果圆悟禅师碧岩录》卷9，《大正藏》第48册，第214页中栏—下栏。
③ （宋）晓莹：《罗湖野录》卷1，《续藏经》第83册，第378页上栏。
④ 同上书，第377页下栏。

第六章　法界缘起之历史定位

克勤的高徒大慧宗杲似乎选了一条与其师不同的修行路径。宗杲是禅宗史上第一个大力提倡参话头的人，以此反对当时流行的两种"流弊"禅风。

> 今时学道人，不问僧俗，皆有二种大病，一种多学言句，于言句中作奇特想。一种不能见月亡指，于言句悟入。①

此其一，其二则为"默照邪禅"，他认为默然静坐，乃困于枯禅，"向黑山鬼窟里坐地，先圣诃为解脱深坑，极为可怖"。禅不应只是静坐，静坐只是通向觉悟的手段，修禅的目的是不坏世间法的同时求证实相，因此宗杲说：禅乃般若之异名。关于言句，宗杲非但不取"颂古"之法，更指出若执着于各种经论、记诵章句，只会反落入文字障中，忘记最终的目的，是故言句亦是方法，学习过程要时刻提醒自己是为解脱而就文字，基于此，《碧岩录》中曾记载，宗杲甚至焚烧了其师克勤的《碧岩集》，只留《碧岩录》流传后世。由此，为了对治由默照禅和文字禅所引起的枯坐和文字障，宗杲主张看话禅，如其评价"赵州狗子无佛性"的话头时有言：

> 只这一（无）字，便是断生死路头的刀子也。妄念起时，但举个无字，举来举去，蓦地绝消息，便是归家稳坐处也。②

他以参一个"无"字的话题，深蕴一即一切的道理，直指本心。同理，"万法归一，一归何处？"的话头亦具备了"事事无碍"的内涵。开济在《华严禅——大慧宗杲的思想特色》一书中，将宗杲思想的最大特色归于"华严禅"，并认为其禅法是以"华严禅"为本体论，以"看话禅"为方法论，"以'华严禅'作为禅宗心性思想的归宿，以看话禅对治偏枯的默照禅"。很明显，此处的"华严"绝非局限于华严名相的借用，而是将"事事无碍"的华严思想蕴藏于话头之中，参一话头，而明心性，这是宗杲所趣向的归宿，因此若纠结于"华严"的修饰语不放，反倒陷

---

① （宋）宗杲：《大慧普觉禅师语录》卷20，《大正藏》第47册，第895页中栏。
② （宋）宗杲：《大慧普觉禅师语录》卷22，《大正藏》第47册，第903页下栏。

入文字障中了。当然，若将看话禅仅限于对治"默照邪禅"，则有些低估了宗杲的志向。

关于"华严禅"，董群先生曾指出：

> 宗密的华严禅是十分广泛的融合体系，是以真心为基础，以华严宗理事圆融论为重要方法之一，内融华严宗和荷泽宗、顿宗和渐宗，中融禅教（三总三教融合），外融三教，已很难用传统的标准来区分其是禅还是教，称其为华严禅，既表示和传统禅宗的区别，也表示和传统的华严宗的区别。而后世的华严禅基本上体现为禅宗对华严方法的具体运用，是禅，是藉教悟宗，而非华严。①

同样以"华严禅"的方式表述思想的还有瞎堂慧远。慧远是南宋佛教史中影响深远的高僧大德，师从克勤圆悟，与师机锋参禅而获"铁舌远"之名号，大慧宗杲曾惊叹"老师暮年有子如是耶？"主持灵隐期间，先后九次奏对孝宗，深受敬重，"礼数视诸师有加"，赐号"佛海禅师"。与宋代很多禅师一样，慧远禅学中的华严思想亦散见于其语录之中，特别是与孝宗的几次《奏对语录》和与其他僧友的书信，多数情况也是应机作答。在表述其禅学思想的过程中，经常使用"华严禅"的方式，即糅合华严思想于说理之中，特别是事事无碍在平常生活中的应用，并且更显灵活机变，在当时影响颇深。我们挑选几个主要问题，展开对慧远之"华严禅"的解读。

其一，何为"得悟"？

乾道七年，慧远入对选德殿。

> 上曰：如何免得生死？奏云：不悟大乘道，终不能免。上曰：如何得悟？奏云：本有之性，但以岁月磨之，无不悟者。上曰：悟后如何？奏云：悟了始知……悟后，千句万句，乃至一大藏教，只是一句。上曰：是那个一句？奏云：好语不出门。②

---

① 董群：《融合的佛教》，宗教文化出版社2000年版，第310页。
② （宋）慧远：《瞎堂慧远禅师广录·奏对语录》卷2，《续藏经》第69册，第571页上栏一中栏。

本有之性亦即真心，实乃清净无染，悟道正是回归本心的过程，所谓"好语不出门"并非要人坐禅，而是在生活中离言绝行地随顺、随喜。千句万句与一句的关系，恰如一切即一。正如慧远在开化禅院时曾举"杨岐拈拄杖"示众云：

> 一即一切，一切即一，画一画云，山河大地，天下老和尚百杂碎，作么生是诸人鼻孔？剑为不平离宝匣，药因救病出金瓶，喝一喝，卓一卓。大众非唯短贩贱卖，亦能舍重从轻，而今一一与你诸人，宗本算利了也，要见杨岐老汉转身吐气处么？（将拈拄杖掷下）鹤立松梢月，鱼行水底天，风光都买尽，不费一文钱。①

众生皆自性具足，依于每个人的真心显现，如同鸟在天上飞、鱼在水里游，恰如其分地展现自性、不矫揉造作，即是得悟的正途。万法随缘，实相则一如，且一一具足，这样一来，自不必执着于得悟的具体形式了。因此慧远在《答陈郎中》的信中写道：

> 圆悟老师尝云：千句万句，只是一句；千言万言，只是一言。山僧又且不然，只而今尽十方虚空，无量妙义；百千法门，只作一句分付，只贵脚踏实地。初机后学，欲作偈颂，乃神通游戏边事，有何不可？但只要本领正当，则一切处扑不破。常向兄弟道：参须参那坐断天下人舌头底禅，方为种草。亦多令兄弟，多作偈颂。虽未十成，要他揩磨心识做得了。却与他一槌击碎，大事明了，偈颂亦不用做，如风吹水自然成纹。②

初机后学可能要纠结于文字的偈颂来展现禅意和修为，但具大根器的"大解脱人"能够"离见闻、超情识，于日用中急着眼看，断知无上妙道"，自然不用做什么偈颂便可明了心性。这是运用事事无碍的思想阐释顿悟之理，且不论大根器之人，芸芸众生又要如何修禅呢？慧远有云：

---

① （宋）慧远：《瞎堂慧远禅师广录·滁州琅琊山开化禅院语录》卷1，《续藏经》第69册，第556页下栏。
② （宋）慧远：《瞎堂慧远禅师广录·答陈郎中》卷3，《续藏经》第69册，第583页下栏。

> 不在日用处着到，如疾雷破山。于一念未萌已前，识得破佛及众生，也无著处，须是实证实悟，方可向千圣顶。①

其二，如何"修禅"？

怎样才能实证实悟呢？借助孝宗与慧远的三问三答，途径便逐渐清晰起来。首先孝宗提出观行，但疑惑于"观者是观想，妄想颠倒相持何时得了？"慧能认为此法不可行：以贼捉贼，将心觅心，并举《楞严经》破斥：想念不可脱，云何获圆通？孝宗再提出文字禅："如金光明经要妙，只在偈赞处，争如十地顿超。"慧远又否定道："如华严经偈赞，只闻得四句，则八十一卷华严，一时了毕。"孝宗又提：修禅定者如何？慧远则详细的分析了坐禅的利弊：

> 初机若有所习，则不名大定。大定等虚空，了无修习处，亦无起灭出入处。②

现在修习禅定的人，都是未能证得觉悟智慧的凡夫，即使能够达成四禅八定的境界，也不是究竟的解脱，圭峰宗密曾云：非想定后，还作飞狸之身。而且，坐禅还充满着风险且费时费力：

> 一边顿证，则一念作佛；一边差别，则堕在二乘。穷空不归，四六二万十千劫，修行再入轮回。③

既然观想、偈颂、坐禅都不可行，如何才是修禅的妙道呢？慧远给出观点：

> 繁兴永处那伽定，那伽常在定，无有不定。时乃至风动尘起，云行雨施，悉皆在定。傅大士云：欲学诸三昧，是动非坐禅，心随境界

---

① （宋）慧远：《瞎堂慧远禅师广录·答陈郎中》卷3，《续藏经》第69册，第585页中栏。
② （宋）慧远：《瞎堂慧远禅师广录·奏对语录》卷2，《续藏经》第69册，第573页中栏—下栏。
③ 同上书，第573页下栏。

流。云何名为定？此乃是不动真智也。①

培养心随境界流而不动的真智慧，才是修禅的主旨，如此一来，重点则在于无住空观。为了阐明如何无住，慧远揭示了禅机的奥秘。"禅者禅机，多明格外之机，兵者兵机，眼观东南，意在西北。如人着棋相似，谓之机行。"兵家讲求声东击西，禅机则重言外之空意，若以眼观，就会陷入迷雾之中，只有随机轮转而了无住着，才能体会真智慧。

> 是故华严经云：住着世间，成凡夫行。金刚经云：应无所住而生其心。维摩经云：从无住本，立一切法。又楞伽：以佛语心为宗，无门为法门。是也，所以道：善用佛眼莫窥，善窃鬼神莫知。②

佛眼即无住之心，随万物而不生贪著，为此，慧远更做《华严经普眼不见普贤》，诗云：

> 飘飘一雁落寒空，步步追空觅雁踪。蹋破草鞋跟已断，巍然独坐大雄峰。③

禅机如此，习禅之人就要注意避免思辨、断除知性分析的思维，由此显示了机锋的重要性。

其三，如何"机锋"？

机锋是临济的主要教学方法，通过充满深刻寓意的对话来验证对象的境界，并引导学者顿悟。慧远就如何教学的问题，曾与上篮乘长老沟通，并表达了自己的意见：

> 若菩萨断障，如染一縷丝，一染一切染，如斩一縷丝，一斩一切斩。有甚么共语分？如为方来，挂牌入室，升座小参。直须放出毒手，快下锋刃，一时截断，无令相续。更须揭起脑盖，倒转舌头，滞

---

① （宋）慧远：《瞎堂慧远禅师广录·奏对语录》卷2，《续藏经》第69册，第573页下栏。
② 同上书，第576页下栏。
③ （宋）慧远：《瞎堂慧远禅师广录·颂古》卷4，《续藏经》第69册，第590页上栏。

向寻言者，教他一个个觅起灭，蹲坐处不得，始有自由分。然后，拈东家钵盂，吃西家粥饭，用自己钱，本使他人利息，打杀有甚么过？遇境逢缘，倒使司农正印，与从上佛祖，抗戾而行。①

机锋的目的在于断障，切断念念相续的思辨，一断一切断，不再生起念头，进而息灭妄念，随缘方便，做到无念、无住，以至无相。

其四，何为《华严经》？

淳熙元年（1174），慧远入内向孝宗介绍了《华严》和《圆觉》两部经，并以无相非空来解释《圆觉经》的经名。

> 上曰：如何是圆觉？师奏云：离相即圆，非空故觉。上曰：非空只是不落断灭处？师奏云：忧落断灭者是谁？圆觉谓之小本华严。上曰：如何是大本？师奏云：华严总有上中下三本，世尊七处九会说。今人间见传者，乃是下本，其余两本，尚镇龙宫，流通未到。上曰：七处九会者如何？师奏云：普光明殿说三会，后一会广作三处，其他共成九处九会，后李长者，及诸宗师，广作十处十会。上曰：只有九处九会，如何是那一会？师奏云：即今对陛下说底。上首肯之。②

慧远将《圆觉经》称作小本《华严经》，定然是受到宗密的影响，而接受李长者关于《华严经》十处十会的说法，在当时也很常见。由此看来，慧远非常熟悉华严思想，可谓信手拈来。

与圆悟禅师侧重"颂古"、宗杲禅师力倡"看话禅"相似，慧远擅长在应机性的对话中融入华严、特别是事事无碍的思想以辅证观点，在这点上，他与以往禅师并无不同，使用方法上也没有更多的特点。只是在运用华严名相、意蕴、经文来增强理论的说服力时，慧远显得更加灵活机变，其华严禅的最大特点，就在于机变。因此当面对皇帝的各种提问亦能从容淡定，获得首肯。他的灵活机变引出不拘一格的教学方式，如此方可教导出道济和尚这般"癫僧"出来。

---

① （宋）慧远：《瞎堂慧远禅师广录·答上蓝乘长老嗣书》卷3，《续藏经》第69册，第584页上栏。

② （宋）慧远：《瞎堂慧远禅师广录·奏对语录》卷2，《续藏经》第69册，第574页中栏。

总而言之，事事无碍观中蕴含的一即一切、一心法界和圆融无碍等观点是禅宗钟情于它的主要原因，对于号称"不立文字""教外别传"的禅宗，它不仅能够弥补禅宗义理方面的不足，还可以为其无念、无相、无住的参禅修行提供学理基础，是故很多禅师在讲学时都热衷于引用华严思想、甚至"事事无碍观"，也就不足为奇了。

第七章

法界缘起与性具思想之交涉

中国佛教史中,华严宗与天台宗曾发生过多次跨时空论辩,华严宗方面,以澄观为主导,通过融合诸宗思想,发展了法界缘起观,捍卫了本宗的论点。两宗论争的焦点主要有两个,一是法界缘何有染?二是"无情"是否"有性"?涉及的主要理论就是法界缘起之"性起"说和"诸法实相"之"性具"说。我们先来系统地梳理一下天台宗的"性具"思想,再来探讨华严宗是如何回应这些问题的。

第一节 性具思想

天台宗核心思想是"诸法实相"论,智者大师在此基础上提出了"一念心"的概念,将"心"作为观照对象,进而推论出性具善恶的独特观点,因循这一逻辑线索,虎溪怀则明确了性具的立宗特征,并依此厘清了"修恶非断恶"的天台实践基础。

一 "一念心"论

在中国佛教中,"心"是一个极其重要的范畴,它可以表述为生理之心、精神之心、众生成佛根据的佛性之心、蕴含真理的如来藏之心、思虑的主体之心等等。就智顗来说,他在《法华玄义》中对于"心"有这样一段表述:

> 心是法本者,《释论》云:一切世间中,无不从心造。无心无思觉,无思觉无言语,当知心即语本。心是行本者,《大集》云:心行大行遍行,心是思数,思数属行阴。诸行由思心而立,故名为行本。心是理本者,若无心,理与谁合?以初心研理,恍恍将悟,稍入相似

则证真实，是为理本。①

依此论，我们来逐次分析心所本具之内涵。

"心是法本者，《释论》云：一切世间中，无不从心造。"心有能生的功能、创造万物，全体现象界都是由心的一时念动所发。《大乘起信论》建立起"一心二门"的思想架构，将心分为真如心和生灭心。真如心就是如来藏心，自性本来清净，不生不灭。由真如心缘起生灭心，生灭心即是无明心，是世间万法生起的根源。②然而其中蕴含着一个理论困境：自性清净的真如心如何能生起杂染的无明心？与《起信论》相似，智𫖯之心也兼具真如和无明的性质：

> 色心不二，不二而二。为化众生，假名说二耳。此之观慧，只观众生一念无明心。此心即是法性，为因缘所生，即空即假即中。……今虽说色心两名，其实只一念，无明法性十法界，即是不可思议一心，具一切因缘所生法。一句，名为一念无明法性心；若广说四句成一偈，即因缘所生心，即空即假即中。③

心就是一念心，是在极短的时间内生起的种种心识、念头。于心中产生的一念，即具法性和无明两种性质的心识，法性和无明居同等地位，皆源于同一心中。观"心"也正是观此"一念无明法性心"。由此可以看出，心既是法性心，是清净无染的；又是无明心，有杂染不净的性质。在"不可思议一心"中，一切因缘所生法，尽皆呈现，牟宗三说：

> 从无明立一切法，亦可从法性立一切法，总说则为"从一念无明法性心立一切法"。④

从这层意义上理解，心即实相。故而，世间诸法有善有恶，同一事物

---

① （隋）智𫖯：《法华玄义》卷8，《大正藏册》第33册，第778页中栏。
② 参见高振农《大乘起信论校释》，中华书局1992年版，第10页。
③ （隋）智𫖯：《四念处》卷4，《大正藏》第46册，第578页上栏—下栏。
④ 牟宗三：《佛性与般若》，台湾学生书局1993年版，第679页。

会表现出时善时恶的不同侧面也就不足为奇了。

> 心是理本者，若无心，理与谁合？以初心研理，恍恍将悟，稍入相似则证真实，是为理本。①

理即是佛教所谓的真理，它包含于"心"中，透过心，不仅可以研发真理，深入进去，更可以体悟宇宙之本然。在天台宗的教义里，"诸法实相"就是佛教的最高真理，证悟了"诸法实相"的境界，也就获得了佛的智慧。何谓"诸法实相"？诸法即一切事物，这里指一切存在呈现出来的现象。实相指法性，无差别的真理。智颢认为诸法实相是大乘佛教的根本概念，就如他所说：

> 大乘经但有一法印，谓诸法实相，名了义经，能得大道。若无实相印，是魔所说。②

在智颢看来，一切现象的本身就是法性的体现，现象就是实相、本质，现象与本质是相即不二、并不是分开存在的。如果要认识万法，应该缘相而寻，而无须脱离于事物另觅本质。

从认识论角度来看，心是能观的主体。"对境觉知，异乎木石，名为心。次心筹量，名为意。了了别知，名为识。"智颢将心分为心、意、识三种认知能力。能感觉到外境，具有主体感受能力，不同于无情之草木瓦砾。意为思量，对现象的考察、认识。了别为识，分别思虑的能力，对万物做出区分方有三千世界的呈现。"无心无思觉，无思觉无言语。当知心即语本。心是行本者，《大集》云：心行大行遍行，心是思数，思数属行阴。诸行由思心而立，故名为行本。"心具思虑功能，能思虑方能语言。而"行"为行动，有心的思考才能指导身体的行动。有语言和行动作为主体认识的外在载体，心的认识能力就可以发生作用。认识活动的产生是认识主体作用于认识对象，力图对其发生了解的过程。"在智颢的撰述里，作为认识对象的如来藏理与作为认识能力的如来藏智，被要求统一于'一

---

① （隋）智颢：《法华玄义》卷8，《大正藏册》第33册，第778页中栏。
② 同上书，第779页下栏。

念心'，彼此呼应，而不可以剖分为不相干的两截。"① 在整个认识进程中，心既是能知，也是所知。既是认识的主体，具有思虑、了别的作用；也是认识的对象，具备众生证悟成佛所指向的真理。这样，将心立为认识的起点和终点，有其理论上的合理性。另外，智𫖮理论体系中的"心"，也就是众生心，是众生所同具的本然之心。是人就必有心，既然每个人都有，就不用向外界寻求，只要返观内心，内求诸己，就有可能获得成就。所以，以观"心"为认识万法的途径更是便利、有效的，正如智者大师在《法华玄义》中说："但众生法太广，佛法太高，于初学为难。然心佛及众生是三无差别者，但自观心则为易。"

诸法由心造，然而诸法的相状在智𫖮的理论体系中究竟是怎样的？心与物的关系是怎样被联系起来的？基于"诸法实相"说，智𫖮提出"一念三千"说，将心与万法在现象的起灭过程中置于等同地位，系统地阐发了对心物不二的看法和理解。

"一念三千"表达了这样一种观点，即"一念心"中既有万有的体现，也具备诸法的实相。具体展开，涉及十如是、十界互具和三世间等学说②。"一念心"就是"一念无明法性心"，"三千"意指现象界。百界千如集于一心，融合三世间，形成三千世界。三千用以形容宇宙万物森罗万象，指称现象界的全体，但就"三千"而言，仅是一数字，一种概说，诸法千差万别，瞬息万变，何止三千而已？表陈三千的主要用意是，只要心念一动，即刻具足宇宙万法。

> 夫一心具十法界，一法界又具十法界、百法界，一界具三十种世间，百法界即具三千种世间。此三千在一念心，若无心而已，介尔有心即具三千。亦不言一心在前，一切法在后；亦不言一切法在前，一心在后。……若从一心生一切法者，此则是纵。若心一时含一切法者，此即是横。纵亦不可，横亦不可。只心是一切法，一切法是心故，非纵非横，非一非异，玄妙深绝，非识所识，非言所言，所以称

---

① 李四龙：《天台智𫖮的如来藏思想述评》，《中国哲学史》2004 年第 4 期。
② 十法界，即地狱、饿鬼、畜生、阿修罗、人、天等六凡和声闻、缘觉、菩萨、佛等四圣；十如是为诸法同具的十种性质；三世间是五蕴、众生、国土。

为不可思议境，意在于此（云云）。……①

三千世间与一念心是同步的，若无心则已，若有心念生起，此心就融三千世间，"介尔有心"，世间上的一刹那，心动就有三千性相的体现。"一心具十界"，从地狱到佛，起恶念就是四恶道，起善念即天、人，思圣道即为四圣。"一法界又具十法界，百法界"，因十界互具，心一动则具有百法界，"一界具之十种世间"，十界互具，又各有三种世间，百法界即具三千世间。"此三千在一念心"，一念动处就是现象的整体。三千世间或显或隐，或染或净，皆是"一念无明法性心"于两种性相的表呈，在具体事物上又达成相即并会于一心。所以，与其说是心生万有，莫若说是心具万象，这样，心同时也是所生。能生所生于心一体中所同具，既是创造主体，也是被创造的客体；既有万物本体的意义，又与万物体性合一，心物融合贯通，不一不二。万法繁杂，变幻莫测，如果以观察万千现象的种种差别相为切入点去探寻诸法的普遍本质，一物一物地去格以取得真理性的认识，不仅在认识能力上达不到，于实践中亦不可能实现，况且也难以保证认识活动所取得的知识的普遍性和必然性。既然如此，莫若返归于一心，把"心"确立为认识的对象，将认识的重点放在观"心"上，这样的求知方式也是理论和实践上的必然结果。

"一念三千"说解决了观"心"在认识结果上能够取得普遍性的问题，就具体的操作过程而言，心与万法又是何种关系？"亦不言一心在前，一切法在后；亦不言一切法在前，一心在后。"在时间性上，一心与一切法是同时性的。"若从一心生一切法者，此则是纵。若心一时含一切法者，此即是横。纵亦不可，横亦不可。"纵是时间上的先后，横是空间上的包含，心与一切法在"一念三千"的运行过程中既无时间意义的先后，亦无空间上的包含。二者既不是生成，亦不是包含关系，"只心是一切法，一切法是心故，非纵非横，非一非异"。心物一体，心动则物显，心息则物隐，因其"玄妙深绝，非识所识，非言所言"。心在"一介尔"的短瞬间与万法合一的境界之高，非言语可以表述，非凡夫的认识能力所能及，故称"不可思议境"。但"不思议并非神秘，不过表示这是无待

---

① （隋）智顗：《摩诃止观》卷5，《大正藏》第46册，第54页上栏。

第七章 法界缘起与性具思想之交涉

的、绝对的而已"①。凡夫如果想求得正果，就要不断修行，希求观悟到此境界，而途径之一就是观"一念心"。

> 从一切法存在的意味说，智顗又发展了慧文的"一心三观"思想成为"圆融三谛"的观法。②

心既是认识的主体，又是认识的对象，观"心"就是要具体考察心与诸法所同具的实相。天台宗对于实相的解释，是通过观"一念心"而引发的同时观照心所具备的空、假、中三谛，即智顗的"一心三观"所实现的。

> 若一法一切法，即是因缘所生法，是为假名，假观也。若一切法即一法，我说即是空，空观也。若非一非一切者，即是中道观。一空一切空，无假、中而不空，总空观也。一假一切假，无空、中而不假，总假观也。一中一切中，无空、假而不中，总中观也。即《中论》所说不可思议一心三观，历一切法亦如是。③

空、假、中三观在一心中是同时进行的，介尔一念同时照见三观，一观起则三观同现。以空观，则假观、中观皆空，空观能破一切执着；以假观，则空观、中观皆假，假观立一切法相；立中观，则空观、假观皆中，中观使空、假不二，万法相待于心。此三观只在一心，谓之不可思议三观。

既然一念心中同具三千世界，从一念心出发，以空、假、中三个角度观照诸法实相，以空观诸法，则侧重于一切存在自性本空，假观是观一切存在是缘起假名，以中观是观一切存在非空非假的中道实相。以心作为认识主体，而诸法与心同一，则观照诸法也就是反观自心，一念心也就可以从三观即三个角度同时考量。当把心转为客体时，智顗将"一心三观"反思为"三谛圆融"说。空、假、中三谛互相融合，一谛兼具其他三谛，

---

① 吕澂：《中国佛学源流略讲》，中华书局1979年版，第331页。
② 参见张风雷《天台先驱慧思佛学思想初探》，《世界宗教研究》2001年第2期。
③ （隋）智顗：《摩诃止观》卷5，《大正藏》第46册，第55页中栏。

三谛可同时为一心所观照，也可以说，一心同时观照三谛。三谛就是诸法实相的三个方面，即空谛（诸法本性空），假谛（诸法假有），中谛（空假不二）。

　　在观法上，三谛不是一种先后次第的关系，而是并存于同一对象上的不同侧面，这样来观察思维三谛，便名"圆融三谛"。①

万法本具实相，每一法在自身内都体现三谛的圆融无碍，于一心中同时存在，不分主次先后，即，任一现象在存在上都是空、假、中三者的相互依存、相互包含，既空又假又中。一念心起"即空、即假、即中，虽三而一，虽一而三，不相妨碍"。圆融三谛即是一切现象的本质内涵，诸法虽千差万别，但从诸法即实相的立场出发，无一不是真如的显现。"生死即涅槃，一色一香皆是中道。"这种三谛圆融的不可思议境，也是无言语可表述的，在宗教实践中只能以心观"心"。

二　性具善恶

在这里，智𫖮把客观的三千与主观的一念心相提并论，为之后以修心指代具体修行提供了认识论基调。如此一来，包括恶在内的世间现象既可以纳入到三谛圆融的圆义之中，而且于止观修行角度也提供了便利的途径。我们知道，中国化的几大宗派中，多以性善为本体论基础，如华严宗"如来藏自性清净心"、禅宗"明心见性"的真如本性等。天台另辟蹊径，判教立宗，以圆教自诩，自然与性具思想的圆满性为旨归。那么，何谓"性具"？它意指本觉之性，具菩萨界以下九界的恶法和佛界的善法，总具十界三千之善恶诸法，故又称体具、理具。准确地说，性具应表述为性具善恶，与别宗不同之处就在于，天台宗不仅认为性具善，更主张性具恶，这是该宗最显著的特点之一。性恶说的提法，始见于智𫖮《观音玄义》，其中对于性的解释是"性以据内"，内性不可改，如竹中火性，虽不可见，却不可否认其存在。性是本具的理体，理即是佛教所谓的真理。它包含于"心"中，透过心，不仅可以研发真理，深入进去，更可以体悟宇宙之本然。如果以智眼观照，即"心具实相"，就可知心具一切性。

---

① 潘桂明、吴忠伟：《中国天台宗通史》，凤凰出版社2008年版，第120页。

第七章 法界缘起与性具思想之交涉

既如此，成佛的修行过程不可能脱离世间，行道必在当下。我们平常思维认为，行善即是向道，善是佛道，与实相相应，恶是非道，与实相相背。但智𫖮指出一点：善恶是相对的，"背善为恶，背恶为善"，一个善的东西，比之更善的东西，也是恶了，这是圆满与缺失相较的结果。诚如他所说：

> 夫善恶无定，如诸蔽为恶，事度为善，人天报尽，还堕三途，已复是恶，何以故？蔽度具非动出，体皆是恶。二乘出苦，名之为善，二乘虽善，但能自度，非善人相。《大论》云："宁起恶癞野干心，不生声闻辟支佛意。"当知生死涅槃俱复是恶。六度菩萨慈悲兼济，此乃称善，虽能兼济，如毒器贮食，食则杀人，已复是恶。三乘同断，此乃称好，而观别理，还属二边，无明未吐，已复是恶。别教为善，虽见别理，犹带方便，不能称理。《大经》云：自此之前，我等皆邪见人也。邪岂非恶？唯圆法名为善。善顺实相名为道，背实相名非道。若达诸恶非恶，皆是实相，即行于非道，通达佛道。若于佛道生著不消，甘露道成非道，如此论善，其义则通。[1]

唯有"圆法"可称为真正的善，也正是前文所述之"不可思议境"，九道与佛道相比，哪怕是菩萨道，也可称恶。倘若明白了这个道理，于世间修行就不是空乏于一心修善。因为若单以善法修止观，碍于六弊不息，并不能做到完善，故应当于恶中观修智慧。这正是"达"所暗含的善恶转化的辩证思维。如果能够了达诸恶并非实然的恶、只是善的另外一种形式，或者说也是实相的显现，虽于表象上是行于非道（修恶），实则正是行于佛道的正途之上，所谓"条条大路通罗马"。按照此逻辑，纵然以至佛道，却生起贪着之心，涅槃得道也非是真正的佛道、未达圆满的境界。

由此可知，性恶虽是修恶的理体，其恶不可改、不可断，但如果能够达于性恶，不为恶所染，即怀性恶而向善、通于善恶而不执，方为圆满。基于此，相对的恶必定无法满足修恶的要求，也就是无法极致地凸显佛道，因此智𫖮在阐释"非行非坐三昧"中，立显著的恶，即与六度相反的六弊来作为修止观的对象，详解历经诸恶修习止观的观点，而这点恰恰说

---

[1] （隋）智𫖮：《摩诃止观》卷2，《大正藏》第46册，第17页中栏—下栏。

明了智𫖮强调性恶的主旨虽有凸显天台宗性恶思想之与众不同，却绝非面对性具善恶的无可奈何，相反却点明修恶的必要性。世间之恶普遍存在，既是诸法实相的自然显现，也是经验世界的现实体会，逃避甚至无视是无法解决问题的，更与趣向圆满佛道背向而驰。直面性恶，既破除了人们对于善恶定论的执着，又可消除自是而他非的偏见，并扫清了认识上的障碍，从而树立"唯道是尊"的观念。同时，既然普遍的恶伴随着人生，如果不能妥善对待，就很容易陷入迷茫困惑、暴力冲突中不能自拔，因此智𫖮认为不妨转变视角，化避恶不谈为恶中体善，如此不仅可以避免"摧折俯坠，永无出期"，更可以提升修行的境界、甚或修成正果，这便是"即恶观心"，"当于恶中而修观慧"。

三　澄观以"性起"回应"性具"

关于法界缘起之诸法为何有染法的问题，澄观通过"佛性不断性恶"的角度予以解答，前文已详述，这里仅做部分补充。

在解释"心如工画师"之喻时，澄观认同智俨和法藏的说法，将缘起分为染缘起和净缘起两层，将净缘起等同于性起，视性起与缘起是一体两用，二者心体一致。但不同的是，澄观为了回应天台宗的诘难，转而从体性上做起了文章。他认为，性起与缘起、佛与众生并无实质的不同，二者的差别性仅取决于心体（主体）的迷与悟。以如来藏自性清净心为体，以缘起为用，依主体觉与不觉而显性起与缘起，缘起的性质只取决于主体的选择；法界缘起是性起和缘起的总称，性起与缘起的关系就是一体之两面。澄观依于心体的同一性拓展了佛性的内涵，性起的应用范围也就随之扩大了。众生若觉悟，缘起的世间就是性起的出世间，缘起法界的无尽圆融即是世间法现象背后的真相。性起诸法依本性显现，诸法实相便呈现为圆满无尽的现象圆融。不过澄观对佛性范畴的发展，体现为一种非此即彼的静态诠释，相较于此，天台怀则明晰了"性具"说的动态转化，从"修恶非断恶"的角度，要求众生具有更强烈的道德担当和紧迫感。

四　修恶非断恶

智𫖮的性恶思想在其止观法门中体现得淋漓尽致，而后世继承者怀则在《天台传佛心印记》中，开宗便道："只一具字，弥显今宗，以性具

第七章 法界缘起与性具思想之交涉

善,他师亦知,具恶缘了,他皆莫测。"① 更进一步明确指出天台宗的立宗特点就在于"具"所涵盖的性具思想。此言本出自知礼《观音玄义记》,侧重强调性恶以表达天台宗主旨,怀则秉承师说,以性本具恶,理清与他宗的区别。但此性恶说的旨趣并非与别宗一样,想在修行中断除恶根,而是强调修恶即性恶、而非断恶的问题。别教对于恶的态度是明确主张断恶的:"别人不具性恶,故如淳善人不能造恶,为无明所牵方能造恶也。"如果界定唯有性善、只有佛性,如淳善人,一尘不染,那么日常所行就只应为善而不能作恶,即使作恶也是为恶人所逼迫,因此必须断除一切恶源、回避种种恶行。然而此种说法毕竟无法圆满解决恶——无明的问题:义理层面,不能解释缘何"无明"?实践层面,降低了主观能动性。是故怀则说:"圆人性具善恶,故如君子不器,善恶俱能,体用不二。"天台主张性具善恶,可以解释无明与法性为一体之两面;修恶非断恶,就可面对困境时积极主动、开发智慧、化恶为善、体用不二,摒除"本来无一物"的逃避态度。怀则引用《论语》"君子不器"的说法,形象的阐释性善就如器物,各适其用、不能相通,性具则用无不周,非单具一才一德,为成德之士。

> 释论云:淫欲即是道,痴恚亦复然。如是三法中,具一切佛法。淫欲痴恚,修恶也,具一切佛法,即性恶也。又经曰:弹指散华,低头合掌,皆成佛道。弹指等,修善也,皆成佛道者,即性善也。②

由此可见,性具善恶,修善修恶,同归于修持佛法真义。性恶即止观依止的三谛圆融,不断性恶,个体修恶,"方显九界三道修恶,当体即是性恶法门。性恶融通,无法不趣,任运摄得佛界性善,修恶既即性恶,修恶无所破,性恶无所显。是为全恶是恶,即义方成。"即修恶而成性恶,惟患性善无不达圆满。

当然,修恶不断性恶的义理是一方面,具体修恶的方法又是另外一方面,对此,智者大师曾提出警戒,并非所有人都适于以修恶为出发点的,它只适用于智慧深厚、善识机缘的人,否则,若不达其法,缺乏技巧,反

---

① (宋)怀则:《天台传佛心印记》卷1,《大正藏》第46册,第934页上栏。
② 同上书,第936页中栏。

而会弄巧成拙，适得其反，智者称此类人为"大乘空人"。此类人的不良修行会带来两种恶果：其一，对修行个体的影响为，如果智慧不满，容易陷于贪痴等五欲不能自拔，动摇不坚定的观法，对自身修行造成极大的伤害；其二，对佛教整体的社会影响为，易于对不明就里的世人造成"无非不造"的观感，损伤佛教形象。因此智𫖮提出修恶的观点，其出发点在于得道之菩萨的化他法门，这是一个必须点明的重要前提。故此，"如上所论，且在自行，未涉化他"。如果关涉化他，又怎么来理解修恶不断性恶呢？怀则以批判唯识宗"一阐提人不具佛性"的观点为切入点，援引《观音玄义》的文句，用一问一答的形式阐释了这一问题。

> 故曰诸佛不断性恶，阐提不断性善，点此一意，众滞自消。问曰：阐提与佛断何等善恶？答：阐提断修善尽，修恶满足；诸佛断修恶尽，修善满足。问：修善修恶，既是妙事，乃属所显，何名所破？答：修善恶即性善恶，无修善恶可论，斯是断义故，诸佛断修恶尽，阐提断修善尽。修善恶既即性善恶，修善恶何尝断？斯不断义，断与不断，妙在其中。问：阐提不断性善修善得起，诸佛不断性恶还起修恶否？答：阐提不达性善为善所染，故修善得起，广治诸恶。诸佛能达于恶，故于恶自在恶不复起，广用诸恶化度众生，妙用无染名恶法门。虽无染碍之相，而有性具之用。[①]

善恶即为一而二、二而一的关系，修善恶乃即性善指明对于修法并非本性的区别，更无善恶的差异。

诸佛与众生都具真如法性，本来具足三千世界，犹如君子不器，善恶皆能为用，辅助以法藏大师真如不变随缘、随缘不变的观点。《华严经》有云：能随染净缘遂分十法界。怀则认为，于法界之中，染净并非是有无关系，而是显隐的关系。众生迷而随染缘造九界，此时佛隐而九界显，虽说有情有染无法体会三千妙用，但佛性并非不存在、不显，只是不彰，没有进入众生的迷妄的意识中，视而不见，空入宝山归。反之，当诸佛悟而随净缘造佛界时，则佛显而九界隐，虽说九界并未显露，但就其本性而言，是究竟圆满的，因此佛境中能够实现舍用自在，舍九界之体，便可呈

---

① （宋）怀则：《天台传佛心印记》卷1，《大正藏》第46册，第934页下栏。

现佛显而九隐的情况，甚至于，若能体认到体用不二、性具善恶的究竟法门，则十界同时彰显。在这里，怀则辩证地指出了断性与修性之间的差别。性不可断，前文已述，无论一阐提人或是佛，其性只有显隐却不是有无之断灭与否；而修可断，一阐提人断了修善之心、佛断了修恶之心，修善恶虽有断，然性不断，故众生与佛只是断修与否的不同态度和选择，真如佛性之本体并无不同。既然一阐提人不断性善恶，只是断了修善，故而可转化断善为修善，发心即可继续修善得道；同时，既然诸佛不断性善恶，只是断了修恶，故而可立时修恶，以得道之佛身，现身说法，示现普门，随缘广用诸种恶法、擅摄妙法化度众生，同时自身不染诸恶，虽行恶却不著于恶，故强名之为恶法门。在此期间，佛菩萨以自在化他之恶法门普化众生，非但不显染碍之相，反而体现了性具的妙用之功。这里必须指出，虽是后来者，但怀则所主张的"修恶非断恶"的思想并未超出智者大师"一念无明法性心"的格局，却可视之为对智者的一种补充，就内在逻辑而言确是一脉相承的。

第二节 "无情有性"说

一 "无情"是否"有情"？

"无情有性"是天台宗又一创新学说，乃天台"中兴"的代表人物——湛然在智者大师"性具"思想的基础上发展而来的。湛然认为华严宗的"性起"说只承认"有情有性"，而不具"无情有性"的内涵，不是圆义，因而专门著书《金刚錍》，细致地阐述了"无情有性"说。

> 且云无情有性，若分大小，则随缘不变之说出自大教；木石无心之语，生于小宗。子欲执小道而抗大达者，其犹螳螂乎！何殊井蛙乎？[1]

佛教历史上，小乘并没有"无情有性""无情成佛"的说法；大乘佛教中，唯识宗以"五性各别"说判定"不定"和"无性"不能成佛；中

---

[1] （唐）湛然：《金刚錍》卷1，《大正藏》第46册，第782页下栏。

国佛教之华严宗、天台宗和密宗则持有此论。华严宗以法界缘起说为代表，密宗则认为万有本来为"六大"①所成，故并无有情、无情的区分，"无情成佛"则为当然之论。

湛然之"无情有性"说的立论基础是借鉴了法藏"真如不变随缘"的观点，从万法与真如同一的角度，认为既然无情与有情同属"万法"，从圆满意义上来看，必定内含了"佛性"于自身。

> 万法是真如，由不变故；真如是万法，由随缘故。子信无情无佛性者，岂非万法无真如耶？故万法之称宁隔于纤尘，真如之体何专于彼我？②

在这里，湛然等同了真如与佛性的含义，真如遍在一切法，是故一切法皆应有佛性。在此基础上，他批评其他诸宗为"不见无情法界及实际等，但名法性非佛性"，并引用《华严经》经文以证明自己的论点：

> 何故《华严须弥山顶偈赞品》云："了知一切法，自性无所有。若能如是解，则见卢舍那。"岂非诸法本有舍那之性耶？又云："法性本空寂，无取亦无见。性空即是佛，不可得思量。"又，精进慧云："法性本清净，如空无有相。此亦无所修，能见大牟尼。"岂于无性又云无修能见牟尼？又，真实慧云："一切法无相，是则真佛体。"既真佛体在一切法。③

从其特意引用《华严》经文的行为可看出，这种指责更多是指向了华严宗。既然真如既是佛性，那么真如随缘就是佛性随缘，"佛之一字即法佛也"，是故法佛与真如是一体而异名的关系。

> 华严又云："众生非众生，二俱无真实。如是诸法性，实义俱非

---

① 六大，又名六界，分别是地、水、火、风、空、识。此六法周遍一切法界，造作有情非情，故名大。
② （唐）湛然：《金刚錍》卷1，《大正藏》第46册，第782页下栏。
③ 同上书，第783页上栏。

有。"言众生非众生，岂非情与无情？二俱随缘并皆不变，故俱非有。所以法界实际一切皆然。故知法性之名不专无情中之真如也，以由世人共迷法相名异体一故也。①

我们认为，湛然对华严宗的"指控"并非没有道理，当法界缘起说发展至法藏时，"性起"之"性"虽已被细致地区分为"理""行""果"三位，但概括而言，法界缘起的表述多为依有情而言"性起"，因为唯有有情才能具备理行而至果。也许是意识到了"性起"说对于无情的"忽视"，法藏在解释何以华严宗以法界缘起说为"宗趣"时，以"性起"说指代法界缘起，从十个方面分别论证，其中在"八通局门"中，用问答的形式提出"无情有性"的主张。

问：既局佛果，何故下文通一切法？答：若三乘教，真如之性通情、非情，开觉佛性，唯局有情故。《涅槃》云："非佛性者谓草木等。"若圆教中，佛性及性起，皆通依正，如下文辨。是故成佛具三世间，国土身等皆是佛身，是故局唯佛果，通遍非情。②

法藏站在判教的立场，认为三乘教法承接了因位而主张"开觉佛性唯局有情"，华严宗则"局唯佛果"，从果位而主张了佛性"通遍非情"，由此声明了华严宗"无情有性"的主张。按照华严宗判教理论，法界缘起乃终极圆教之说，于"毗卢遮那佛"果位现起了缘起法界的诸法实相，万物十身具足、融三世于无碍。延续其中的逻辑内涵可以推导出中道佛性遍于法界、包括有情无情在内皆具佛性的结论。以旁观立场而论，众生因迷妄而别执二法为差别相、见色心依正有种种不同；真相却是色心依正只因成就正觉的佛陀，见诸法实相并无不同，故无论有情与无情皆具佛性。

二 "无情"能否"成佛"？

可是湛然提出"无情有性"说，并非仅仅满足于判断"无情"是否"有性"的阶段，而是要进一步推出"无情成佛"的论点。他在反驳"无

---

① （唐）湛然：《金刚錍》卷1，《大正藏》第46册，第783页中栏。
② （唐）法藏：《华严经探玄记》卷16，《大正藏》第35册，第405页下栏—406页上栏。

情无性"说的理论基础时,明确指出"真如在无情中但名法性,在有情内方名佛性"的说法并不是《大智度论》的语句,认为这句"名言"乃"谬引章疏之言世共传之,泛为通之,此乃迷名而不知义。"所谓"不知义",便是指法性与佛性实为一体异名,所觉就在能觉之中,二者不是互斥的,而是"自会一如"的。

> 故知:觉无不觉不名佛性,不觉无觉法性不成,觉无不觉佛性宁立。是则无佛性之法性,容在小宗;即法性之佛性,方曰大教。①

因此,既然无情具有"觉"义的佛性,就应然具有成佛的可能性。同时,从依正的角度来看,依报共造、正报别造,能造与所造都是唯心所系,心体的普遍性不会区别依正的局限,所以十方佛土皆应具有众生理性心种,有心即有佛性。

不过我们认为,单从"无情有性"是不能直接推出"无情成佛"的结论,前者只是提供了成佛的合理性,然并未具有成佛的必然性,由可能性转换为现实性,尚需要以合理性为支撑,须多种因素的结合。有情与无情的最大区分,即在于有情具有能显性、即能动性特征,无情草木只是被动的"所显"。正是在这个层面,澄观为了说明"非情非有觉性",析清了"性"的两种含义,即种性和法性,"以性从缘,则情、非情异,为性亦殊"。借由"以文殊大智为能显,普贤法界为所显"阐释了只通过主体的修行获得圆满功德,才能将"成佛"的可能性转换为现实性。从法性而言,"性起"与"缘起"是无差别的,"泯缘从性,则非觉不觉"②。但二者之间却有"显"与"不显"的差别,其节点就在于有情的"觉"与"不觉",这是观照种性的结果,只有本具能觉之心的有情才能成就缘起法界之圆融无碍,"况心为总相,又融摄重重哉。"为了更加凸显有情众生的独特性,澄观在判定"始教"时,批评了"有情成佛"说,认为之所以会有此类观点,是因为曲解了"性相相融"理论。

---

① (唐)湛然:《金刚錍》卷1,《大正藏》第46册,第783页上栏。
② (唐)澄观:《华严经疏》卷30,《大正藏》第35册,第726页下栏。

"以情之性融无情相，以无情相随性融同有情之性，故说无情有成佛义。"① 他反驳道，如果认同这种思路，那么反过来理解，以无情不成佛却能"融情之相"出发，也能得出众生不成佛的结论，这岂不是很荒谬吗？那么为什么会有误解呢？

> 以成与不成、情与无情无二性故，法界无限故，佛体普周故，色空无二故，法无定性故，十身圆融故，缘起相由故，生界无尽故，因果周遍故，远离断常故，万法虚融故，故说一成一切成也。②

原因即在于没有区分性的两种含义，用"性相相融"取消了二者的差别性。因此他感慨道，"性相相融"不是指无情亦有觉性、同有情一样可以成佛，成佛是需要修行的，即"能修因"，倘若秉持"无情成佛"说，相当于认同无情变有情、有情变无情，简直就是"邪见"！由此可见，澄观非常注重强调有情的主体性地位，而之所以会有如此犀利的论点，他显然也是受到了所谓"无情为法性，有情为佛性"的说法的影响。诚然，我们与湛然一样，也曾"委读细捡论文"，判断《大智度论》中"都无此说"，但论中多次以问答的形式解说了何为"法性"。其中明确有"有佛、无佛诸法性常空，性空即是涅槃"，说明了法性的本义就是性空。而澄观将"性"区分为种性和法性，即是将本质区分为人的本质和万物的本质，毫无疑问，从存在论层面讲，人与万法皆为存在，但作为理性存在者，具有主体性意识的人的特殊性是其他无机物所无法比拟的，故而《大智度论》也有"得是法而度众生"的说法。

> 佛告须菩提："一切法性空，是诸佛真法；若得是法，则名为佛；若说此法，名为度众生。三世佛皆亦如是。离是性空，则无道无果。"——"道"者，八圣道分；"果"者，七种果。③

---

① （唐）澄观：《华严经随疏演义钞》卷80，《大正藏》第36册，第628页上栏。
② 同上。
③ ［印］龙树：《大智度论》卷90，鸠摩罗什译，《大正藏》第25册，第698页中栏。

众生之有情毕竟不同无情，虽然以"圆教"自居的华严宗必须照顾到教义的圆满性，但从教义的传播效果考虑，力主有情、特别是人身的特殊性，必定为当然之选，由此，澄观关于"无情不成佛"的论说也对后世产生了巨大的影响。

第八章

法界缘起之能入法界

　　法界缘起是华严宗的本体学说，其理论内核为缘起法界中万物自性具足、一即一切、圆融无碍，表达了华严宗对于事物本体以及事物之间关系的基本看法。准确地说，法界缘起是华严宗针对《华严经》的主旨而归纳出的特有学说，并以此作为立宗的依据，因此，要理解法界缘起思想，便无法回避《华严经》。经文主要讲述了释迦牟尼为诸菩萨描述的佛果境界，以及趣入其中的途径、步骤。所谓佛境即"海印三昧"的境界，《华严经》曰："众生形相各不同，行业音声亦无量，如是一切皆能现，海印三昧威神力。"而"海印三昧"的境界之所以可以展现出来的原理，正是圆融法界的无尽缘起。智俨总结的："今且就一部经宗，通明法界缘起，不过自体因之与果。"这是华严宗人跳出神话思维、以哲学性思辨予以解释的说法。从核心意义上说，华严宗眼中的整个《华严经》就是围绕着法界缘起这一主题展开的，如果说我们对法界缘起思想的逐层分析是一种静态的旁观，那么善财五十三参就是对这一思想的动态演绎，亦可看成是一部凡夫趣入佛境的实践教材。

　　善财童子五十三参的故事主要出现于《华严经·入法界品》，佛陀跋陀罗所译的晋《六十华严》和实叉难陀主译之唐《八十华严》，均将其放入最后一品《入法界品》当中，般若翻译的唐《四十华严》，全称为《大方广佛华严经入不思议解脱境界普贤行愿品》，实际上就是《入法界品》的相应部分，只是相较于前两个版本，内容更加完备和详细。弘一大师曾认为，读《华严经》应读九十九卷，即《八十华严》的五十九卷加《四十华严》，后者正是对前者《入法界品》的细化和扩展。另外，西秦圣坚所译《罗摩伽经》三卷，也描述了善财童子参学的一部分事迹。《入法界品》记载了善财童子由求法到觉悟，历经文殊菩萨的点化，到处参访善知识、以行菩萨道，最终趣入无尽法界的过程，即"依人入证"。

法藏曾解释品名为：

> 入是能入，谓悟解证得故也。法界是所入法，有三义：一是持自性义，二是轨则义，三对意义；界亦有三义：一是因义，依生圣道故。……二是性义，谓是诸法所依性故。……三是分齐义，谓诸缘起相不杂故。……心境合目故云入法界也。①

这里对"法"的定义就是传统意义上佛教对于"法"的理解：任持自性，规生物解。意指认识的对象、世间的万物、事物的本质、自然的规律等。"界"是分类，即诸法是其所是和区别于他物的本质；由此引出更深一层含义：众生成佛的依据，即"因义"。"法界"一词常被用来指称包括世间和出世间在内的宇宙的一切事物和现象，同时也有诸法实相的意蕴。善财参学的全部过程，其实就是证悟何为法界的过程，也就是依据凡圣皆有的如来藏自性清净心了悟诸法相即相入、圆融无碍的境界。

既然缘起法界有能入、所入之别，我们就从这两个角度逐次展开对法界缘起在经文中的符号解读，本章侧重能入的部分，先来考察《入法界品》之文本，再来探究文本中的事物符号所承担的解释意义。下一章分判所入之佛果境界的代表符号：海印三昧和弥勒楼阁。

第一节 《入法界品》之研究史考察

针对《入法界品》讲述的"依人入证"的过程，牟宗三说：

> 经（《华严经》）中《入法界品》三十九共二十一卷即展示因中"学菩萨行修菩萨道"而入佛法界之经过。此一久远修行是藉善财童子来表示。②

尽管从澄观为《普贤行愿品》作疏始，此品就趋于别行，但谈《入法界品》始终还是离不开《华严经》的，除几部专著外，《入法界品》的

---

① （唐）法藏：《探玄记》卷18，《大正藏》第35册，第440页中栏。
② 牟宗三：《佛性与般若》，台北学生书局1993年版，第495页。

内容大都以《华严经》眷属品的形式出现在相关论著中的,想要深入地研究法界缘起思想对中国佛教的影响,必然伴随着对《入法界品》研究史的考察。同时,自从《入法界品》传译过来以后,僧学的研究态度就一直影响着对它的研究进程。大致上,《入法界品》的义学研究方法经历了早期注疏、语言学研究和"六经注我"这三个阶段,从忠实地解释文本到创造性诠释,其内在意蕴被不断地介绍和发挥。及至学人对《入法界品》的研究态度转向注重实际利益,追求实修,义学研究也随之衰微。镰田茂雄说:

> 《入法界品》是《华严经》整体的缩影,并是将其戏剧化的缩本。①

倘若从发展脉络来看,对《入法界品》的研究过程,也是中国佛教义学整体进程的一个缩影。

一 《入法界品》的传译和早期注疏

《入法界品》属于《华严经》的末品,一般来说,集成本《华严经》有三个译本,别译本有西秦圣坚之《佛说罗摩伽经》3卷、唐地婆诃罗之《大方广佛华严经入法界品》1卷、不空之《大方广佛华严经入法界品四十二字观门》1卷。相较于《六十华严》和《八十华严》,《四十华严》的《入法界品》在内容上更加详细和完备,并且新增了一卷内容,就是《普贤行愿品》,本品的别译本主要有四本:佛陀跋陀罗之《文殊师利发愿经》1卷,不空之《普贤菩萨行愿赞》1卷,敦煌出土的《普贤菩萨行愿王经》和《大方广佛华严经菩萨行藤王品》各1卷。随着《华严经》在中土的传译愈发广泛,《入法界品》本身也逐渐受到众多僧学的关注,其所蕴藏的丰富内涵被从多个角度提炼了出来,研究形式也从早期的注疏或经本解释渐次发展为引用经文、选取题材以表达学者自己的观点,及至不再关注义理的内容而转向单纯依据经文的修持实践。

从整个中国佛教史的发展来看,对于经典的研究往往都是从注疏开始

---

① [日]镰田茂雄:《〈华严经〉的构成和思想》,黄玉雄节译,《五台山研究》1991年第1期。

的。尽管早在西晋时期，已经有《罗摩伽经》传译过来，但却未能立即引起人们的注意。公元 420 年后，随着晋译《华严经》在中土的流传，讲经和注疏逐渐成为探究华严思想的主流方式，这个时候才出现了对于《入法界品》相关内容的研究，只是这种研究并没有独立出来，而是作为《华严经》的一部分，含纳于对《华严经》的整体注疏上。自公元五世纪至唐贞观初，有史料可考的华严注疏已不下百部，却多已佚失，无法探究其详。现存最早之关于《华严经》的论疏，是后魏沙门灵辨所撰《华严经论》的第十二卷，其余 99 卷已佚失，不过这部分内容也没有关于《入法界品》的论说。[①] 隋灵裕曾造《华严疏》及《华严旨归》合计 9 卷，现存之《华严经文义记（卷第六）》1 卷，是灵裕对佛驮跋陀罗所译的《华严文义记》的集记，也是目前仅存的有具体内容的早期《入法界品》注疏，日本京都国立博物馆藏有此卷装抄本。全篇讲解《入法界品》，由第十师子奋迅城童女弥多罗尼至最后第四十三普贤菩萨等 34 位善友，很明显是此注疏的最后部分。在《义记》中，灵裕概括经文的主旨为：

> 法界真法，体是缘起，自在真轨，随缘随境，普遍心尘。[②]

他将善财的参学解释为真法随缘而起的过程，每一会都在彰显法界，本末相资、首尾呼应；法界依缘起显示存在，而缘起的规律就是不刻意、随顺机缘，了义真法普遍地存于心法和世尘之中、具足不减。可以说《义记》是比较笼统地归纳了法界的体性，并没有超出当时学界对于法界的一般理解。

早期注疏的特点主要表现在僧学对汉译经文的理解过程中，尽量忠于文本的原义，对经文的字句和含义进行介绍和注解，基本上没有自己的理论创新和发挥，更多地侧重于文本的还原。而这种研究态度也同样适用于借助语言学的方法解释《入法界品》。

---

① 现存十二卷《华严经论》分别是存于日本的第 3、10、14、16、17、18 等六卷，以及存于韩国的第 51 卷至第 56 卷。此十二卷均为全本的前半部分，因此推究现存之《华严经论》并没有涉及到《入法界品》。

② （唐）灵裕：《华严经文义记》卷 6，《续藏经》第 3 册，第 36 页下栏。

二 《入法界品》的语言学研究

语言学的研究方法与注疏很相近，主要发生在经典传入中土的初始阶段，其重点在于借由词语的解释来理解经典的含义，落脚点也是还原经典的本义，是僧学沟通本土文化与异域文化的一种手段。语言学的研究方法主要表现为音义学和词义学。

（一）音义学

音义学的研究有两种角度，一是考察文字的发音，借以解释其义理；二是对梵文翻译过来的词语进行汉化解释。据道宣记载：唐沙门玄应，"以字学之富，皂素所推，通造经音，甚有科据矣"①。玄应曾造《一切经音义》（又称《玄应音义》）25卷，后被慧琳收录于自己的论著中，现已不存其单行本。《玄应音义》中对《六十华严》有注解，包括《入法界品》的内容。崔致远在法藏的传记中载有：法藏曾经有感于中国学者在阅读和理解《华严经》时，因文化上的差异导致对词文的理解产生了偏差，从而无法真正掌握其中奥义。于是他将晋译本和唐译本中的梵语与相应的汉语编在了一起，著成《华严音义》1卷，并认为这是"读经之士实所要焉"②，可惜该文当时就已失传。现存最早的用音义的方法诠释《入法界品》的文本，是法藏弟子慧苑所著的《华严音义》2卷。《八十华严》译出之后，慧苑意识到："新译之经未有音释，披读之者取决无从，遂博览经书恢张诂训，撰成二卷。"③从此以后，初学华严者可以"不远求师"，诵读经文时可以"览无滞句，旋晓字源"。不过崔致远认为慧苑之作乃继承法藏的师说，是在其基础上承接了《华严音义》之名或加以润色的成果。

此后明确的以音义来注释《入法界品》的文本是慧琳编写之《一切经音义》（又称《慧琳音义》）100卷。他认为由梵语译成汉语的经典，忽略了华文中的典故，"遂引用字林字统声类三苍切韵玉篇诸经杂史，参合佛意详察是非，撰成大藏音义一百卷"④。慧琳将玄应和慧苑的论著分

---

① （唐）道宣：《续高僧传》卷30，《大正藏》第50册，第704页下栏。
② 参见崔致远《唐大荐福寺故寺主翻经大德法藏和尚传》卷1，《大正藏》第50册，第282页下栏。
③ 参见赞宁《宋高僧传》卷6，《大正藏》第50册，第739页上栏。
④ （宋）赞宁：《宋高僧传》卷5，《大正藏》第50册，第738页上栏。

别收录于第20—23卷，对《入法界品》的音义也放置在第20和23卷。我们就以它为例，来看看用音义的方法是怎么解读《入法界品》的。慧苑在序言中说：

> 音训梵言，聊为注述，庶使披文了义，弗俟畴咨；纽字知音，无劳负。①

也就是说，对所要解释的名词，先辨明它是否符合梵音，然后再分析文义。比如，他解释弥勒的发音为"昧怛曬曳"，翻译成汉语的含义是"慈氏"。同时，他还大量地引用了汉传典籍来注解词语，比如在《入法界品之四》中解释"坦荡自心"时，借用了《论语》中的"君子坦荡荡，小人长戚戚"，以及郑玄对坦荡的解释："坦荡荡，宽广貌；戚戚，多忧惧。"② 慧苑在使用音义的方法时，立足于词语的沟通作用，并力图采用中国僧众可以接受和理解的文义和典籍来比附经文中出现的词语，侧重于音义和词义的还原和注释，站在了相对客观的角度，没有过多地阐发个人的观点。

此外，在北宋普润大师法云所编《翻译名义集》（7卷）中，记录了大量佛教经典和佛教术语，在第6、26、51篇中分别解释了《入法界品》的人名、地名和四十二字观门。辽代希麟编辑《续一切经音义》10卷，文中仅提起了《入法界品四十二字观门》和《普贤行愿赞》，未有补充。日本僧人喜海，分别就《八十华严》撰有《新译华严经音义》1卷，针对《四十华严》撰有《贞元华严经音义》1卷。

（二）词义学

词义学是对梵文字母所代表的词汇意义进行研究的方法。就《入法界品》而言，有不空所译之《大方广佛华严经入法界品四十二字观门》为代表。此经也可看作为《入法界品》的别译，文本短小，只涉及第44位善知识即善知众艺童子，借由童子开显四十二字修持法门，并逐个解释字

---

① （唐）慧苑：《华严音义》，（唐）慧琳：《一切经音义》卷21，《大正藏》第54册，第433页中栏。

② （唐）慧苑：《华严音义》，（唐）慧琳：《一切经音义》卷23，《大正藏》第54册，第451页下栏。

母所对应的般若智慧，表明通过读诵这些字母便可以参悟诸般若波罗蜜门、体会佛教的奥义，比如，不空解释阿字门为：

> a，阿（上）字时，名由菩萨威德入无差别境界般若波罗蜜门，悟一切法本不生故。①

当读出梵音"阿"字时，能够借由菩萨的外力作用，进入"无差别境界般若波罗蜜门"，参悟一切法本来不生的道理。

> 如是字门，是能悟入法空边际，除如是字，表诸法空，更不可得。②

从字词的角度说，这四十二个字是诸法性空之理的集中表述；同时这些字词的字义又无法以思维把握，只能用自我参悟的方式体会，从感受字义到体悟"一切法平等空性"，从而获得增强记忆力等二十种功德。很明显，这种研究方法是由词语的梵文发音，照搬了印度佛教中该词语所具有的神异含义对应于汉语的解释，并非个人的独特见解。为了便于记诵，不空又著《大方广佛华严经入法界品顿证毗卢遮那法身字轮瑜伽仪轨》1卷，将前经文中的四十二个字母编成"四十二字颂"，并作"圆明字轮"。这两本论著后来都成了密宗修持所尊奉的经典。

综上所述，研究《入法界品》的早期论著立足于经文本身，通过对文字、词语和经句的介绍和注释，使经文本身的思想意蕴明朗化，为后世学者的研究提供了便利条件和学理基础。不过这些著作多是很"老实"地、相对客观地反映经文的含义，少有作者自己的观点，与此后的研究状况形成了鲜明的对比。

三 "六经注我"的诠释原则

隋唐以后，中国本土宗派纷纷创立，并发展出各种极具理论特色的佛

---

① （唐）不空：《大方广佛华严经入法界品四十二字观门》卷1，《大正藏》第19册，第707页下栏。

② 同上书，第709页上栏。

教思想。其中，对《入法界品》之研究颇具代表性的当属华严宗、禅宗和净土宗。它们不拘泥于文本，而是创造性地诠释了各自的理论观点。

（一）华严宗之全面解读

纵观中国佛教，若论研究《入法界品》最全面、分析最细致的不外华严宗，以华严五祖为代表的华严宗人深谙《华严经》，以"法界缘起"为玄旨，为《华严经》做出了详尽的注疏。尽管华严宗人对《入法界品》的注疏在形式上与早期的注疏很相近，多是存在于对《华严经》的整体注疏中，不过无论是深度还是广度，此时的注疏都已超越了前人的水平，内容上也不再满足于单纯地介绍和解释，而是将自己独创的理论体系通过注疏的形式阐发了出来，以注经的名义发挥了自己的思想。

唐代华严宗人的重要注疏有：智俨《大方广佛华严经搜玄分齐通智方轨》10卷，法藏《华严经探玄记》20卷，慧苑《续华严经略疏刊定记》15卷，澄观《华严经疏》60卷、《华严经随疏演义钞》90卷、《华严经行愿品疏》（《普贤行愿品疏》）10卷，宗密《华严经行愿品疏钞》（普贤行愿品别行疏钞）6卷。同时期精通华严的长者李通玄，亦作疏《新华严经论》40卷，由宋代慧研整理而成的《华严经合论》120卷。不仅如此，他们不囿于旧说、借助经文章句、大胆创建新论、发展出了一套深包广积的华严教义体系，其中包含有《入法界品》相关内容并具有代表性的论著有：法藏《华严策林》1卷、《华严经问答》2卷、《华严经普贤观行法门》1卷，澄观《三圣圆融观门》1卷。华严诸祖的义学理论以其创新性和深刻性影响着后世学者，他们对《入法界品》的探究最为深刻、研究的成果也最为显著。宋明之后的僧学对于该品的论述，实则多是拜这些古德所赐，再没有逾越盛唐时期华严义学的高峰。北宋净源虽被称为宋代华严宗的"中兴教主"，也仅是做些收集和整理华严典籍的工作，并无多大的理论建树。他针对《普贤行愿品》著有《华严普贤行愿修证仪》1卷，就修习《普贤行愿品》所应遵守的仪轨提出了系统的规定。清代柏亭续法对弘扬华严义学颇有贡献，但就其现存典籍来看，并没有关于《入法界品》或别行本的专著。他在《贤首五教仪》六卷中，引善财入弥勒楼阁为喻，讲解十玄门之"广狭自在无碍门"和"托事显法生解门"。

华严宗人对《入法界品》的解读，数法藏、澄观和宗密三人最深刻和全面。法藏用《探玄记》后3卷全篇注疏此品，奠定了华严宗人注疏《入法界品》的理论基调；宗密对法藏和澄观本体思想的继承和改造，也成为华严宗本体论的最后创见。因为二者的学说体系具有很强的代表性，我们选取了法藏和宗密对《入法界品》的相关论述，以之为窥镜，概述华严宗人借助阐释经文而创建出的独特理论体系。当然，前文已用大量篇幅详解了二人对于义理的不同诠释，不再赘述，这里仅就"释文"部分的结构做出澄清。

法藏的注疏结构为释名、来意、宗趣、释文。他首先解释了法界的含义，再依能、所两方面判其性质和类别，以此表达法界的"性相融通"。释文部分，法藏判释此品为本会和末会两阶段，以"文殊从善住楼阁出"为界，前面是本会，总明顿入果法界；后面是末会，别明渐入因法界。在这个过程中，文殊表智慧，普贤被用来指代理体；以文殊指导善财参学为起点，直至普贤前的诸善友所说的都属于般若智慧，善财终到普贤道场，进入普贤体内即表趣入法界、证悟法性。法藏将普贤法门等同于法界，也就衍生出了推崇修行普贤观行法门的理路：以善财进入法界时所见的虚空世界，表征法体真空；参访善知识所获得的若干境界，表明法体之用遍照一切，一法即具一切法的本性，诸法相状即是法性的体现。

在解读《入法界品》的过程中，法藏用法界指代众生成佛的根由、诸法的本质和相状，但并没有点明法界自身的本质。他后来在《修华严奥旨妄尽还源观》中明确地说：

> 言一法者，所谓一心也。是心即摄一切世间出世间法，即是一法界大总相法门体。[①]

法界就是一心，即如来藏自性清净心。与法藏不同，宗密在《华严经行愿品疏钞》中直接以"一真法界"统摄了包括佛性、法性、法相在内的一切存在。他说：

> 法界类虽多种，统而示之，但唯一真法界，即诸佛众生本源清净心也。[②]

---

① （唐）法藏：《修华严奥旨妄尽还源观》卷1，《大正藏》第45册，第637页中栏。
② （唐）宗密：《华严经行愿品疏钞》卷1，《续藏经》第5册，第222页中栏。

一真法界就是诸法的本质，万法的根本，更确切地说，就是如来藏自性清净心。

就经文的解释结构，宗密继承了澄观的观点，将之分为五个部分：教起因缘、辨教宗旨、翻译传授、释经名题、随文解释。在"辨教宗旨"中辨《普贤行愿品》的宗旨为"入法界缘起普贤行愿"，并分判法界缘起为所入，普贤行愿为能入。宗密概括所入法界为一真法界，于中又别开三重法界：事法界、理法界、无障碍法界：

> "事法界"者，界即分义；"理法界"者，界即性义；"无障碍法界"者，即分性相即而无碍也。①

界的不同含义规定了法界的不同侧面，事法界是现象界，理法界意在本体，无障碍法界则是理与事的交融、本体与事相一体。所谓能入之普贤行愿，指身入和心入，从信、解、行三个能入之因考虑，倡导净信不愈、解行相扶。宗密认为，如果达到能与所的契合，即为入法界，其中又划分为可以言说的因分和离于说相的果海之分。从因位而起是以无分别智入理法界，呈现出五个层面的境界：能所历然、能所无二、能所俱泯、存亡无碍、举一全收。他将从果位而起的境界理解为是以"无障碍智"所证得的"无障碍境"，此"无碍境"就是"事事无碍法界"，借以境智圆融，一切境皆是自心的解释，由此将难以说尽的"事事无碍法界"融于一心之中。而"事事无碍法界"与之前的三重法界相结合，就形成了四法界学说。宗密在《注华严法界观门》中对四法界的学说表述得更明确：

> 统唯一真法界，谓总该万有，即是一心，心融万有，便成四种法界。②

他用四法界统合了法藏的诸种法界，并将法界的本质明确界定为一心，这种理论旨趣也为禅教融合提供了本体论基础。可以说，华严宗人对《入法界品》的解读代表了该领域义学研究的最高成就，这些论著蕴含的

---

① （唐）宗密：《华严经行愿品疏钞》卷2，《续藏经》第5册，第247页中栏。
② （唐）宗密：《注华严法界观门》卷1，《大正藏》第45册，第684页中栏。

思想理论长久地熏染着后世僧学,以至于常常出现混淆华严宗和《华严经》的思想、以前者替代后者的情况,尤其在禅宗引教入禅的过程中,此类问题时有发生。

(二) 禅宗之禅意解读

禅宗倡导不立文字、直指心性,强调自心的觉悟和主体的能动性。历代禅师也以追求参禅酬对甚至机锋棒喝的形式表达自己的理论见解,因此除少数的几位禅师之外,很难在众多《禅师语录》中找到针对《入法界品》及其相关内容的大篇幅的解读,往往只有零散的片段。而就是这些只言片语,也渗透出禅师借助经文的权威性和普遍的可接受性来阐述佛学观点的意图,哪怕是与经文本义不相符的使用。由此禅宗内部便出现了对《入法界品》的不同理解,以善财为行为主体的参学过程被各种引申,并予以对应的附会解说。

永明延寿集合了华严、法相、天台三家学者的言论而编著成《宗镜录》100卷,其中有多处引《入法界品》的典故,通过解读善财的参学过程表达禅教融合的理论旨趣。他首先引用了华严宗的十玄门,说明诸法自性具足的观点:

一一法皆得全力,非是分力,尽为法界体,各住真如位。①

并引用事例:"善财见普贤一一身分,一一毛孔,皆有十方一切世界",身分和毛孔都指代具体的事法,世界则指代法界全体,表明即便是一个微小的存在也能充分彰显全部法性,因此"善财童子,见闻觉知悉入法界,即知一切诸法,皆是佛法"。全部的真理在事法之中的表呈必然是平等的,这种平等性的基础就在于众生心,"众生心,即法界故"。同时,佛与众生心又是同一的:"众生即佛,佛即众生",如此一来,佛、法性、众生心的本质就是相同的,只是概念的侧重点不同,而这个本质,就是"一心":"见性成佛,体此一心。"为了说明这一观点,延寿援引《入法界品》中鞞瑟胝罗居士告告善财言:

如来智日恒照其心,于一切法,无有分别。了一切佛,悉皆平

---

① (宋)延寿:《宗镜录》卷14,《大正藏》第48册,第572页下栏。

等，如来及我，一切众生，等无有二。①

一个本质下的不同表象，在延寿看来是智慧方便的善巧分别，他佛与我身是一体的。既然自心就是佛，那么修行的途径自然不是向外的驰求，必然指向内心的自悟：

知一切法，自性清净，无有思虑，无有动转。而能普入一切世间离诸分别，住佛法印，悉能开悟法界众生。②

只要一心不动，悉皆成佛：

故知心法妙故，当体即是，若向外远求则失真道。故云善财遍巡诸友，不出娑罗之林；慈氏受一生成佛之功，不离一念无生性海。③

他以"一心"为宗旨，主张禅教融合的思路清晰可见。但既然"当体即是真"，善财又何必历经千辛万苦地参访求学呢？延寿又引出了"示现"的概念，他说：

是以善财龙女，皆是凡夫一生亲证，三乘权教信不及人，称为示现。④

由此点出了《入法界品》的传法特点，即依人入证，用表事例、讲道理的方法，通过讲述一个凡夫信、解、行、证的全部过程，不仅使讲法的过程鲜活起来、增强了理论的说服力，同时也表明游学的重要性，作为游历参学的榜样，善财的形象深刻地影响了后世行脚僧的修行方式。

此外，温陵大师戒环撰《华严经要解》1卷，"以方山为正，清凉为助"，解释了《华严经》各品内容，其中过半篇幅用以说明《入法界品》，

---

① （宋）延寿：《宗镜录》卷14，《大正藏》第48册，第490页下栏。
② 同上。
③ （宋）延寿：《宗镜录》卷22，《大正藏》第48册，第538页下栏。
④ （宋）延寿：《宗镜录》卷19，《大正藏》第48册，第521页上栏。

表达此品是用"行境托喻"的方法而显"法界圆满"之体的观点。惟白根据《入法界品》中善财五十三参的故事,作《指南图赞》1卷,共五十四赞颂,并随之附图,张商英评价为"人境交参,事理俱显,则意详文简,其图赞乎"。惟白在卷末表达了历经人事的参学过程,虽时光蹉跎、平生跋涉,但目的就是"直下承当",一旦当下参悟,也便取消了南北之分别心了,以此来弘扬禅学义理。投子义青在《投子义青禅师语录》中说:

> 即心是道,划地为牢,向外驰求,转沈魔界,设使善财顿悟,不免南询。①

表明心性本是自醒的,证悟根本无须向外寻求,应反之将重心落实到自心觉悟上。慧林宗本于《慧林宗本禅师别录》有颂云:

> 谁人万顷洪波上,为法忘躯效善财,想得阎浮应罕有,优昙花向火中开。②

他以善财为例,表达"一相也无"的观点,认为禅理不是"思量看"能够理解的,而应是"顿悟真乘"、见性成佛的顿悟体验。慈受怀深在《慈受怀深禅师广录》中援引华严教义表达禅理,认为在华藏世界中,真俗交参、佛众一体,"凡圣一心,无迷无悟",并且"一即一切、一切即一",他举善财到大兴城参见明智居士,居士以布施得道为例,说明只要彻悟真心,觉悟不分僧俗、男女、修行方式,把最后的落脚点归到了禅宗本心即佛的路数上。圆悟克勤在《碧岩集》中有两次提到了善财参学的故事,分别是妙峰顶七日访德云比丘(二十三则)和文殊令善财采药(八十七则)。他借颂古的形式表达了自己的禅学思想,即众生自性具足,"一一皆真,一一皆全",禅宗的教法是应机设教、随心布道的,这种理论与机锋棒喝的实践诉求相一致。复庵述《华严经纶贯》1卷,以注疏的形式陈述观点,认为善财是初发心即成正觉的,说明众生本觉、自性圆

---

① 佚名:《投子义青禅师语录》卷1,《续藏经》第71册,第738页中栏。
② (宋)慧辩:《慧林宗本禅师别录》卷1,《续藏经》第73册,第87页上栏。

满，生死与涅槃端看主体的觉悟。元代行秀评唱的《从容庵录》6卷，分别于七十四则和八十五则中以善财南参来讲解"是处即道"。明代善坚著《华严大意》1卷，于中有云："善财未尝动步，善知识未尝开口"，主张"念念具足，念念不违"，发心而成正觉，即事而成真。

究其根本，禅宗虽将"六经注我"的诠释原则发扬光大，但对《入法界品》的义学研究却越来越少，不重视义理论证，只注重酬对参禅。这种重修行而轻义理的态度对经文的义学发展极为不利，无独有偶，持同样研究态度的还有净土宗。

（三）净土宗之念佛礼赞

般若所译之《普贤行愿品》，经由澄观作疏、宗密作疏钞，开始逐渐脱离《华严经》别行开来。因经文中含有愿力加持、往生极乐世界的净土思想，在流通的过程中逐渐被净土宗所重视进而尊奉为经典之一。

据《圆宗文类》所载，北宋士大夫杨杰，崇信净土、重视华严，撰《入法界品赞》，对经文五十五位善友（两次文殊）皆作四句偈以概括。[①] 大辽耶律大石著有《大方广佛华严经随品赞》1卷，对包含《入法界品》在内的三十九品经文皆有礼赞。南宋义和著《华严念佛三昧无尽灯》，原文已不存，现于《乐邦文类》中可见其序，序文中记载了善财证入法界、参诸知识而修得三种念佛法门的论述。[②] 明河《补续高僧传》里记录了明代智顺曾著《善财五十三参偈》1卷，不过文已佚失。清彭际清居士的《华严念佛三昧论》，以念佛法门解读《华严经》，特以《普贤行愿品》之十愿为引，从解释名称的角度将阿弥陀佛和毗卢遮那佛合为一体，融合华严境界和净土法门，他说：

> 五念极乐世界阿弥陀佛，圆满普贤大愿门。……盖阿弥陀一名无量光，而毗卢遮那此翻光明遍照，同一体故，非去来故，于一体中，要亦不碍去来故。[③]

[①] 参见义天集《圆宗文类》卷22，《续藏经》第58册，第33页下栏—38页下栏。

[②] 参见宗晓《乐邦文类》卷2，《大正藏》第47册，第169页下栏："最初吉祥云比丘，教以无碍智慧念佛门。又解脱长者，教以唯心念佛门。又普遍吉净光夜神，教以观德相念佛门。"

[③] （清）彭际清：《华严念佛三昧论》卷1，《续藏经》第58册，第714页中栏—716页下栏。

二者的一体化，打通了毗卢遮那佛的境界与西方极乐世界，当直接进入前者的要求异常苛刻时（"与二乘凡夫无接引之分"），念佛往生净土的途径就显得亲和许多（"九品分张，万流齐赴"），并且两种途径所能达到的效果亦是等同的，由此为《普贤行愿品》纳入到净土念佛法门提供了学理和修行依据。为了论证通过念佛法门就可普摄一切法界，彭际清借用华严"一即一切"的思想，说明只要念佛一种方便即能遍彻无边法界，并举善财参学为例：

> 童子于普贤一毛孔中，过不可说不可说佛刹微尘数世界，尽未来劫，念念周遍无边刹海。此念佛人亦复如是，以一念本无量故。①

表现出其提倡念佛的宗旨，以净土念佛思路为本融合华严宗理论的倾向。这种融合的目的只是借解读经文，以选取华严宗的观点来支持净土念佛法门的有效性和普适性，总体上也没有大的义学创见。及至魏源将《普贤行愿品》与另三部净土通行经典合刊为《净土四经》，正式确定其为净土经典，完全将《普贤行愿品》纳入到净土宗的念佛体系中，并撰《普贤行愿品叙》说明之。

总而言之，三个宗派从各自的宗旨出发，引用了《入法界品》相关经文阐明义理，虽然理论境界有所不同，但都是以"六经注我"的理念为学理指向的。不过，针对《入法界品》及眷属经的义理阐发，随着时间的推移，义学理论呈现渐次减少的局面，特别是当不注重理解的狂热信仰受到大众追捧时，义学研究遂成渐微之势。

四　重实修轻义理的研究态度

随着中国佛教史上出现了三教的合流，《入法界品》虽仍然被不同教派所关注，但探讨义学的深度和广度却没有超出前辈的水平。尽管当时的僧学在大量引用《华严经》时也会涉及《入法界品》，但却没有多大的理论建树，涉及范围也不如唐宋时期广泛，除了重复和强调禅宗"直指人心"的宗旨外，侧重点已然投放到了追求"实利"效果上，注重讲求持诵、祈福，乃至宣扬神迹，彻底落实到了实践修行层面。

---

① （清）彭际清：《华严念佛三昧论》卷1，《续藏经》第58册，第717页中栏—下栏。

在《高峰原妙禅师语录》中，南宋原妙将善财取得正果归结为信仰。明代真可重视通过礼赞和血书以求功德的方法，在《紫柏尊者全集》30卷中，收录有他称赞书写华严金书和血书所作的三部经序。在义理发挥方面，真可以"兑""震""坎""离"解读四维，引华严四十二字为心声，与"离"相应，用善财之南行喻以心外无法、世间清净本然。之所以持有此类观点显然是受到了李通玄的影响，他自己也说："不是当年李长者，瞿昙安得有皮毛。"① 德清虽然著有《华严经纲要》80卷，选取了澄观之《华严经疏》为本，并附以讲解，但遗憾的是，如此大部头的著作却少有义学方面的创见，单单起到了宣传华严义理的作用。与之对应，他作《普贤行愿品题辞》，表明欲证法门，唯在一心、不假外求，"故曰心净则佛土净"，大力倡导发菩提心、皈依净土。不仅如此，在《题曹溪沙弥血书普贤行愿品》中，他更是评价刺血书的行为是"识法"，进而赞赏这种行为、提倡膜拜此经，并将之作为祈福的方式、解脱的手段之一，明确地表达了重实修而轻义理的观点。

由此可以说，虽然元代之后有关《入法界品》的研究并不鲜见，但侧重点却倾向于法事仪规，讲经、礼赞、诵读、血书等修行方式成为主流，学人醉心于《入法界品》或《普贤行愿品》的神通功能，而轻于义理的阐发，这无疑与历史上佛教义学的发展趋势是一致的。

第二节 《入法界品》之个体性思维

一 法界缘起之平等义

由"六相圆融"可知，法界缘起是将世界看作一个缘起整体，即"总为一团"，如此单个事法皆是法界的一部分。其中可以解析出两个层面：法界是由一一事法组成，"以一法成一切法"，事法是实现法界的先决条件；事法不会为了迁就法界而泯除自性，个体的自性就是法界全体的法性，即"一切法成一法"。如此，一可以代表多，一又是多中的一，一多是不一不二的关系，彼此自性满足又不全然无别。一与多之所以能够互容互摄，在于它们的本质同一，即空、理、心于本源层面的万物齐一，从

---

① （明）德清：《紫柏尊者全集》卷27，《续藏经》第73册，第375页中栏。

本体上说万物都是平等的。经由澄观的厘清，所谓本源，对有情众生而言就是如来藏自性清净心；于无情草木来说就是法性。它是诸法得以"称性而起"、相互融合却无障碍的根源。为了与无情有所区分、凸显有情的殊胜因缘，澄观将本源落实于心本体，宗密则继承了前者的思路，更进一步的从心本体出发，直言：

> 三界虚伪，唯心所作，离心则无六尘境界。乃至一切分别，即分别自心，心不见心，无相可得，故一切法如镜中相。①

考虑到宗密兼具禅教祖师的双重身份，我们认为他受《圆觉经》一系的影响更大些，因此更容易接受心本体的主张。在杜顺的思想体系中，缘起法界的诸法有因体、理体，但并没有特别突出以真心为本体；从智俨始，他在"十玄门"中第九门"唯心回转善成门"中提到：

> 所言唯心回转者，前诸义教门等，并是如来藏性清净真心之所建立。若善若恶，随心所转，故云随转善成；心外无别境，故言唯心。②

法藏则说：

> 是心即摄一切世间出世间法，即是一法界大总相法门体。③

前文已述，虽然在阐述"真如不变随缘、随缘不变"的理论时，法藏展露出了调和空有的倾向，但此时的华严宗人已深受《起信论》的影响，及至宗密"皆本一心而贯万法"，心本论的倾向表露无遗。由此，法界缘起说经常被人们误认为实质上的如来藏缘起。且不论在法界缘起说的衍生过程中，缘起本源经历了一系列的变化，单就侧重点来说，二者也表现出了极大的不同。如来藏缘起重在说明世界万有的本原是如来藏心，侧重能生性、以心本体的平等齐一焕发修行主体的动力；法界缘起则更偏重

---

① （唐）宗密：《禅源诸诠集都序》卷1，《大正藏》第48册，第405页下栏。
② （唐）智俨：《华严一乘十玄门》卷1，《大正藏》第45册，第518页中栏。
③ （唐）法藏：《修华严奥旨妄尽还源观》卷1，《大正藏》第45册，第637页中栏。

于缘起法界的能显性，力图描述"一真法界"中诸法的存在状态，即诸法秉性显现、一多相即、重重无尽、圆融无碍，"一真法界"就是诸法实相。按照华严宗的理解，前者可谓能入、后者可谓所入。

当然，如来藏缘起对法界缘起说的影响是毋庸置疑的，缘起法界中一切事物：一尘埃、一狮子毛都具有真如法性，便是从本源上接纳了法性平等的观点、预设了众生平等的蕴义。以此为契机，对"心如工画师"① 的比喻就可以解读为从情感角度出发，种性优于无情的有情众生本具与佛无异的真心，真心之于佛与众生而言都是平等无差别的，从而愈加抬高了众生的地位。这里所谓的"心造万法"，按照宗密的理解，既有生成意义上的由心变现出万物，亦有真心本具之能知的功能。前者说明就诸法法体而言，世界中的一切现象都是真空妙有的，同一个世界、同一个主体；后者说明同一个世界之于不同认识主体却又呈现出不同的情景——"性起繁兴"，其根源不在于事物自身，而是主体的觉悟与否。如果觉悟到诸法本空、随缘妙有，则众生即是佛；反之，佛即是众生。"当知迷悟同一真心。"这种选择性的差异在《入法界品》中有着诸多鲜活的案例。

> 婆罗门言："善男子！汝今若能上此刀山，投身火聚，诸菩萨行悉得清净。"善财童子作如是念："得人身难，离诸难难，得无难难，得净法难，得值佛难，具诸根难，闻佛法难，遇善人难，逢真善知识难，受如理正教难，得正命难，随法行难。此将非魔、魔所使耶？将非是魔险恶徒党，诈现菩萨善知识相，而欲为我作善根难、作寿命难，障我修行一切智道，牵我令入诸恶道中，欲障我法门、障我佛法？"②

当胜热要求善财上刀山、下火海的时候，童子顿生疑惑和排斥，心想：我人身难得，还没有修成正果，怎么能被邪魔外道诱惑呢？此时的善财，由妄念生起差别心，而视胜热为外道。但当他摒除妄念、从容地上山

---

① 出自《华严经·夜摩天宫菩萨说偈品》，全句为：心如工画师，画种种五阴，一切世界中，无法而不造。如心佛亦尔，如佛众生然，心佛及众生，是三无差别。《华严经》卷10，《大正藏》第9册，佛驮跋陀罗译，第465页下栏。

② 《华严经》卷64，实叉难陀译，《大正藏》第10册，第346页中栏—下栏。

下海后，便证得了"无尽轮解脱"。与此相应，佛陀被称为觉者，就在于他已经觉悟到诸法性空、缘起幻有的道理，是故能够以"如是"的态度观照万行而不起妄念分别。《华严经》将毗卢遮那佛所显现的法身境界称为"海印三昧"，缘起诸法呈现出的世界图景是"妄尽心澄，万像齐现，犹如大海由风起浪。若风止息，海水澄清，无像不现"[1]。众生因为妄念而对万物有所区别，分辨孰好孰坏、我是他非，倘若彻悟"三界唯心所作"的道理、破除妄念分别，与解脱也就不远了。

二 法界缘起之分齐义

不论从心体的能生性或能知性，面对同一的真如心，万物皆是平等无差别的，除少数宗派外，这在佛教内部已达成了共识。但法界缘起的独特性之一，正体现于缘起法界中诸法的分齐义。法藏在判识《入法界品》的品名时，认为"界"不仅有"因义"和"性义"，更有"分齐义"，可以说，前两者是法界缘起的根源，后者则指表相。"分齐义，谓诸缘起相不杂故。""不杂"可以理解为不混乱，诸法繁多，彼此却不相妨碍，犹如"摄水之波"非静、"摄波之水"非动，水波之所以是水波，必然表现为动态的形象；反之，水性之所以不是波，重点不在动性，而在抽象的湿性。是故，缘起法界之诸法并非以一相示人，"平等义"意指本质的同一，"分齐义"则要说明万物因其自身合法性而各安其位、各得其所，如此才可谓"恒不相杂"。正是在这层意义上，法藏分别从性质、类别和果位三个方面区分"能入法界"为多重含义。

"（约义）辨能入亦有五门：一净信、二正解、三修行、四证得、五圆满。"[2] 此五门与所入法界的五门之间相互关联、相互渗入，以六相圆融的思维分析："随一能入通五所入"和"随一所入通五能入"，同时，"此五能入如其次第各入所入五中之一"。"净信"既不是"正解""修行""证得"和"圆满"，也无法替代后者，反之亦然。五重"能入法界"又是彼此互摄的，所谓"初发心即成正觉"，"圆满"具足"信解行证"，无碍圆融。

---

[1] （唐）法藏：《修华严奥旨妄尽还源观》卷1，《大正藏》第45册，第637页中栏。
[2] （唐）法藏：《华严经探玄记》卷18，《大正藏》第35册，第441页上栏。

（约类）明能入亦有五重：一身、二智、三俱、四泯、五圆。谓入楼观而还合身证也，鉴无边之理事智证也，同普贤而普遍俱证也，身智相即而两亡俱泯也，一异存亡无碍自在圆融也。①

也就是说，进入"弥勒楼阁"的是能入主体（善财），以智慧了悟无边真性的是能入主体，与普贤同游法界的是证得智慧的能入主体，身智相即而不再执着的是能入主体，身智存亡无碍、自在圆融的也是能入主体。由"身智无碍"，从而实现主体智慧深契真性之理、主体根身周遍一切法界，"甚深真法，性妙智随，顺入无边佛土中，一念悉周遍。"

（约果）明能入，对前果位明诸菩萨顿入法界，对前因位寄显善财渐入法界。因果既其无碍，渐顿亦乃圆融，但以布教成诠，寄斯位别耳。②

这说明，能入法界的根本途径无非顿悟与渐悟两种，菩萨根机具足可以顿入，凡夫（善财）则需要依靠渐次修行、一点点趣入法界。顿渐实则圆融，但以布教的立场二者必须分立。由此，即使最后"义""类""果"都落脚于圆融无碍，但不论从可言说（诠）的意义，还是修证的指向性而言，法界缘起的"分齐义"都是必不可少的，因为缘起法界的圆融之境实在是太难理解了。法藏也曾感叹道，当我们说"当时发心即得深法满佛境"时，很容易陷入"难知"的困境，在他看来，难处在于：

一非闻慧能知、二非思慧能信、三非修慧能入、四言语路绝、五非二乘智能证得。③

只有听闻法界缘起说才能知道其中蕴含的道理，明了其中道理才能生起信心，借助法界缘起说彰显的智慧才能进入法界，缘起法界的诸法实相又是很难用言语表达的绝言之相，最重要的是，必须具备甚深广大的智慧

---

① （唐）法藏：《华严经探玄记》卷18，《大正藏》第35册，第441页中栏。
② 同上书，第441页中栏—下栏。
③ （唐）法藏：《华严经探玄记》卷20，《大正藏》第35册，第479页下栏。

（二乘智）才有可能证得此境界。难度之高，"若尔岂可善财亦不可得知耶！"因此，华严宗人才要穷尽言语的可能性，极力解说，为我们展现出一幅内涵丰富想象力的世界图景。我们认为，抛开宗教布道的目的，正是在能入法界的具体分齐中，表达了尊重个体性的思想倾向，个体性则可以进一步表述为多样性。这种多样性不能仅停留于抽象的理论层面，更应该展现于行为活动的意识和现实生活中、体现于行为主体的实践活动中。因此，《入法界品》通过鲜活的叙事，描述了各种生动的人物形象和奇妙的修行旅程，成为后世修行的"教材"。

三 个体性思维的生动展现

既然缘起法界之诸法"恒不相杂"，个体便因自性具足而拥有独特的存在价值。若将个体解读为善财与所有善知识，全体就是"入法界"，即"广依胜友，深证法界"的"依人入证"的过程。善财在参学中的所遇、所思、所修都成为趣入法界的必要条件。我们从信解行证四个维度，依据华严宗对《入法界品》的解读，分析其多样性的表征。

据《入法界品》里的描述，善财经文殊菩萨指点，由福城往南，一共到过一百一十城，遇到了五十五位善知识，其中两度听闻文殊讲法，合算一参，又在同一时间地点求教于德生童子、有德童女同一法门，也为一参，因此是五十三参。法藏将这些善知识归纳为二十类：

> 一菩萨、二比丘、三尼、四优婆塞、五优婆夷、六童男、七童女、八天子、九天女、十外道、十一婆罗门、十二长者、十三博士、十四医人、十五船师、十六国王、十七仙人、十八佛母、十九佛妃、二十神。[①]

从菩萨、诸出家在家众到神仙、人间的国王、外道、长者和各种手工技师等，各行各业、各个阶层、各种身份、本宗外道，林林总总，涉及范围不可谓不广。面对这么多不同身份的善知识，求学者难免在参学的过程中产生困顿，有鉴于此，文殊菩萨为善财定下了修行原则：

---

① （唐）法藏：《华严经探玄记》卷18，《大正藏》第35册，第451页中栏。

> 若欲成就一切智智，应决定求真善知识；求善知识勿生疲懈；见善知识勿生厌足；于善知识所有教诲皆应随顺；于善知识善巧方便勿见过失。①

所谓"一切智智"隐藏于每位善知识中，虽然个人身份有所不同，但皆是真如实性的生动体现，故而虽然表现不同，都应发心以求蕴含其中的"真"。在大多的佛教理论中，修行缘起之"因"一直都是文殊菩萨，善财求学的发端也是文殊，《入法界品》中表征"因法界"；而法界缘起说强调以普贤为因，即"果法界"，内涵如来藏心的思维，重在阐述缘起法界的圆满性。故而智俨说：

> 虽复始起发于妙慧，圆满在于称周，是故隐于文殊，独言普贤也，亦可文殊普贤据其始终，通明缘起也。②

缘起法界中，行为主体本身是"自体究竟"的，关键在于通过"方便缘修"，激发自性显现，才能"体穷位满"、修成"寂灭圆果"，体悟"十佛境界，一即一切"。所以，对于初发心的善财来说，渐修是一个必要的过程，在"称周"中达于"圆满"，在修行中通晓"一即一切，无过不离，无法不同"。"一即一切"在修行实践中的体现，即表现为行为的多样性。

善财参访的诸位善知识，在各自所擅长的领域精进努力获得相应的神通，在此基础上以种种方便利益众生。婆罗门胜热以上刀山、投身火海的方式，断诸种障碍；善知一切工巧的自在主童子对存在的一切事皆悉了知；能调各种香的优钵多华长者修平等心，对于一切事物都不再生起执念；即使像无厌足这样的"暴君"，也是以种种酷刑惩罚罪人的极端方式令其解脱；又如婆须蜜多女般以世俗眼中的情色行为应机度人。善知识所从事的事业各有不同、所在的领域和所领悟的方式也大相径庭，每个人通过某种特定的修行参悟缘起法界之"真"，探求解脱的路径。虽然他们皆"自谦"地认为自己"唯知"特定解脱门，但"门"却是通向彼岸世界的

---

① 《华严经》卷62，实叉难陀译，《大正藏》第10册，第334页上栏。
② （唐）智俨：《华严一乘十玄门》卷1，《大正藏》第45册，第514页中栏。

入口,"入一门而入一切门"意味着门后是一个空间无限广大、周遍含容一切法的缘起法界。诸善知识之所以能够以各式各样的方法趣向佛国,即在于他们已然意识到:功德圆满的关键并非修行的方式,而是要以平等无差别的心念观照诸法实相。但平等无差别并非否定表现形式的多样性,修行方法也不例外,法界缘起主张不能以忽视个体之"一"为代价,而是在肯定诸法平等的前提下对特殊行为予以观照,是故修一行而修一切行,一切行不妨碍一行的存在意义。由于法界缘起中的"一"大多指向了空间维度下的物质形态,小至一尘一孔,大至国土世界,有鉴于此,一些学者将法界缘起解读为一种空间性的缘起,并认为它背离了原始佛教侧重于时间性的缘起形式。[1] 实则不然,华严宗人在借用空间性概念表述法界缘起思想时,并未忽视时间性的描述和探讨。智俨之"十玄门"有"约世说",即展开了对法界缘起在时间维度的阐述:

> 三世(过去、现在、未来)为一念,合前九为十世也。如是十世以缘起力故,相即复相入而不失三世。如以五指为拳不失指,十世虽同时而不失十世。[2]

法藏在解释善住比丘的"菩萨无碍解脱门"时,详解了"刹那""一弹指"等时间性范畴,用以说明在极短的一念间便可完成"速至十方见佛供养闻法等行","无碍"就是时间上的无限、无尽。善财经一劫即经数劫,正是法界缘起之"一即一切"在时间性上的鲜活表达。同样的,缘起法界中的时间形式也不是线性而是网状的,它不同于我们对于时间概念的常识性理解,网状的时间性平添了"平行时空"的意味,当然,如果存在作为感性材料以印象的形式呈现于主体意识的脑海时,"三世为一念"便由实在论转向了认识论。

我们看到,法界缘起之"一"具有太过丰富的解读空间,倘若从其理论内核"一即一切、一切即一"的关系出发,自然可以推导出尊重个体性的逻辑必然性。具体展开来说,每一个体都是缘起关系网络中的一份

---

[1] 参见松本史朗《缘起与空——如来藏思想批判》,中国人民大学出版社2006年版,第23页。

[2] (唐)智俨:《华严一乘十玄门》卷1,《大正藏》第45册,第517页上栏。

子，个体的生成、变化直接影响到其他万物的生成、变化；个体是全体中的个体，全体是个体存在的前提和诱因；同时，在一个"因陀罗网"内，个体即主体，也是全体，个体之中包含着全体的形态、属性，凡此种种皆能够为个体所融摄；而在这样一个缘起团中，个体之间又相融无碍。方立天先生在阐释法界缘起论的哲学思维特色时，将其概括为整体思维、相待思维、体用思维和圆融思维等四种思维方式。① 如果将个体诠释为公民，按照卢梭的观点，既可以将"一"理解为公民、也可以解读为公意。

> 如果我们撇开社会公约中一切非本质的东西，我们就会发现社会公约可以简化为如下的词句：我们每个人都以其自身及其全部的力量共同置于公意的最高指导之下，并且我们在共同体中接纳每一个成员作为全体之不可分割的一部分。②

缘起法界中个体自性具足意味着每个个体都是不可替代的，这只有在主体意识觉醒、即意识到人生而自由与平等的前提下实现，进而成就现实性的自由。于共同体内安立个体的价值、尊重个体就是尊重全体；同时，个体的价值也只有在共同体内才能真正地实现。法界缘起说中蕴含的圆融性思维绝非当代系统论可以比拟，因此如何用现代性话语阐释法界缘起论的甚深意蕴，非常值得我们深思。

---

① 参见方立天《隋唐佛教》，中国人民大学出版社2006年版，第137页。
② 参见卢梭《社会契约论》，何兆武译，商务印书馆2005年版，第20页。

第九章

法界缘起之所入法界

　　自古以来,《华严经》一直被大乘佛教诸宗奉为修学最重要之经典,素有"经中之王"的美称。其中所宣讲之"海印三昧",是佛陀成就正觉所得之三昧名,亦是圆满顿教之最高境界。《探玄记》有云:"海印者,从喻为名,如修罗四兵列在空中,于大海中印现其像。"众生一旦通过各种修行获得解脱,就可以经由不同的路径进入缘起法界的圆融之境,即"所入法界",此中镜像如大海一般映现一切事物,诸法互摄互容、相即相入、周遍无碍。法界缘起说认为众生本质与佛无二,只因迷悟不同才有凡圣差别。凡夫受妄念所扰执着于凡相差别,认为一一各别、一一质碍,自然无法从一尘而尽收法界全体。在《入法界品》中,善财由于妄念分别,遍访善知识于庄园、楼阁、宫殿、城市、香河、海边等多处却不知"入庙堂、山宇皆入法界"的道理,及至受弥勒菩萨指引进入"毗卢遮那庄严大楼阁"后,得入法界。是故,在华严宗看来,"海印三昧"和"弥勒楼阁"正是"入法界"的经中符号,它们形象地描述了缘起法界的圆融无碍之境。本章侧重所入的部分,先分析"弥勒楼阁"的表征意义,再通过对大海的符号性譬喻,通过概念分析的方式,解读"海印三昧"之内涵。

第一节 "弥勒楼阁"

　　弥勒信仰是大乘佛教的重要一支,对于弥勒思想的研究,主要集中于"弥勒三部"或"六部"以及一些唯识著作,通常表现为对"弥勒净土"的信仰,相较而言,《华严经》所论及的"弥勒楼阁"却鲜有关注。通过善财童子拜访弥勒菩萨的过程,生动地再现了弥勒菩萨在《华严经》中的形象、解行和传法事迹,并且直观地描绘了弥勒菩萨的圆满境界。

何谓"净土"？顾名思义，它是一片纯净无垢的国土，与秽土相对。《大乘义章》有云：

> 经中或时名佛地，或称佛界，或云佛国，或云佛土，或复说为净刹、净首、净国、净土。①

此中不受五浊的污染，如琉璃般纯净，故有净土之说，乃证得解脱的圣人所住的国土，也是凡夫俗子心所向往、不断追求的极乐世界，因此"净土"的概念逐渐由"场"转化为信仰对象，千百年来为世人所敬仰。中国的弥勒净土信仰首创于东晋道安，盛行于北魏。据佛经所载，弥勒净土在欲界六天中的第四天，即兜率天，此天有内外二院，内院是补处菩萨的住处，即弥勒菩萨所在。佛经中专述弥勒菩萨的经典有"弥勒三部经"和"弥勒六部经"之说，三部经包括《佛说观弥勒菩萨上生兜率天经》一卷、《佛说弥勒下生经》一卷、《佛说弥勒大成佛经》一卷；六部是在此基础上，加上同样描述弥勒下生内容的《佛说弥勒来时经》一卷、两部《佛说弥勒下生成佛经》各一卷。此外，还有大量的经论涉及弥勒思想，如《弥勒菩萨所问本愿经》一卷，以及一些唯识论著。《华严经》是大乘佛教的重要经典，经内也有许多关于弥勒菩萨的描述，主要集中于"善财五十三参"的故事中，即善财童子拜见弥勒菩萨，参观"弥勒楼阁"。我们认为，对"弥勒楼阁"展开研究，不仅可以更加深入地了解弥勒信仰的旨趣与境界，更为佛教生态思想的开发提供新的智慧支持。

《入法界品》中，善财经文殊菩萨指引，初发菩提心，一路南行，顺次拜见善知识，听闻善知识的教诲，反思自身，得到了清净的慧眼，能见一切菩萨的境界。但此时的善财并没有证得菩萨道，依然处于外在认知和自身体悟的修行过程中，因此他不断地追问"菩萨云何学菩萨行？云何修菩萨道？"通过指点，善财来到南方海岸国大庄严园，于"毗卢遮那庄严藏"楼阁处，先是"正念思惟诸菩萨行"，感受理解菩萨的修行真谛，反省自身在往世的种种过失，忏悔自己的不足，如是"长不思议无量善根"，并诸根清净，了悟众生如同虚空法界、无不平等。表明通过亲近菩萨、善知识能够获得修行的信心和智慧。

---

① （宋）慧远：《大乘义章》卷19，《大正藏》第44册，第834页上栏。

第九章 法界缘起之所入法界

尔后"善财童子以如是尊重、如是供养、如是称赞、如是观察、如是愿力、如是想念、如是无量智慧境界，于毗卢遮那庄严藏大楼阁前，五体投地，暂时敛念，思惟观察"[①]。

观察什么呢？观察诸法实相、获得般若之智。"般若"并非常识性知识——借由感性材料的整理、知性的判断与分析，而是了悟"一切法皆不可得"的世间真相，通达"一切无有障碍"的圆融之理。若要成就"般若"须具备两个条件："深信解"和"大愿力"，前者指信，信佛法僧三宝，依三宝所开示的智慧了悟佛法；后者即凭借佛菩萨的强大愿力，借外力照了真理。善财由此获得了根本性的平等智慧，于无量时空范围内觉悟万事万物的平等无差别、众生无生无性皆随缘所转，在此基础上，断除五见、顺应因果。这表明通过"观察"之解能够获得智慧。

"善财童子入如是智，端心洁念；于楼观前，举体投地，殷勤顶礼"，认真专注地瞻仰楼阁，体会其中蕴含的丰富智慧，进而得出弥勒所住之楼阁是"住如是等一切诸功德者之所住处"的结论；同时做偈颂赞美"大悲清净智、利益世间"的慈氏尊（即弥勒菩萨），心念菩萨名号。借助菩萨愿力，弥勒菩萨远远从别处回来，为其解说佛法，详述自己证得菩萨果位的过程，展现世间法相。此处揭示了佛教修行的两条路径，其一是以弥勒菩萨为例，通过现身说法说明缘觉乘如何学菩萨行、修菩萨道。比如：

> 或见弥勒最初证得慈心三昧，从是已来，号为慈氏；或见弥勒修诸妙行，成满一切诸波罗蜜；或见得忍，或见住地，或见成就清净国土，或见护持如来正教，为大法师，得无生忍，某时、某处、某如来所受于无上菩提之记。[②]

阐释了弥勒作为菩萨，其称号又名慈氏；他修行诸波罗蜜妙行、证得无生法忍、成就清净国土、护持正教，以致如来授记为未来佛。又如弥勒菩萨作为转轮圣王劝导众生行十善；作为天神护益众生、称叹佛菩萨功德；作为阿修罗王为众生演说佛法；处阎罗界救助地域苦难；在恶鬼处施济饮食；于畜生道行种种方便、调伏众生。由此可见，弥勒菩萨在救度众

---

① 《华严经》卷77，实叉难陀译，《大正藏》第10册，第422页下栏。
② 《华严经》卷79，实叉难陀译，《大正藏》第10册，第435页中栏。

生时并未局限于固定的形态，仅人身就呈现出转轮圣王、小王、王子、大臣、官属、长者、居士身等形象。同时，又于百千年间，通过经行、读诵、书写经卷，勤求观察，为众生说法，体现了修行实践与教理说法两翼齐飞的格局。其二，阐明了普罗大众通往净土世界的解脱方式，也正是净土思想能够在民间广泛传播的两个重要因素：一是"借他力"，即修行的侧重点不在自身的悟性和努力，而是借助菩萨的慈悲愿力解脱苦海；二是"易行道"，即修行方式不是辛苦坐禅和理解教义，而是通过称念佛菩萨的名号、供养佛菩萨等简单易行的方式趣往净土、获得菩萨的救度。于此便揭示了通过多种修行方式趣向解脱的可能。弥勒菩萨开示善财：

> 菩萨行如海，佛智同虚空，汝愿亦复然，应生大欣庆。诸根不懈倦，志愿恒决定，亲近善知识，不久悉成满。①

菩萨行如大海一样的深广、佛智如虚空一样的难量，只有不断亲近善知识、听闻菩萨传法，离却险难的恶道，随顺诸佛教，修菩萨行，才能超越凡夫、达到菩萨的境界，若能如弥勒菩萨般践行，则可成就圆满智慧、成就佛界。此即经过信解行的因，最终证得的果。弥勒菩萨在《入法界品》所处的场所并非我们所熟知的兜率天宫，而是"毗卢遮那庄严藏"，亦称"弥勒楼阁"，由此析出两层含义：其一，从前者名称，此楼阁从菩萨善根果报生，也就是具足佛陀的圆满功德而变现出的直观形象，诚如善财用大量的篇幅所描述的缘起法界之圆满性，"见其楼阁广博无量同于虚空"。其二，从后者名称，则说明弥勒菩萨已然证得佛智慧，是"已度一切二乘智、已超一切魔境界、已于世法无所染、已到菩萨所到岸、已住如来所住处"者，但由于菩萨大慈大悲，故"虽离一切诸相而亦不入声闻正位，虽了一切法无生而亦不住无生法性"，"虽已离一切趣为化众生故示入诸趣"，"虽超凡夫地而不堕声闻、辟支佛地"。《阿毗达磨大毗婆沙论》有载：

> 如我（慈氏）今者十号具足，为有情宣说正法，开示初善中善后

---

① 《华严经》卷77，实叉难陀译，《大正藏》第10册，第427页中栏。

善，文义巧妙，纯一圆满，清白梵行。为诸人天正开梵行，令广修学。①

弥勒菩萨住世不解脱，用出世正法教化人们、救度世间众生。由此可知，弥勒是已经获得无上正等正觉的觉悟主体，那么意识对象的觉悟境界又是怎样呢？《入法界品》以弥勒菩萨为善财广开"毗卢遮那庄严藏"为契机，向世人展现了解脱境界的无量圆满。

时，弥勒菩萨前诣楼阁，弹指出声，其门即开，命善财入……（善财）见其楼阁广博无量同于虚空。②

整个楼阁装饰着阿僧祇华丽珍宝，具足庄严，不仅如此，一楼阁中现无量百千诸妙楼阁、幢幢都如此庄严。

广博严丽皆同虚空，不相障碍亦无杂乱。善财童子于一处中见一切处，一切诸处悉如是见。③

一一楼阁内具千百楼阁、千百楼阁前各有弥勒菩萨、弥勒菩萨前各有自己的景象。这便是一个楼阁为主、其他楼阁为伴，犹如无尽的"因陀罗"帝网一般，形象地指代了重重无尽的缘起法界中诸法一即一切、一多相即的关系。

"弥勒楼阁"用人们熟悉的事物作为例子，描绘出一幅丰富多彩的画面：在这里，万事万物互相融通，相互独立又不相妨碍，彼此交汇又能和谐相安。诸事之间不是以割裂、冲突的关系存在着，而是保持着紧密的联系、构成彼此含摄的整体。与此同时，一事物能包容万物、具足万物于自身，如一楼阁能够映现出一切楼阁，表明诸事皆具足法性，以自身为系统蕴含普遍真理。由此，珍惜个体的多样性便是题中应有之意，相较于佛经中选取楼阁、微尘等事物来表达平等的观点，大千世界中，生物展现出的

---

① （唐）玄奘译：《阿毗达磨大毗婆沙论》卷178，《大正藏》第27册，第894页上栏。
② 《华严经》卷79，实叉难陀译，《大正藏》第10册，第435页上栏。
③ 同上。

多样性要远比这些无机物更显生动与精彩。

第二节 "海印三昧"

除"弥勒楼阁"外,"海印三昧"也被华严宗人反复提及,用以表征缘起法界的圆融无碍。大海的符号性特征可以指称一些复杂的佛教概念、义理,便于人们在经验生活中感受和体会,通过总结大海的表象及性质,经归纳整理,再由描绘性的语言加工,从而在人的头脑中形成共识性的印象,同时亦有增强人们修行信念的心理效应。有鉴于此,本章以信解行证为逻辑线索,通过菩萨名词、定慧、功德、性相等方面的符号性譬喻,阐释"海印三昧"的意蕴。

一 以大海譬喻菩萨树立信仰对象

大乘佛教以菩萨信仰为中心,《华严经》有云:"信为道源功德母,长养一切诸善根。"菩提萨埵这一概念内含能觉与所觉,以自觉为前提、广发菩提心、以觉悟有情为旨趣。《华严经》中载有无量菩萨,与大海有关的菩萨亦无量,"等而为上首,其数无量,悉以如来功德大海充满其身"。其中便有十位以大海命名的信仰对象,即主持守护海洋之菩萨,也可以看作世界海的守护之神。

> 复有无量主海神,所谓:出现宝光主海神、成金刚幢主海神、远尘离垢主海神、普水宫殿主海神、吉祥宝月主海神、妙华龙髻主海神、普持光味主海神、宝焰华光主海神、金刚妙髻主海神、海潮雷声主海神……①

他们守护众生、赐福众生、觉悟众生、解脱众生,协助众生普入法界。

那么,菩萨又是怎样成就的呢?《华严经》借海云②之口解说了修成

---

① 《华严经》卷1,实叉难陀译,《大正藏》第10册,第3页中栏。
② 海云者,此比丘,常在海岸观缘起大海及彼海上人法庄严遍布如云,所观为名。出自法藏:《华严经探玄记》卷14,《大正藏》第35册。

菩萨的途径。首先是："若诸众生不种善根，则不能发阿耨多罗三藐三菩提心。"须心怀救助众生的善念，依此指引善行、结下善缘、种下善根。展开来说，要做到：

> 得普门善根光明，具真实道三昧智光，出生种种广大福海，长白净法无有懈息，事善知识不生疲厌，不顾身命无所藏积，等心如地无有高下，性常慈愍一切众生，于诸有趣专念不舍，恒乐观察如来境界；如是，乃能发菩提心。①

我们看到，仅发菩提心就需要具备如此多的条件，进入具体修习过程，则须发十一种菩提心、完成五十二个阶位的修行。十一种菩提心是：

> 发菩提心者。所谓：发大悲心，普救一切众生故；发大慈心，等祐一切世间故；发安乐心，令一切众生灭诸苦故；发饶益心，令一切众生离恶法故；发哀愍心，有怖畏者咸守护故；发无碍心，舍离一切诸障碍故；发广大心，一切法界咸遍满故；发无边心，等虚空界无不往故；发宽博心，悉见一切诸如来故；发清净心，于三世法智无违故；发智慧心，普入一切智慧海故。②

五十二阶位是：十信（信心、念心、精进心、慧心、定心、不退心、护法心、回向心、戒心、愿心），此位为凡人阶段，不入贤圣；十住（发心住、治地住、修行住、生贵住、方便具足住、正心住、不退住、童真住、法王子住、灌顶住）、十行（欢喜行、饶益行、无嗔恨行、无尽行、离痴乱行、善现行、无着行、尊重行、善法行、真实行）、十回向（救护一切众生离众生相回向、不坏回向、等一切佛回向、至一切处回向、无尽功德藏回向、随顺平等善根回向、随顺等观一切众生回向、真如相回向、无缚解脱回向、法界无量回向）等三位为贤位；十地（欢喜地、离垢地、发光地、焰慧地、极难胜地、现前地、远行地、不动地、善慧地、法云地）、等觉、妙觉为圣位，其中，最高位妙觉菩萨已然是佛，次位等觉菩

---

① 《华严经》卷62，实叉难陀译，《大正藏》第10册，第335页上栏—中栏。
② 同上书，第335页中栏。

萨则是即将成佛的大菩萨，属菩萨的最高位。

既于此，菩萨已具备了自觉觉他、自度度人的能力并成就了相应的境界，《入法界品》中，善财拜访海云比丘，海云演说菩萨所处境界时，以大海作喻，以"思惟"为手段。

> 善男子！我住此海门国十有二年，常以大海为其境界。所谓：思惟大海广大无量，思惟大海甚深难测，思惟大海渐次深广，思惟大海无量众宝奇妙庄严，思惟大海积无量水，思惟大海水色不同不可思议，思惟大海无量众生之所住处，思惟大海容受种种大身众生，思惟大海能受大云所雨之雨，思惟大海无增无减。①

广大无量、甚深难测的大海也可"思惟"，说明菩萨境界并非最为殊胜，故海云反思道：

> 我（海云）思惟时，复作是念："世间之中，颇有广博过此海不？颇有无量过此海不？颇有甚深过此海不？颇有殊特过此海不？"②

此处不难设想，比菩萨更高的当然是佛，那么比海更大的呢？

> 我作是念时，此海之下，有大莲华忽然出现……此大莲华，如来出世善根所起，一切菩萨皆生信乐，十方世界无不现前，从如幻法生、如梦法生、清净业生，无诤法门之所庄严，入无为印，住无碍门，充满十方一切国土，随顺诸佛甚深境界，于无数百千劫叹其功德不可得尽。③

此"大莲华"具有出生、含摄、具德等功用，内有含藏之意，"大莲华"也就是"莲华藏世界海"的表相，亦即佛法身所化之净土。

《华严经》有云：

---

① 《华严经》卷62，实叉难陀译，《大正藏》第10册，第335页中栏。
② 同上。
③ 同上书，第335页中栏—下栏。

> 于有为界示无为法，而不灭坏有为之相；于无为界示有为法，而不分别无为之相。①

"海印三昧"映现出的"华藏世界"正是毗卢遮那佛内心的呈显，无论世间的有为法与出世间的无为法，究其根本，都以如来藏心为本体，之所以有差别，原因不是别的，就在众生的心中一念。"有诤说生死，无诤即涅槃"，因此，我们得出一句很常见但又蕴含无限禅理的结论：比大海更博大的，正是人的心灵！那么有情众生要如何精进修行呢？

二 以大海譬喻定慧指明修行途径

大乘佛教以六度法门总摄修行方式，后两种即禅定和般若，亦即定慧二学。收摄散乱的心念、止于不动心为定；观照了知一切真理、断除迷惑为慧。定慧在佛教中被形象地比喻为左右手，左手为定、右手为慧，二者均为修习佛法的根本方法，不可或缺。《华严经》有云："获决定慧，具无量智"，又有"菩萨摩诃萨善调诸根，如理修行，恒住止观，心意寂静，一切动念皆悉不生"。② 经中记录了很多以大海比喻定慧的说法，如：

> 一一三昧海，得一切见佛海；一一见佛海，得一切智光海；一一智光海，普照三世，遍入十方。③

虽然杜顺、澄观等人均倡导止观双运、双翅齐振，但按照禅定在前、般若在后的六度排序，先论定而后论慧，探讨大海的符号意义。

论及"三昧"之大海喻，最殊胜者不外"海印三昧"了，前文已论，不再赘述。经文借善财参学夜神，详细介绍了禅定修行的四个层次，即四禅。

> 善男子！我（夜神）得菩萨解脱，名：寂静禅定乐普游步。……如是了知一切如来时，于菩萨寂静禅定乐普游步解脱门，分明了达，

---

① 《华严经》卷24，实叉难陀译，《大正藏》第10册，第132页上栏。
② 《华严经》卷58，实叉难陀译，《大正藏》第10册，第307页上栏。
③ 《华严经》卷71，实叉难陀译，《大正藏》第10册，第387页上栏。

成就增长，思惟观察，坚固庄严，不起一切妄想分别，大悲救护一切众生。一心不动，修习初禅，息一切意业，摄一切众生，智力勇猛，喜心悦豫；修第二禅，思惟一切众生自性，厌离生死；修第三禅，悉能息灭一切众生众苦热恼；修第四禅，增长圆满一切智愿，出生一切诸三昧海，入诸菩萨解脱海门，游戏一切神通，成就一切变化，以清净智普入法界。①

佛教以四禅对治寻伺等心念躁动、以修成圆满清净智慧为旨趣，一切世界万象于心中湛然显现，即"入法界"。作为《华严经》的主讲，普贤菩萨所入的三昧即名"一切世界海微尘数三昧海门"，普贤主导一切诸佛的理德、定德和行德，是众生趣入法界的导师。如来经常要求普贤菩萨为其他菩萨解说佛理、引导众生进入菩提智慧、成就普贤所有行愿。当普贤解说"法界自在三昧"时，以自在之大海揭示此三昧的殊胜之处。

> 佛子！菩萨摩诃萨住此三昧，得十种海。何者为十？所谓：得诸佛海，咸睹见故；得众生海，悉调伏故；得诸法海，能以智慧悉了知故；得诸刹海，以无性无作神通皆往诣故；得功德海，一切修行悉圆满故；得神通海，能广示现令开悟故；得诸根海，种种不同悉善知故；得诸心海，知一切众生种种差别无量心故；得诸行海，能以愿力悉圆满故；得诸愿海，悉使成就，永清净故。②

借用大海的功用，揭示缘起法界具有无量功德，能生、能成就、能圆满、能照明、能具足、能遍具足、能广大、能坚固、能增长、能净治、能遍净治，以至于"于不可说劫无能说尽"。

如此，若遵从普贤的教导、修普贤行，则"入于菩萨胜智海，能于一切微尘中，普现其身净众刹"③。以普贤之"三昧自在"趣向文殊之"般若自在"、解行一致、理智一双、华严宗的教法特点。文殊主智德、证德，是众生趋向解脱的对象，了知众生平等一味，佛性本具。《入法界

---

① 《华严经》卷69，实叉难陀译，《大正藏》第10册，第372页中栏。
② 《华严经》卷42，实叉难陀译，《大正藏》第10册，第221页中栏—下栏。
③ 《华严经》卷8，实叉难陀译，《大正藏》第10册，第41页下栏。

品》中，弥勒菩萨观察善财，边向大众指示边叹其功德而作颂：

> 汝等观此人，亲近善知识，随其所修学，一切应顺行。以昔福因缘，文殊令发心，随顺无违逆，修行不懈倦。①

亲近善知识是声闻众修习佛法的条件，但无论声闻、缘觉，随顺因缘而成就功德的前提都是发心，由此才可断除"我见"等烦恼，摆脱我是他非的价值判断，了悟众生心本具无量众生界、一切佛皆从此出。普贤教导众菩萨说：

> 佛子！菩萨摩诃萨有十种发无量无边广大心。何等为十？所谓：于一切诸佛所，发无量无边广大心；（以至）观一切众生界；观一切刹、一切世、一切法界；观察一切法皆如虚空；观察一切菩萨广大行；正念三世一切诸佛；观不思议诸业果报；严净一切佛刹；遍入一切诸佛大会；观察一切如来妙音。是为十。若诸菩萨安住此心，则得一切佛法无量无边广大智慧海。②

如此发无量无边广大心，众生便可了悟三世所有一切佛，悉与众生心等同智慧。菩萨内含无碍种子践行天地间，普具清净法眼以观照世间一切平等相，一性一相无有差别，绝弃一切愚痴障碍，深入广大智慧海。紧接着，普贤开示菩萨所证的般若智慧如大海般甚深，喻名"如海智"！

> 佛子！菩萨摩诃萨有十种入阿耨多罗三藐三菩提如海智。何等为十？所谓：入一切无量众生界，是为第一如海智。入一切世界而不起分别，是为第二如海智。知一切虚空界无量无碍，普入十方一切差别世界网，是为第三如海智。菩萨摩诃萨善入法界……是为第四如海智。……于彼一切（三世善根）皆悉了知，深信随喜，愿乐修习，无有厌足，是为第五如海智。……如是观察过去世不可说不可说劫，心无厌足，是为第六如海智。……如是观察，尽未来际皆悉了知，不

---

① 《华严经》卷77，实叉难陀译，《大正藏》第10册，第426页上栏。
② 《华严经》卷55，实叉难陀译，《大正藏》第10册，第293页上栏—中栏。

可穷尽而无厌足，是为第七如海智。……（入现在世，不着一切）然见佛闻法，观察世界，入诸劫数，无有厌足，是为第八如海智。……（于三世十方）供养诸佛，饶益众生，护持正法，开示演说，是为第九如海智。……（入一切所、说一切法、发一切心）如是于不可说不可说劫无有厌足，是为第十如海智。①

倘若诸菩萨能够安住于此十种如海智，则可证得一切诸佛的无上大智慧，由之可知此十种如海智便是"觉行圆满"的必要条件，是菩萨与佛之差距的节点。既然如此，诸佛的智慧又会是怎样的甚深广大？

普贤菩萨解释说：

佛子！譬如大海，其水潜流四天下地及八十亿诸小洲中，有穿凿者无不得水，而彼大海不作分别："我出于水。"佛智海水亦复如是，流入一切众生心中，若诸众生观察境界、修习法门，则得智慧清净明了，而如来智平等无二、无有分别，但随众生心行异故，所得智慧各各不同。②

借助描述大海的包容广大、一视同仁，方便解说不可思议的佛智，以窥一斑，乃华严学常用的说法技巧。"譬如大海"于经文中随处可见，针对不可思量之佛智的具体阐释亦采取了这种办法。《华严经》描述诸佛的智慧为不可思议、不可思量，但为了教化众生，又不得不"说"法。既然不可"思"，采取"喻"就成为行之有效且必要的说法手段。试问世间何物可以堪比佛智的甚深广大？唯有大海堪当！经文中莲华藏菩萨秉承佛的神力宣讲了佛的智慧：

佛子！诸佛世尊有十种无尽智海法。何等为十？所谓：一切诸佛无边法身无尽智海法；一切诸佛无量佛事无尽智海法；一切诸佛佛眼境界无尽智海法；一切诸佛无量无数难思善根无尽智海法；一切诸佛普雨一切甘露妙法无尽智海法；一切诸佛赞佛功德无尽智海法；一切

---

① 《华严经》卷55，实叉难陀译，《大正藏》第10册，第290页上栏—下栏。
② 《华严经》卷51，实叉难陀译，《大正藏》第10册，第271页中栏。

诸佛往昔所修种种愿行无尽智海法；一切诸佛尽未来际恒作佛事无尽智海法；一切诸佛了知一切众生心行无尽智海法；一切诸佛福智庄严无能过者无尽智海法。是为十。①

借于此"方便海"，依据人类对于大海的共识，使难以思妙的诸佛智慧得以澄明，众生若能生出如大海般的大智慧，就可以周遍一切法、进入诸佛无尽的行境、察知诸佛无尽的功德。

三　以大海譬喻功德彰显无量果报

功德乃修行所得的福报，可以借由两种方式取得：一是听闻佛法、精进修行后达到身心清净；二是众生借助佛、菩萨愿力，常住福海以得清净。《华严经》以诸菩萨讲解如来之果圆觉满为主要内容，然如来果德难以向凡人彰显，须寄喻于世间法演说方可被理解，故经文以"功德海"譬喻佛之功德没有尽数，如"智慧甚深功德海，普现十方无量国"，表明求其边际而不可得，通显功德之广大。经文展现出的诸法实相是如来藏所成，须依托于自身的不断修行。

"佛昔修行实方便，成就无边功德海。"然凡夫若想常住清净，必须依靠助力，即佛、菩萨之愿力。"一切如来得菩提处，常在其中，亲近不舍；恒以所得普贤愿海，令一切众生智身具足，成就如是无量功德。"②

如此，众生身心染具的污垢、愚痴的想法便皆可清除，离弃诸恶，乃至成就大菩提智慧、获得解脱。其中"普贤愿海"是助力之源，而"四弘誓愿"乃成就菩萨的必要条件："众生无边誓愿度、烦恼无数誓愿断、法门无尽誓愿需、佛道无上誓愿成。"有宏愿才有菩萨、无宏愿无菩萨，二者不相分离，经文形象地解释其关系为：

> 譬如大海，以含众水而得其名，终无有时舍离于水；菩萨摩诃萨亦复如是，以诸大愿而得其名，终不暂舍度众生愿。③

---

① 《华严经》卷46，实叉难陀译，《大正藏》第10册，第243页下栏。
② 《华严经》卷1，实叉难陀译，《大正藏》第10册，第2页中栏。
③ 《华严经》卷43，实叉难陀译，《大正藏》第10册，第228页上栏。

普贤以愿力方便众生、庄严刹海，劝解凡夫亲近善知识、同修善业。

  普贤菩萨欲重宣其义，承佛威力，观察十方而说颂言：一切刹海诸庄严，无数方便愿力生，一切刹海常光耀，无量清净业力起。久远亲近善知识，同修善业皆清净，慈悲广大遍众生，以此庄严诸刹海。一切法门三昧等，禅定解脱方便地，于诸佛所悉净治，以此出生诸刹海……修习庄严方便地，入佛功德法门海，普使众生竭苦源，广大净刹皆成就。力海广大无与等，普使众生种善根，供养一切诸如来，国土无边悉清净。①

从如来所出，即众生本具的如来藏，其中含藏无量功德，乃众生离苦得乐、转凡成圣的根本动力。也就是说，众生本有的善良意志促使自身产生向善的冲动，自发地以善为行为指向，在对治自身欲望时，自觉地转向求助于神圣力量，在佛教内即指称为诸佛、菩萨愿力，同时亲近善知识、精进修行、广种福田，最终消除妄念分别，完成向清净本心的回归，可谓功德圆满。而此抽象图景的外显形式，即如来成就的净土世界。

如来功德圆满的最高成就是"华藏世界"之净土：最下为风轮，之上有香水海，香水海中生出大莲华、即"莲华藏世界"，依持于佛的圆满。经普贤菩萨的解释，此净土来源自"毗卢遮那如来"修菩萨行时，于一一劫中亲近世界海微尘数佛、一一佛所净修世界海微尘数大愿而实现，② 可见"华藏世界"正是如来精进修行、同时诸佛发愿所成就的。若有情众生能依佛、菩萨之所行为榜样，不断修心、行善积福，亦可"饮诸佛法海，深入智慧海，具足功德海"，于内心中显现无上正觉的性相之海。

四　以大海譬喻性相诠释无尽圆融

"毗卢遮那佛"境界（海印三昧）中，诸法因具足如来藏性，自体即因即果、依自体显现。一一事法，无论有为无为、色心依正、三世十方，都呈现出无尽圆融的诸法实相，"（佛出现时）诸色相海，无边显现"。无边相海不可尽数，故以大海譬喻，阐释"华藏世界"的佛果境界，如：

---

① 《华严经》卷7，实叉难陀译，《大正藏》第10册，第37页中栏。
② 参见《华严经》卷8，实叉难陀译，《大正藏》第10册。

> 世界海、众生海、法海、安立海、佛海、佛波罗蜜海、佛解脱海、佛变化海、佛演说海、佛名号海、佛寿量海，及一切菩萨誓愿海、一切菩萨发趣海、一切菩萨助道海、一切菩萨乘海、一切菩萨行海、一切菩萨出离海、一切菩萨神通海、一切菩萨波罗蜜海、一切菩萨地海、一切菩萨智海。①

同时，如来以真性充满法界，以种种大人相常现一切世界海。

> 佛子！毗卢遮那如来有如是等十华藏世界海微尘数大人相，一一身分，众宝妙相以为庄严。②

以相海指称如来华藏世界海微尘数大人相，恰似大海之无边显现、普照全体法界。

相海又是性海的自性显现，性海乃真如之理性、深广如海、彰显佛法身之境。武周作序言：

> 《大方广佛华严经》者，斯乃诸佛之密藏，如来之性海。③

全经以探秘如来性海、解说诸法实相、揭示法喻因果为最终旨趣。法藏认为此"性海果分"不可言说，"不与教相应故，则十佛自境界也"，所以约因分之相海、以缘起之相反映佛法身实德、展示果分境界。是故理论上，"华藏世界海"之诸法因果一体、本具实德理体。如偈言：

> 如来安处菩提座，一毛示现多刹海，一一毛现悉亦然，如是普周于法界。④

正是从因分的层面说"理"，以譬喻分析"海印三昧"则应用到了大

---

① 《华严经》卷6，实叉难陀译，《大正藏》第10册，第26页上栏—中栏。
② 《华严经》卷48，实叉难陀译，《大正藏》第10册，第255页下栏。
③ 《华严经》序，实叉难陀译，《大正藏》第10册，第1页上栏。
④ 《华严经》卷6，实叉难陀译，《大正藏》第10册，第30页上栏。

海的诸多属性，如生成性、含藏性、照明性、洁净性、圆满性、周遍性以及深广性，最为重要的，是大海体现出的平等无差别和包容广大。

> 海有希奇殊特法，普悉包容无所拒，能为一切平等印，众生宝物及川流，无尽禅定解脱者，为平等印亦如是，福德智慧诸妙行，一切普修无厌足。①

华严宗人认为，以大海为譬喻，究其实质是指代真心的，澄观非常重视"心、佛及众生，是三无差别"的唯心偈，肯定真心的决定作用，同时高扬了有情众生的独特性，并为众生修行旨归提供了学理基础和方便性。心灵犹如深邃的大海，能周遍万物、亦能隐显万物，诸法如何表象实则是主体内心的反映，观照对象不在身外、惟是一心，如此便赋予了有情以选择的自由性。老子所言之"海纳百川，有容乃大"同此意趣。

---

① 《华严经》卷15，实叉难陀译，《大正藏》第10册，第79页下栏。

结　　语

　　华严宗产生于隋唐盛世，作为中国佛教思想的一部分，华严宗的法界缘起观可以说是最具有中国思维特色的理论之一。它具备了中国传统哲学中的心性论元素，具备了人人皆可为尧舜的平等观思想，更加具备了能够体现中华民族包容性胸怀的圆融观。如果说，隋唐王朝的建立使得当时社会重新呈现大一统的局面，那么华严宗法界缘起思想的构建，则是力求在佛教的理论框架内对宇宙间的各种存在形态作出无所不包的解释。

　　法界缘起思想统合了佛教的缘起论和实相论，以事事无碍的诸法实相为理论特征。它宣扬一种现象圆融的世界图景：一尘能收须弥，滴水可摄大海，一多相即相入，主伴同时具足。对应于《华严经》中描述的华藏庄严世界：

　　　　一微尘中多刹海，处所各别悉严净，如是无量入一中，一一区分无杂越。一一尘中诸树王，种种庄严悉垂布，十方国土皆同现，如是一切无差别。一一尘内微尘众，悉共围绕人中主，出过一切遍世间，亦不迫隘相杂乱。①

　　华严大德们以高超的哲学智慧为我们解读了这甚深难阶的佛土世间，宗教宣传的目的有之，但其中生成的意蕴丰富的理论成果，亦为中国哲学史的发展增添了浓墨重彩的一笔！透过智慧的思辨，法界缘起所彰显出的境界不再是宗教意义的彼岸世界，而是可以作为我们观察自身所处世间的范本。以之为窥镜，反观自身、周围的环境和整个世界，其实这一切都处于一种环环相扣、重重相连的关系网络之中，恰如六相十玄说为我们描绘

---

① 《华严经》卷7，实叉难陀译，《大正藏》第10册，第38页下栏。

的因陀罗网境界。换句话说，彼岸世界不在世间之外，就在我们中间，这是由现象圆融的理论特征直接推导出的结论。

法界缘起融合了世间和出世间、众生界和佛界，用精神层面的一真法界统摄四法界，包含世间的一切事态。它带给我们这样一个启示：觉悟吧！转变内心的想法，放下自我的执着，其实这是一个和谐美好的世界。而开启这扇通往美好世界大门的钥匙就在我们自己手中，那就是有情灵知不昧的真心。现象圆融的特征表明，只要众生翻染还净、舍末逐本，一旦妄尽还源，即可通达真理。这里的净、本、源就是指向真心，也即是众生心。此无疑是肯定了众生的主体价值，赋予众生以不同于其他诸法的地位。缘起法界中的一尘即含有大千经卷，尘况众生，经况佛智，一尘、一毛孔尚且具有价值，何况有着聪明智慧的人类？宗密引用《华严经》的经文说：

    如来普观法界一切众生，而作是言：奇哉！奇哉！此诸众生，云何具有如来智慧迷惑不见？[1]

人类不能以佛智观照世间，但可以有哲学智慧代而行之，拥有智慧就是有情不同于无情的差别。宗密评价说，天、地、人三才之中，属人最灵，莎士比亚也曾感慨人是"宇宙的精华，万物的灵长"。时空的不接亦无法阻挡人类智慧的共鸣。法界缘起理论中闪耀出的人类智慧的光芒，无疑会照亮人们通往理想彼岸的阶梯。

---

[1] （唐）宗密：《原人论》卷1，实叉难陀译，《大正藏》第45册，第710页上栏。

参考文献

佛教典籍

[1]《大方广佛华严经》（六十卷本），佛驮跋陀罗译，《大正藏》第9册。

[2]《大方广佛华严经》（八十卷本），实叉难陀译，《大正藏》第10册。

[3]《长阿含经》，佛陀耶舍译，《大正藏》第1册。

[4]《中阿含经》，瞿昙僧伽提婆译，《大正藏》第1册。

[5]《增一阿含经》，昙摩难提译，《大正藏》第2册。

[6]《杂阿含经》，求那跋陀罗译，《大正藏》第2册。

[7] 龙树：《中论》，鸠摩罗什译，《大正藏》第30册。

[8] 世亲：《十地经论》，菩提流支等译，《大正藏》第26册。

[9] 马鸣：《大乘起信论》，真谛译，《大正藏》第32册。

[10] 世亲：《阿毗达磨俱舍论》，玄奘译，《大正藏》第29册。

[11] 世友：《异部宗轮论》，玄奘译，《大正藏》第49册。

[12] 护法等：《成唯识论》，玄奘译，《大正藏》第31册。

[13]（隋）智𫖮：《摩诃止观》，大正藏第46册。

[14]（唐）慧能：《坛经（宗宝本）》，《大正藏》第48册。

[15]（唐）杜顺：《华严五教止观》，《大正藏》第45册。

[16]（唐）智俨：《华严一乘十玄门》，《大正藏》第45册。

[17]（唐）智俨：《大方广佛华严经搜玄分齐通智方轨》，《大正藏》第35册。

[18]（唐）智俨：《华严孔目章》，《大正藏》第45册。

[19]（唐）智俨《华严五十要问答》，《大正藏》第45册。

[20]（唐）法藏：《华严经探玄记》，《大正藏》第 35 册。

[21]（唐）法藏：《华严经义海百门》，《大正藏》第 35 册。

[22]（唐）法藏：《华严一乘教义分齐章》，《大正藏》第 45 册。

[23]（唐）法藏：《修华严奥旨妄尽还原观》，《大正藏》第 45 册。

[24]（唐）法藏：《华严策林》，《大正藏》第 45 册。

[25]（唐）法藏：《华严经问答》，《大正藏》第 45 册。

[26]（唐）法藏：《华严经旨归》，《大正藏》第 45 册。

[27]（唐）法藏：《华严经传记》，《大正藏》第 51 册。

[28]（唐）法藏：《华严金师子章》，《大正藏》第 45 册。

[29][新罗]崔致远：《唐大荐福寺故寺主翻经大德法藏和尚传》，《大正藏》第 50 册。

[30]（唐）澄观：《大方广佛华严经疏》，《大正藏》第 35 册。

[31]（唐）澄观：《华严法界玄镜》，《大正藏》第 45 册。

[32]（唐）澄观：《大华严经略策》，《大正藏》第 36 册。

[33]（唐）澄观：《华严经行愿品疏》，《续藏经》第 35 册。

[34]（唐）宗密：《禅源诸诠集都序》，《大正藏》第 48 册。

[35]（唐）宗密：《原人论》，《大正藏》第 45 册。

[36]（唐）宗密：《注华严法界观门》，《大正藏》第 45 册。

[37]（唐）宗密：《华严心要法门注》，《续藏经》第 58 册。

[38]（唐）宗密：《华严经行愿品疏钞》，《续藏经》第 5 册。

[39]（唐）宗密：《注华严法界观门》，《大正藏》第 45 册。

[40]（唐）宗密：《圆觉经大疏释义钞》，《大正藏》第 9 册。

[41]（宋）赞宁：《宋高僧传》，《大正藏》第 50 册。

[42]（宋）志磐：《佛祖统纪》，《续藏经》第 58 册。

[43]（唐）宗密：《原人论》，《大正藏》第 45 册。

[44]（唐）希迁：《参同契》，道原：《景德传灯录》，《大正藏》第 51 册。

[45]（宋）延寿：《宗镜录》，《大正藏》第 48 册。

[46]（元）怀深：《慈受怀深禅师广录》，《续藏经》第 73 册。

[47]（宋）克勤：《佛果圆悟禅师碧岩录》，《大正藏》第 48 册。

[48]（宋）晓莹：《罗湖野录》，《续藏经》第 83 册。

[49][新罗]表员：《华严经文义要决问答》，《续藏经》第 8 册。

［50］（明）善坚：《华严大意》，《续藏经》第58册。

［51］（清）续法：《法界宗五祖略记》，《续藏经》第77册。

专著

［1］（宋）程颢、程颐：《河南程氏外书》，《二程集》第2册，王孝鱼点校，中华书局1981年版。

［2］（宋）程颢、程颐：《河南程氏遗书》，《二程集》第1册，王孝鱼点校，中华书局1981年版。

［3］（唐）法藏：《华严金师子章校释》，方立天注，中华书局1989年版。

［4］（唐）慧能：《坛经校释》，郭明注，中华书局1983年版。

［5］（宋）黎靖德编：《朱子语类》，王星贤点校，中华书局1986年版。

［6］（梁）真谛：《大乘起信论校释》，高振农校释，中华书局1992年版。

［7］（唐）宗密：《禅源诸诠集都序》，邱高兴校释，中州古籍出版社2008年版。

［8］（唐）宗密：《原人论全译》，董群译注，巴蜀书社2008年版。

［9］陈兵：《佛法真实论》，宗教文化出版社2007年版。

［10］陈永革：《法藏评传》，南京大学出版社2006年版。

［11］崔正森：《五台山佛教史》，山西出版社2000年版。

［12］董群：《融合的佛教——圭峰宗密的佛学思想研究佛法真实论》，宗教文化出版社2000年版。

［13］杜继文：《佛教史》，中国社会科学出版社1991年版。

［14］杜继文、魏道儒：《中国禅宗通史》，江苏古籍出版社1993年版。

［15］方立天：《中国佛教哲学要义》，中国人民大学出版社2002年版。

［16］方立天：《中国佛教文化》，中国人民大学出版社2002年版。

［17］方立天：《隋唐佛教》，中国人民大学出版社2006年版。

［18］方立天：《佛教哲学》，长春出版社2006年版。

［19］冯友兰：《中国哲学史》（上，下），华东师范大学出版社2000

年版。

[20] 葛兆光：《中国思想史参考资料集》（隋唐至清卷），清华大学出版社 2005 年版。

[21] 郭朋：《汉魏两晋南北朝佛教》，齐鲁书社 1980 年版。

[22] 郭朋：《隋唐佛教》，齐鲁书社 1980 年版。

[23] 洪修平：《中国佛学之精神》，复旦大学出版社 2009 年版。

[24] 侯外庐：《中国思想通史（第四卷）》，人民出版社 1980 年版。

[25] 赖永海：《中国佛性论》，上海人民出版社 1988 年版。

[26] 梁启超：《佛学研究十八篇》，上海古籍出版社 2001 年版。

[27] 梁漱溟：《印度哲学史略》，上海人民出版社 2005 年版。

[28] 林国良：《佛典选读》，广西师范大学出版社 2006 年版。

[29] 吕澂：《中国佛学源流略讲》，中华书局 1979 年版。

[30] 吕澂：《印度佛学源流略讲》，上海人民出版社 2005 年版。

[31] 苗力田：《古希腊哲学》，中国人民大学出版社 1989 年版。

[32] 潘桂明、吴忠伟：《中国天台宗通史》（上），凤凰出版社 2008 年版。

[33] 任继愈：《中国佛教史》（二），中国社会科学出版社 1985 年版。

[34] 任继愈：《中国佛教史》（三），中国社会科学出版社 1988 年版。

[35] 任继愈：《汉唐佛教思想论集》，人民出版社 1998 年版。

[36] 圣严法师：《华严心诠——〈原人论〉考释》，宗教文化出版社 2006 年版。

[37] 石峻、楼宇烈等：《中国佛教思想资料选编》（第二卷第一、二册），中华书局 1983 年版。

[38] 汤用彤：《汉魏两晋南北朝佛教史》，中华书局 1988 年版。

[39] 汤用彤：《印度哲学概论》，上海人民出版社 2005 年版。

[40] 汤用彤：《隋唐佛教史稿》，江苏教育出版社 2007 年版。

[41] 唐君毅：《中国哲学原论》（原性篇），中国社会科学出版社 2005 年版。

[42] 唐君毅：《中国哲学原论》（原道篇），中国社会科学出版社 2006 年版。

［43］魏道儒：《中国华严宗通史》，江苏古籍出版社2001年版。

［44］肖萐父、李锦全：《中国哲学史》，人民出版社1982年版。

［45］杨维中：《中国唯识宗通史》，凤凰出版社2008年版。

［46］姚卫群：《佛教般若思想发展源流》，北京大学出版社1996年版。

［47］张岂之、洪修平：《中国思想学说史》（隋唐卷），广西师范大学出版社2008年版。

［48］张立文：《宋明理学研究》，人民出版社2002年版。

［49］中国佛教协会：《中国佛教》（第二辑），知识出版社1982年版。

［50］中国佛教协会：《中国佛教》（第四辑），知识出版社1989年版。

［51］陈英善：《华严无尽法界缘起论》，财团法人华严莲社1996年版。

［52］方东美：《华严宗哲学》，台湾黎明文化事业公司1981年版。

［53］黄忏华：《佛教各宗大纲》，天华出版事业股份有限公司1980年版。

［54］牟宗三：《中国哲学十九讲》，上海古籍出版社2005年版。

［55］牟宗三：《佛性与般若》，学生出版社1982年版。

［56］冉云华：《宗密》，东大图书公司1988年版。

［57］杨政河：《华严哲学研究》，慧炬出版社1997年版。

［58］印顺：《佛法概论》，上海古籍出版社1998年版。

［59］印顺：《如来藏之研究》，正闻出版社1992年版。

［60］张曼涛：《华严思想论集》，大乘文化出版社1981年版。

［61］张曼涛：《华严学概论》，大乘文化出版社1981年版。

［62］张曼涛：《华严宗之判教及其发展》，大乘文化出版社1981年版。

［63］张曼涛：《华严典籍研究》，大乘文化出版社1981年版。

［64］［日］高峰了州：《华严思想史》，慧岳译，弥勒出版社1983年版。

［65］［日］高崎直道：《华严教学与如来藏思想》，李世杰译，法尔出版社1989年版。

[66] [日] 龟川教信：《华严学》，印海译，佛光山文化事业 1997 年版。

[67] [日] 镰田茂雄：《简明中国佛教史》，郑彭年译，上海译文出版社 1986 年版。

[68] [日] 镰田茂雄：《华严哲学的根本立场》，李世杰译，法尔出版社 1989 年版。

[69] [日] 三枝充悳：《缘起于唯心》，李世杰译，法尔出版社 1989 年版。

[70] [日] 松本史朗：《缘起与空——如来藏思想批判》，肖平，杨金萍译，中国人民大学出版社 2006 年版。

[71] [日] 玉城康四郎：《唯心的追究—思想与体验之交涉》，李世杰译，法尔出版社 1989 年版。

[72] [英] A. B. 凯思：《印度和锡兰佛教哲学——从小乘佛教到大乘佛教》，宋立道，舒晓炜译，上海古籍出版社 2004 年版。

[73] [美] 米杰·霍巴德、史万森·保罗：《修剪菩提树：批判佛教的风暴》，龚隽译，上海古籍出版社 2005 年版。

[74] [英] 渥得尔：《印度佛教史》，王世安译．商务印书馆 1987 年版。

[75] Francis Cook, *Hua-yen Buddhism: The Jewel Net of Indra*, Pennsylvania: Pennsylvania State University Press, 1977.

[76] Cleary, Thomas F., *Entry into the Inconceivable: An Introduction to Hua-yen Buddhism*, Hawaii: University of Hawaii Press, 1983.

学位论文

[1] 邱高兴：《李通玄佛学思想述评》，中国人民大学博士学位论文，1996 年。

[2] 桑大鹏：《三种〈华严〉及其经典阐释研究》，华中师范大学博士学位论文，2006 年。

[3] 孙业成：《法藏圆融之"理"研究》，苏州大学博士学位论文，2009 年。

[4] 黄俊威：《华严"法界缘起观"的思想探源——以杜顺、法藏的法界观为中心》，"国立"台湾大学博士学位论文，1992 年。

[5] 李治华:《智俨思想研究——以初期华严宗哲学的创立过程为主轴》,天主教辅仁大学博士学位论文,2008年。

[6] 林建勋:《华严三祖法藏大师圆教思想研究》,中国文学研究所博士学位论文,2007年。

期刊中析出的文献

[1] 陈扬炯:《澄观评》(续),《五台山研究》1987年第4期。

[2] 董平:《论澄观对华严宗思想的发展》,《浙江学刊》1995年第1期。

[3] 方立天:《试析华严宗哲学范畴体系》,《哲学研究》1986年第2期。

[4] 方立天:《华严宗心性论述评》,《中华文化论坛》1994年第4期。

[5] 方立天:《华严宗的现象圆融论》,《文史哲》1999年第1期。

[6] 冯焕珍:《六世纪华严学传承考辨》,《世界宗教研究》2001年第2期。

[7] 贺来:《"本体论"究竟是什么——评〈本体论研究〉》,《长白学刊》2001年第5期。

[8] 李富华:《〈华严经〉与普贤菩萨思想》,《佛学研究》1999年第1期。

[9] 李晓宇:《金无自性,唯心回转——法藏本体论思想溯源》,《宗教学研究》2003年第2期。

[10] 李蓉:《对法藏〈华严一乘教义分齐章〉中"同教"部分之概念"乘"的解析》,《五台山研究》2005年第1期。

[11] 刘孟骧:《华严宗温和形而上学佛学理论的产生与发展》,《陕西师范大学学报》(哲学社会科学版)2000年第2期。

[12] 邱高兴:《以〈易〉解〈华严经〉——李通玄对〈华严经〉的新诠释》,《周易研究》2000年第1期。

[13] 邱高兴:《原始佛教"因缘"义考察——以四〈阿含经〉为中心》,《吉林大学社会科学学报》2004年第4期。

[14] 邱高兴:《李通玄与法藏的佛学思想》,《世界宗教研究》1998年第1期。

［15］圣凯：《摄论学派与早期华严宗的形成》，《宗教学研究》2008年第1期。

［16］汤一介：《华严"十玄门"的哲学意义》，《中国文化研究》1995年第2期。

［17］魏道儒：《〈兜沙经〉与华严学的开端》，《佛学研究》1995年第1期。

［18］魏道儒：《东晋南北朝华严学的发展趋向》，《世界宗教研究》1999年第1期。

［19］王颂：《从日本华严宗的两大派别反观中国华严思想史》，《世界宗教研究》2005年第4期。

［20］向世陵：《见理见性与穷理尽性——传统儒学、佛学（华严禅）与理学》，《中国哲学史》2000年第2期。

［21］徐绍强：《〈华严五教章〉版本与思想源流及其影响》，《佛学研究》1994年第161—171期。

［22］徐绍强：《法藏的"无尽缘起说"》，《佛学研究》1996年第145—153期。

［23］杨健：《评〈过程哲学与华严佛教〉》，《世界宗教研究》2004年第3期。

［24］杨维中：《性起与自性清净圆明体——华严宗的心性本体论》，《佛学研究》1999年第136—145期。

［25］张晓剑：《华严宗体用论及其对理学体用论的开启》，《学术月刊》2008年第10期。

［26］黄俊威：《从"真如缘起"到"法界缘起"的进路——"一心"观念的确立》，《中华佛学学报》1994年第7期。

［27］吕澂：《〈华严原人论〉通讲》，《社会科学战线》1990年第3期。

［28］廖明活：《华严宗性起思想的形成》，《中国文哲研究集刊》1995年第6期。

［29］廖明活：《智俨的"缘起"和"性起"思想》，《佛学研究中心学报》1997年第7期。

［30］［日］镰田茂雄：《〈华严经〉的构成和思想》，《五台山研究》1991年第1期。

[31][日]镰田茂雄:《〈华严经〉的构成和思想》(续),《五台山研究》1991年第2期。

[32][日]镰田茂雄:《〈华严经〉的构成和思想》(续三),《五台山研究》1991年第3期。

后　　记

关于"苏格拉底之死",柏拉图以"洞穴比喻"中解放囚徒的悲剧结尾,阐发哲学的义务与使命,即以"后知后觉"启蒙尚处于"不知不觉"之人,其手段即唤醒人们内心中思辨的兴趣和关于真正幸福的理解。苏格拉底在临死前,与门人探讨了正义、不朽等诸多命题,其中,灵魂之不朽当是他的核心要义。无独有偶,《左传》有言:"太上有立德,其次有立功,其次有立言。虽久不废,此之谓三不朽。"先贤之身正为范以立德、英豪之拯恶除难以立功,文人自当以著书评说以立言。然说来惭愧,本书非为立言之作,仅是借立言之作,解除内心的一点疑惑,也当是为追求了十几年哲学智慧的一个交代而已。辛巳年初入哲学门,年少无知,面对浩如烟海的哲学著作茫然无措,星星点点的几本原著阅读下来,非但没有实现预想中的澄明,反而更加不知该何去何从了。浑噩间因缘际会,师从吉林大学邱高兴教授,几年的求学历程,这本厚重的博士论文终于呈至案前,如今回想,也算不负当年极尽三年的熬夜奋战与恩师的谆谆教导。

正是邱师带我步入原本不甚了了的宗教学领域。先生睿智儒雅、待人以诚,虽见识卓越,然不失谦谦君子之风。叹我愚钝,未得先生之皮毛,但聆听先生的教诲,如沐春风,他的点拨与提醒仍令我受益良多。这本书正是在先生细心指导下完成的博士论文的基础上修改而成的,从选题、构思直至写作阶段,无不渗透着先生的心血与智慧,还记得当收到先生回复的"没有问题"几个字时,那种兴奋之情,确无言语可表。先生严谨的治学风格、深渊的学识底蕴实令我受用终身。

求学期间,有幸直面聆听辽宁大学陆杰荣教授、王雅教授的教诲,虽当时由于懒惰和愚笨,遗憾未掌握老师们思想的精华,然诸师却为后生开启了这扇哲学大门,启蒙之恩未敢忘怀。吉林大学张连良教授同样给予我极大的帮助和启发,先生学贯中西、治学严谨,执着的学术情怀一直感染着我，在此表示深深的感谢！同时，承蒙吉林大学孙立天教授、姚大志教授、王天成教授、连瑶教授等诸多老师的教诲，在此一并感谢。外审专家北京师范大学徐文明教授、中国人民大学张风雷教授、四川大学段玉明教授、中央民族大学刘成有教授，答辩委员会吉林省社会科学院邵汉明教授、辽宁大学李勇教授，各位先生的精彩点评实为后生更加明确了研究的方向与补进的重心，受益良多。

同门师兄、吉林大学李聪副教授，亦师亦兄亦友之关怀，在学业与生活中给予了我大量的帮助，尚记得师兄一本正经的严厉指导，现下想起依然有苦有乐。在葛英颖师姐和同门师弟师妹们的照应下，才让我在紧张忙碌的写作期间偷得半日闲；天津师范大学王艳秀师姐，总会在我陷入困惑之时指点迷津；同期博士生、现已工作于各大科研院所的李娜、宫瑜、史清竹等同学不断在生活和学业上为处于奄奄一息的我提供动力；还有亦长亦师亦友的李广昌老师、侯小丰老师，只言片语难表感激之深切。当然，怎敢忘我的恩师、北京顺义区委党校吕冬冬教授，为人心胸旷达、才思敏捷，多年来不断地提携和关心我的学业和生活，总会在我迷茫之时指明人生方向，每次看到老师浅浅的笑容，生活中的迷雾便会随之消散，借此机会，表达我深深的谢意。还有我的父母，二老虽闲云野鹤，从不担忧我的学业和工作，但正是严苛的家教造就了不愿轻言放弃的我，家人一直无私地支持和鼓励我，陪伴着我成长，特别感谢他们。此外，感谢责任编辑韩国茹老师的认真指导与细心帮助。

最后，我要将此书献于彼岸的外婆——王英女士。外婆虽已离世十年之久，走到今天，一直都是她那永不放弃的人格魅力支撑着我前行，每当疲倦之时，外婆坚强的眼神就会浮现于前，为我驱散阴霾，给予我无穷的动力。老人家虽目不识丁，却是最喜我求学的人，值此成书之际，却无法与老人家一起分享今日之喜悦，不能不说是莫大的憾事！感谢外婆，彼岸与此岸并不是最遥远的距离，十方圆融，抬头仰望星空，最亮那颗将一直照耀我的前行之路。

粮　荻
于丙申年　格致南楼